음식과 자유

음식과 자유
슬로푸드 운동은 미식을 통해 어떻게 세상을 바꾸고 있는가

지은이 | 카를로 페트리니
옮긴이 | 김병순

초판 1쇄 발행 | 2020년 7월 10일

펴낸곳 | 도서출판 따비
펴낸이 | 박성경
편 집 | 신수진
디자인 | 이수정

출판등록 | 2009년 5월 4일 제2010-000256호
주소 | 서울시 마포구 월드컵로28길 6(성산동, 3층)
전화 | 02-326-3897
팩스 | 02-6919-1277
이메일 | tabibooks@hotmail.com
인쇄·제본 | 영신사

ISBN 978-89-98439-82-8 03300
값 20,000원

이 도서의 국립중앙도서관 출판예정도서목록(CIP)은 서지정보유통지원시스템
홈페이지(http://seoji.nl.go.kr)와 국가자료종합목록 구축시스템(http://kolis-net.nl.go.kr)에서
이용하실 수 있습니다. (CIP제어번호 : CIP2020023942)

슬로푸드 운동은 미식을 통해 어떻게 세상을 바꾸고 있는가

음식과 자유

카를로 페트리니 지음 | **김병순** 옮김 | 추천사 **김종덕**

따비

| 차례 |

음식이
자유의 도구가 되려면

김종덕(국제슬로푸드 한국협회 회장)

음식은 생명 유지에 필요한 에너지원이다. 하지만 사람은 생명 유지를 위해서만 음식을 먹지 않는다. 습관에 의해 먹기도 하고, 치료 때문에 먹기도 하고, 스트레스 해소를 위해 먹기도 한다. 또 무엇보다 음식이 주는 즐거움 때문에 먹는다. 맛있는 음식을 찾아 많은 비용과 시간을 들여 먼 곳까지 찾아가는 수고를 아끼지 않는다. 아일랜드의 극작가 버나드 쇼는 음식에 대한 사랑이 가장 진정한 사랑이라고 했다.

1986년에 슬로푸드 운동을 시작했고, 현재 슬로푸드 국제협회 회장인 카를로 페트리니가 쓴 이 책은 음식이 자유의 도구임을 다루고 있는데, 이 주제가 도전적이다. 그동안 음식과 음식문화를 다룬 책은 많았지만, 음식이 자유의 도구이며 음식이 사람들을 자유롭게 하는 힘을 가지고 있음을 다룬 책은 없기 때문이다. 저자인 카를로 페트르니는 음식이 자유의 도구인데 현재의 상태는 그러하지 못한 것으로 본다. 음식을 왜곡하는 과시적 미식이 자리하고 있고, 세계화와 글로벌푸드의 확산으로 지역 음식의 다양성과 지역 생태가 훼손되고 있기 때문이다.

그는 음식이 자유의 도구가 되려면, 우선 자위적 과시 행위가 된 미식을 해방시켜 '진정한 미식'인 생태 미식으로 전환해야 한다고 역설한다. 생태 미식은 기존 미식과 달리 세계적 차원의 다양한 경제 문제, 모든 지역에서 농촌이 겪고 있는 심대한 변화, 생물다양성 보호의 긴박한 필요성에 민감하게 반응한다. 달리 말해, 음식에 대해 환원론적 접근이 아닌 전체론적 접근을 한다.

카를로 페트리니는 또, 음식이 자유의 도구가 되려면 다양해야 한다고 강조한다. 지금처럼 지역의 특성과 관계없이 생산성 높은 종자 선택과 대규모로 생산된 식재료로 만든 음식이 아니라 지역성을 가진, 다양한 품종으로 생산된 식재료로 만든 음식이어야 한다는 것이다. 이런 음식은 지역 풍토, 지역 농민들의 삶, 지역의 문화, 지역의 조리법의 산물이다.

카를로 페트리니는 음식이 자유의 도구가 될 수 있는 증거로 슬로푸드 운동 실천 사례를 주목하고 있다. 슬로푸드 테라마드레 행사와 전 세계 네트워크 구축은 그 일부다.

음식이 자유의 도구가 되어 사람들을 자유롭게 할 수 있지만 우리의 현실은 그렇지 못하다. 우리나라 모든 방송에서 음식을 다룰 정도로 먹방 프로그램이 인기가 있지만, 유명 셰프들과 출연진들은 조리의 기교와 맛에 집착할 뿐이다. 생태 미식의 근간인 농업과 농촌, 경작지 감소와 토종의 소멸 등을 외면하는 것이다. 사료를 제외한 식량자급률 47퍼센트, 사료를 포함하면 식량자급률이 22퍼센트에 불과한 가운데 곡물메이저와 식품산업이 수입농산물, 유전자조작 농산물(GMO)로 우리의 밥상을 차리고 있다. 게다가 많은 사람들이 시간이 없다는 이유로, 가성비가 높다는 이유로, 편의식품과 가공식품을 찾으면서 음식을 먹기는커녕 음식에 먹히고 있다.

음식이 자유의 도구가 되려면 무엇을 해야 할까? 카를로 페트리니의 지적대로, 과시적 미식에서 해방되어 생태 미식을 추구하고, 정체불명의 획일화된 음식에서 벗어나 다양한 지역 음식을 복원해야 한다. 이를 위한 길은 먹방에 휘둘리지 말고, 우리나라 농업과 음식에 보다 많은 관심을 기울이고, 공동생산자가 되어 농민을 지원하고, 지역의 제철 식재료로 조리해 먹는 것이다. 그렇게 할 때 음식이 우리를 자유롭게 할 것이다.

일러두기

- 이 책의 원본은 2013년에 이탈리아어로 발간된 *Cibo e Libertà*이지만, 번역 저본으로 삼은 것은 2015년 리졸리엑스리브리스 출판사에서 발간된 영역본 *Food and Freedom*이다.
- 본문의 영역자주는 *Food and Freedom*을 영역한 존 어빙John Irving이 단 것이며, 옮긴이 주는 이 책의 옮긴이가 단 것이다.
- 슬로푸드 운동 및 조직과 관련된 용어는 국제슬로푸드 한국협회에서 발간한 《슬로푸드 가이드북》(2019)을 참조했다.

서문

음식과 자유―도발적인 제목이다! '자유'라는 단어는 수세기 동안 얼마나 자주 남용되었고, 지금도 여전히 잘못 쓰이고 있는가. 대개 부적절하게 심지어는 모순되게 말이다. 하지만 나는 자유라는 말을 '음식'과 함께 쓰는 것이 전혀 두렵지 않다. 이 책에서도 그 말을 아무 거리낌 없이 여러모로 활용할 것이다. 이탈리아 시인이자 시나리오 작가 토니노 구에라Tonino Guerra의 돌아가신 할아버지가 말하곤 했던 것처럼, "내가 뒤를 돌아보는 것은 앞으로 나아가기 위해서다." 미식의 세계에도 이와 똑같은 원칙을 적용한다면, 나는 끊임없는 해방을 본다. 그것은 이미 일어났고 앞으로 일어날지도 모를, 대단히 가치 있고 없어서는 안 될 해방이다.

'음식'과 '해방', 이 두 단어가 오늘날처럼 자랑스럽게 짝을 이루었던 적은 없다. 수세기에 걸쳐 땅을 얻기 위해 농민들이 바친 노동과 투쟁의 존엄성에 대해 오랫동안 마음속에 품었던 생각이 떠오른다. 20세기 초, 멕시코 혁명은 '땅과 자유Tierra y Libertad!'라는 외침으로 이어졌다. 오늘날 평화 구축—예컨대, 콜롬비아에서 진행 중인—과 중대한 변화의 많은 과정은 여전히 토지를 명분으로 추진되고 있다. 그러나 계속되는 세계화의 파노라마 속에서 그 맥락이 크게 바뀌었다. 우리는 지금 농촌과 토지 이용이라는 인간을 먹여 살리는 두 가지 근본적 요소가, 음식이 자신의 모든 복합적인 가치를 잃고 하나의 상품이 되어 물가의 기능만으로 이해되는 정신분열적 영역에서 살고 있다. 오늘날 식량은 온갖 종류의 투기판에 종속된 하나의 제품이다. 늘어난 식량 생산은 전 세계 인구의 다수가 겪고 있는 문제를 해소하기는커녕 더 악화시켰을뿐더러 심지어는 또 다른 새로운 문제를 야기했다. 기아와 영양실조 문제는 사라지지 않은 반면 자원의 오염 및 고갈은 더욱 심화됐다는 사실이 이를 가장 선명하게 보여준다. 몇몇 예외를 제외하면, 농민들은 그들이 경작하는 땅을 소유하고 있다고 할지라도 여전히 '다섯 번째 마차 바퀴', 즉 부차적 존재에 불과하다. 자유를 얻기 위한 투쟁은 이제 땅만을 대상으로 진행되지 않는다. 새로운 시대와 다가올 새로운 투쟁을 위해, 멕시코 혁명의 구호 '땅과 자유'는 처음부터 '음식과 자유Cibo y Libertad!'로 교체되는 것이 타당했는지도 모른다.

요컨대 음식은 자유의 도구가 되고 있다. 나는 이 말을 내가 경험한 슬로푸드Slow Food와 테라마드레Terra Madre*의 모험에 비추어서 하는 것이다. 이는 내 삶에서 결코 작은 부분을 차지하지 않았다. 이 책에서 나는 그동안 직접 겪은 일과 그 과정에서의 우연한 또는 약속된 만남을 기반으로 지난 여정을 재구성하려고 애썼다. 따라서 이야기를 이끌어가는 사람은 내가 아닌 다른 사람들, 즉 슬로푸드와 테라마드레에 관련된 사람들과 외부에서 그 운동에 참여하게 된 사람들이다. 여행은 1980년대 우리 집 안마당―이탈리아 서부 피에몬테Piedmont주 소도시 브라Bra―에서 시작된다. 나는 매우 폭넓은 경험을 통해 온 세상을 껴안을 정도로 광범위한 미래의 가능성을 보았다.

이 이야기는 이미 이루어진 해방, 내가 **해방된 미식**gastronomia liberata**이라고 밝힌 것에서 시작된다. 한편으로는 이 이야기에 과학적 존엄성을 부여하기 위해서이고, 다른 한편으로는 많은 생각과 감수성, 관계와 연결고리의 총체적이고 복잡한 일종의 집합체로서, 또 수많은 작은 해방을 통해 축적된, 오늘날 실로 엄청

---

* [옮긴이주] 이탈리아 토리노에서 시작된 전 세계적 건강한 음식문화를 주창하는 '대지의 어머니' 운동으로 자연 환경과 지역공동체와 소농을 보호하는 민초 중심의 슬로푸드 네트워크 조직.

** [영역자주] 이탈리아인들은 이 문구를 토르콰토 타소Torquato Tasso(1544-1595)의 서사시 '제루살렘메 리베르라타Gerusalemme liberata'로 즐겨 말한다. 하지만 그 시 제목은 전통적으로 '구원받은 예루살렘Jerusalem Delivered'이라 영역되곤 했다.

난 위력을 발산할―정말로 자유롭게 해방시킬!―수 있는 물질문화를 바라보는 하나의 새로운 지적 관점으로서 이야기의 의미를 전달하기 위해서다. 심지어 그러한 해방의 도구들에 대해서는 어떤 제약도 없어야 한다. 점점 영향력이 커져가는 비범한 창조성의 요소로서 **다양성을 해방시키는 것**이 필요하다. 확실한 것은 오늘날 세상을 움직이는 새로운 네트워크들이 바로 그런 완전히 자유로운 네트워크의 특징들을 취한다는 사실이다. 내가 여행하면서 만난 슬로푸드와 테라마드레의 동료들과 함께 구축한 네트워크처럼 말이다.

이 모든 것은 확실히 야심만만하지만―일부는 지나치게 야심만만하다고 말한다―더 이상 지체할 수 없는, 마침내 무엇보다 중요한 해방을 위해 반드시 이루어내야 할 일이다.

내가 이야기하고자 하는 것은 바로 미식에 대한 것이다. 그것은 지금까지 해방의 길을 걸어왔고 지금도 계속해서 '해방을 위한' 미식이 되고 있다. 그 과정은 네 단계에 걸쳐 일어났다. 나는 그 단계들을 하나하나 즐겼고 이 책에서 그 과정을 되살리고자 한다. **해방을 위한 미식**. 이는 라틴아메리카를, 거기서 일어나는 일을 떠올리게 하는 구호이며, 나를 전율케 하는 구호다. 실제로 나는 라틴아메리카에서 아주 오래전부터 시작된 작업의 결실을 보았다. 내가 대변하는 운동의 역사에 친숙하지 않은 모든 사람들, 어떤 이유로든 그 역사에 가담한 모든 사람들은 내 말을 믿기 어렵다고 생각할지도 모른다. 가장 추악한 멍에와 우리에서 풀려

나는 것, 즉 불평등, 억압, 그리고 그것이 환경과 사람에게 가하는 손상—기아와 영양실조의 파동으로부터 마침내 해방되는 것이 가당키나 하겠냐고 비아냥대면서 말이다.

내가 이렇게 단언하는 것이 가식적이고 쓸데없이 화려한 말장난처럼 들릴지도 모른다. 그러나 그것은 분명한 사실이고 당신도 나처럼 그렇게 확신에 찬 모습으로 말하기를 바란다. 물론 매우 복잡한 문제지만, 내가 여기서 이야기하는 장소와 관련된 사람들, 그리고 그들의 활동과 사연은 이 문제를 더욱 명확히 하고 우리가 그것의 안팎을 세밀하게 이해하도록 도울 것이다. 우리의 목표 달성은 쉽지 않을 것이다. 하지만 앞으로 읽게 될 이야기 속에서도 발견할 수 있듯이 당시에도 쉬운 것은 거의 없었으며, 그것 때문에 지레 겁을 먹었던 사람은 아무도 없었다. 결국 우리는 혼자가 아니다. 우리는 모두 함께 그 일을 해낼 수 있다.

1부

해방된 미식

1장

태초에 와인이
있었다

베페 콜라Beppe Colla는 당시 바롤로 바르바레스코 보호 컨소시엄Barolo Barbaresco Protection Consortium의 대표였다. 기만적인 와인 생산업체들이 알코올 농도를 올리기 위해 와인에 유독성 메탄올을 섞어 넣은 그 유명한 '메탄올 파동'이 발생한 직후였다.* 텔레비전

---

* [영역자주] 1986년, 쿠네오주 나르졸레의 치라베냐 지하저장고에서 숙성된 와인에 메탄올을 섞어 넣은 것을 마시고 이탈리아 북부에서 23명이 죽었고 실명한 사람들도 생겨났다. 1992년, 이탈리아 대법원은 11명의 피고에게 유죄 판결을 내렸다. 그 가운데 4명은 살인죄 판결을 받았다.

화면에 나와 눈물을 흘리던 베페의 얼굴을 나는 잊을 수 없다. 당당하지만 처량해 보이던 그는 흐르는 눈물을 주체할 수 없는 듯했다. 1986년 4월 초였다. 이탈리아 와인 부문 전체가 '완전히 끝난' 것처럼 보였다. 세관의 긴급 단속과 대중 이미지의 추락으로 인해 결국 그해 와인 수출은 37퍼센트 하락했다. 전체 와인 부문의 총 가치로 따지면 4분의 1 정도가 날아갔다. 와인 산지 피에몬테의 랑게Langhe에 있는 수많은 와인 생산자 친구들과 지척지간에서 그 모든 시련을 겪어내는 것은 보통 심각한 일이 아니었다. 공개석상에서 흘린 베페 콜라의 눈물은 그런 파동에 대한 참을 수 없는 수치심—막대한 경제적 손실을 입을 가능성은 말할 것도 없고—을 훌쩍 뛰어넘는 절망감의 표시였다. 30년이 흐른 지금에 이르러서야 그 모든 것이 더욱 명확하게 이해된다.

23명이 죽고 이탈리아 와인을 완전히 바꾼 이 재난은 이전까지 대다수 사람들이 전혀 볼 수 없었던 숨겨진 연결고리들을 만천하에 드러냈을뿐더러, 수많은 훌륭한 생산자들, 즉 와인 양조에 자기 존재를 송두리째 던진 사람들의 삶에 막대한 영향을 끼쳤다. 나는 그들과 자주 어울렸고, 1970년대 말 와인 시음에 깊이 빠져든 뒤로는 많은 이와 가까운 사이로 지냈다. 그들은 하나같이 농부 하면 흔히 연상되는 자질과 장단점을 모두 지닌 매우 솔직담백한 사람들이었다. 나는 대개 그들을 우연히 만나 그들의 지하저장고와 포도밭을 보러 가곤 했다. 우리는 아주 오래된 와인들을 음미하며 맛을 비교하고, 맛있는 수제 살라미나 아침마다 부엌에서 달걀과 밀가루로 반죽한 면을 썰어 만든 랑게식 탈리아텔레tagliatelle인 김이 모락모락 나는 타야린tajarin 파스타의 변천사를 추적하면서, 테루아terroir[와인이 만들어지는 자연환경]의 의미와 우리 와인과 음식의 미래에 대해 곰곰이 생각했다.

1986년 여름에 처음으로 공식화된 슬로푸드의 최초 '형태'인 아르치골라Arcigola를 공동으로 주창한 사람들과 와인 생산자들 사이의 만남은 골수 몽상가들 모임과도 같았다. 우리는 우리 지방의 보배 같은 미식을 즐기는 매우 만족스러운 시간을 가졌고, 또 우리가 무슨 이야기를 하고 있는지도 정확하게 알고 있었다. 메탄올 첨가로 오명을 얻은 와인 파동 때문에 이탈리아는 와인 양조가 주요 경제 부문의 핵심적인 부분일 뿐 아니라, 다른 부문들에도 악영향을 끼칠 수 있다는 사실을 맞닥뜨리지 않을 수 없었다. 무엇보다도 그것은 와인에 메탄올을 타서 양조해왔던 다수 사기꾼들의 투기 행위 때문에 파산한 사람들의 삶과 밀접하게 관련되어 있었다—이 때문에 곧바로 높은 세금이 부과된 것은 말할 것도 없다. 포도를 재배하고 와인을 만드는 사람들의 삶은 그들 지역의 삶, 즉 토양의 비옥함, 사회 구조, 문화, 생태계의 삶이기도 했다.

그것들이 우리의 감각을 되살리는 데 어떻게 기여하는지 잘 아는 우리는 처음에 우리의 와인 시음이 혁명적이라고 생각했다. 그러나 그 특별한 역사적 맥락 속에서 우리의 시음 행위는 이제 어리석은 짓처럼 보였다. 와인과 와인 생산지, 그리고 그곳 주민의 실제

생활 사이의 유대가 깨지고 있다면, 모든 것이 오염되고 불순물이 섞이고 훼손될 수 있다면, 잔에 담긴 와인의 향기와 내음, 색깔을 그렇게 세밀하게 음미하는 것이 무슨 의미가 있단 말인가?

그것으로 충분하지 않았던지 1986년 봄, 극적이고 의미심장한 두 가지 사건이 일어나 우리를 허황된 생각에서 현실로 눈을 돌리게 했다. 그해 4월 말 체르노빌 핵발전소가 폭발했다. 시장 상인들과 도매업자들은 그 처참한 세월을 그저 그해 여름의 매출 하락과 연관지어 평가한다. 우리는 샐러드 먹는 것을 중단해야 했고 신선한 채소라면 뭐든 피해야 했다. 생선과 고기가 건강에 좋다는 주장 또한 의문이 제기되었다. 당시의 생태학은 일부 '비동맹' 파벌들의 전유물로서 여전히 종파적 분위기에 휩싸여 있었지만, 또한 음식과 아주 긴밀한 관련이 있었다. 그리고 마치 그 점을 입증이라도 하려는 듯, 봄에 일어난 제초제 아트라진Atrazine에 의한 지하수 오염 긴급사태가 포 계곡Po Valley으로 번지면서 그 여파가 가을까지 이어졌다. 많은 가정집에서는 수도를 잠가야 했다. 수도관이 오염된 원인은 곧 밝혀졌다. 농사를 지으면서 제초제를 무분별하게 사용했기 때문이었다.

그해 봄, 새로운 만남을 통해 독학한 미식가, 열정적 문화연구자, 먹는 즐거움을 누릴 권리를 앞서 주장한 사람들을 알게 되었다. 그들은 몇 달 뒤 아르치골라를 주창하고 또 몇 년 뒤 슬로푸드를 창립했다. 새로운 관점은 생각을 가두는 울타리를 깨부수고 서로 완전히 다른 방향으로 달려나가는 것이었다. 그 시대의 선두 주자처럼 말이다. 그들은 각자의 길을 가다가도 결국에는 새로운 생각들을 흡수하는 동시에 그런 사고가 작동되는 토대 위에서 다시 합쳐졌다. 뒤늦게 깨달았지만, 여러 사건들을 서로 연결하는 것은 그리 어려운 일이 아니다. 하지만 지금도 여전히 음식 혁명을 일으키고 있는 새로운 에너지를 방출시킨 그 몇 달의 사건들과 분위기가 어떠했는지를 먼저 짚고 넘어가지 않을 수 없다. 폭력적이든 평화적이든, 역사의 모든 혁명이 늘 그랬던 것처럼, 슬로푸드 혁명이 전하는 것은 일종의 해방이다.

미식은 이렇게 단순히 겉모양만으로 평가하는 사람들—아직도 주변에는 그런 사람들이 많다—즉, 자연에서 생산된 식재료로 만든 음식의 종류만큼이나 복잡한 조리 과정은 생각지 않고, 예컨대 와인이나 산물, 요리사가 조리한 음식 같은 최종 결과물만 보고 판단하는 사람들이 그들 스스로 부과한 제한들로부터 해방되었다. 학문에 대한 기계적 구분에서 생겨난 이러한 제한은, 쾌락주의에 의해 의도적으로 강화됐다. 그것은 미식학이라는 감옥을 굳건히 지키는 울타리였다. 당시에는 미식을 하나의 과학으로서 이야기하는 사람이 아무도 없었다. 가장 최근에 미식을 과학으로서 이야기한 사람은 1825년《미각의 생리학Physiologie du goût》을 쓴 장 앙텔므 브리야사바랭Jean-Anthelme Brillat-Savarin이었다.*
그러나 최근 들어 음식에 관한 모든 지식과 음식 하나하나의 배

---

* [옮긴이주] 19세기 프랑스 미식가로 유럽 미식학의 새 장을 연 인물로 칭송받음.

후에 감춰진 모든 삶을 포용할 수 있도록 미식학을 여러 학문 분야가 연관된 통합적 학문으로 재구성하는 작업이 긴급한 과제로 떠올랐다. 그것은 미각을 넘어서는 문제였다. 메탄올 파동으로 와인 생산자들이 무릎을 꿇는 극적 현실 앞에서 와인을 음미하는 것은 상상할 수도 없는 일이었다. 그것은 또한 경제학을 넘어서는 문제였다. 미식을 사업의 관점으로만 바라보는 것은 삼림에서 나는 과일향이나 소비뇽 향미에 황홀해하는 것처럼 어리석은 짓이기 때문이다. 음식과 와인의 심미적 특징들을 잘 알지 못하는 사람일수록—많은 사람이 여전히 그러하다—더 큰 타격(이를테면, 그 사업에 돈을 투자했거나 내심 영리를 노린 사람들이 받은 충격)을 받았다. 결과적으로 와인에 메탄올이 섞여 들어가게 된 건 와인 값이 더 저렴해졌기 때문이다. 그렇지 않고서야 우리 지역에서 나는 그런 귀한 과일—지역을 상징하는 것들 가운데 하나—에 불순물을 섞는 일은 결코 경제적 행위가 아니었을 것이다.

1986년 지하에 있는 와인 저장고에서 보낸 그해 여름은 이제 더 이상 참을 수 없다는 결정을 내리게 된 중요한 계기들 가운데 하나를 제공했다. 우리는 음식에 대해 전체적인 관점에서 있는 그대로 생각하기를 바라는 단계에 도달했다. 음식의 배후에 있는 사람과 장소, 음식이 생산되는 과정에서부터 문화적 영향에 이르기까지 음식에 대한 모든 것을 고려했다. 우리는 품질을 높이고자 했다. 품질이 그들 삶의 기치이자 생활양식인 와인 생산자들과 함께 품질 향상을 위해 노력했다. 우리는 품질을 인정받고 제고하며 품질에 대해서 더 많은 것을 발견하고 '좋고 깨끗하고 공정한good, clean, fair' 음식을 구현하는 방법을 체득하고자 했다. 이 문구는 당시에 **작은 범위 안에서**만 존재했지만, 20년이 흐른 뒤에는 공식적으로 그 의미가 명확하게 규정되고 문서로 확정되었다. 미식을 해방시킨 것은 바로 이 문구다. 지금까지 미식은 그저 어떤 음식이 좋고 나쁜지를 판정하는—단순히 이론적인 차원을 넘어서—데에만 관심이 있는 소수 식도락가의 전유물이었다. 그렇지만 우리는 정말 미식을 완전히 해방시켰는가? 대답은 '아니오'다. 미식의 구속복을 입고 방황하는 사람들이 아직 너무 많기 때문이다. 물론 모든 사람은 자신이 생각하는 대로 즐길 권리가 있다. 그들 가운데에는 미디어, 특히 텔레비전에서 폭발적으로 늘어난 음식 프로그램들과 같은 집단적 어리석음에 사로잡히는 사람들도 있다. 온종일 모든 방송 채널에서 흘러나오는 그런 프로그램은 포르노그래피라고 해도 무방할 정도로 화면을 온갖 음식 재료로 가득 채운다. 포르노그래피는 감정 없는 섹스를 말하지 않는가? 물론 우리는 아무 생각 없이 음식을 먹는 것처럼, 노골적으로 말하자면 어떤 음식이 식탁에 오르게 된 과정과 그에 수반되는 행동이나 생각의 배후에 있는 모든 사람에 대해서 전혀 생각할 필요 없이 먹는 것에만 집중하고 즐길 수도 있다. 당시 와인의 세계를 대표했던, 이탈리아의 모든 사람이 지켜보는 앞에서 눈물을 훔쳤던 베페 콜라에 대해서 나는 지금까지도 일종의 연민을 느낀다. 다행히도 이탈리아의 와인은 그 이후로 성장을 거듭하여 농촌 지역의 상당 부분을 포도밭이 차지하게 됐고 이탈리아 미식의 모든 것이 되었다. 어쩌면 그런 복잡한 사연을 끌어안은 우리와 그 밖의 모든 이도 그 덕분에 조금이나마 성장했는지 모른다.

2장

시골
탐방

루이지 베로넬리Luigi Veronelli(1926-2004)*는 '레스토랑 탐방', '와인 저장고 탐방', '시골 탐방'에 대해 이야기하기를 좋아했는데 무엇보다 글쓰기를 정말 좋아했다. 그는 우리 세대의 미식가들에게는—따라서 우리 뒤를 잇는 세대들에게는 간접적으로—위대한 스승 중 한 명이었다. 그 덕분에 우리는 우리 자신의 열정을 꽃

---

* [영역자주] 루이지 베로넬리는 와인과 레스토랑 안내서의 저자로 유명한 이탈리아 와인 연구가이자 요리사, 미식가, 작가, 언론인이었다.

피우고, 밖으로 나가 탐색해야 할 절박함을 느끼고, 우리가 발견한 것들에 대해 인정받을 수 있었다. 우리는 그가 자주 쓰는 표현이 우리 모두가 반드시 습득해야 할 과제라는 것을 금방 알아차렸다.

하지만 교육이 무엇보다 우선이었다. 우리가 곧바로 깨달은 것처럼, 음식 하나하나의 특성과 그 음식의 배후에 무엇이 있고 어떤 과정을 거쳐 만들어졌는지, 즉 지역적 맥락과 사람, 미래의 가능성에 대한 모든 것을 알기 위해 우리의 감각을 이해하고 훈련시킬 필요가 있었다. 나는 부르고뉴Bourgogne 지방의 본Beaune에 있는 에콜 데 뱅 드 부르고뉴Ecole des Vins de Bourgogne라는 와인학교의 흥미진진한 와인 시음 과정에 참석했다. 1990년대 상반기, 마시모 마르티넬리Massimo Martinelli가 우리 집 근처의 라모라La Morra에 있는 와인 저장고에서 개설했던 강좌들을 모두 듣고 나서야 비로소 나의 미각 훈련 과정이 끝났다. 서로 다른 향미와 그 실체를 완벽하게 구분할 줄 아는, 이제 막 눈뜨기를 기다리는 잘 훈련된 감각—이것은 내가 맨 처음 랑게 언덕에서 시작해서, 이후 이탈리아 전역을 돌 때 들고 다녔던 가장 큰 짐이었다. 우리는 많은 스승과 친구들이 쓴 글을 읽고 또 그들로부터 들은 그런 식탁에 앉기 위해, 전설적인 레스토랑 경영자들과 생각을 나누기 위해, 생산자들이 말해준 레스토랑을 발견하기 위해 아주 길고도 불편한, 하지만 다행히도 아주 느린 우회로를 택했다. 우리는 종종 점심을 거를 때도 있었고, 점심을 먹는다고 해도 토스트 샌드위치를 허겁지겁 먹어치우는 게 고작이었다. 저녁 식사는 그것보다 좋은 음식을 먹을 수 있었다. 우리의 공책과 시음 기록에는 우리가 방문했던 와인 저장고와 함께 식탁에 앉아 맛을 음미한 장소, 그리고 그동안 미식 자리에서 만난 사람들의 수가 계속해서 늘어갔다. 아르치골라 회원 수가 늘어감에 따라 우리의 인맥도 꾸준히 확장되었다. 우리는 언제라도 회원 신청을 받기 위해 회원가입서를 늘 들고 다녔다.

우리는 이탈리아 농촌 마을을 여행하면서 그곳의 물질문화를 있는 그대로 받아들였다. 와인과 음식이 생산된 곳에서 그것들을 생산한 사람들과 함께 먹고 마시며 우리는 이제까지 와인과 음식을 바라보았던 머릿속 생각들을 바꿔나가기 시작했다. 베로넬리 식의 '탐방'은 미식 자체를 즐기지 못하게 제한하는 것으로부터 해방된다는 것이 무엇인지 깨닫게 했다. 그 모든 풍성함을 만들어낸 사람들의 노고, 그들이 재배하고 사육하고 가공한 것에 대한 그들의 보살핌과 배려를 접하면서 우리는 엘리트 의식에 휩싸인, 기껏해야 고상한 체하는 자기 강박으로부터 자유로워질 수 있었다. 어쩌면 그 당시에는 그런 사실을 전혀 의식하지 못했는지도 모르지만, 우리는 많은 농부와 레스토랑 주인, 자가 포도재배 농장주들을 만나면서 미식의 영역에 일대 혁신을 일으키고 있었다. 근대적 형태의 미식이 탄생한 이래 200년이 흐른 지금, 베로넬리가 말한 탐방은 사교성, 취흥, 깨끗한 공기와 물, 토양, 기억과 역사, 그 지역의 생존과 보전같이, 말 그대로 생명의 아름다움과 넉넉한 삶같이 우리 존재를 구성하는 다양한 기본요소를 수용하기 위해, 그리고 공식적으로 지식의 전당이라 자부하는 학계에 난무하는 지독한 추측에 더 이상 방해받지 않는 살아 있는 지식을 받아들이기 위해 미식을 해방시키는 것을 의미했다.

지지 푸마티Gigi Piumatti(훗날 아르치골라에서 창간하고 나중에 1988년부터 2009년까지 감베로 로소Gambero Rosso와 함께 슬로푸드 에디토레Slow Food Editore에서 발간한 《이탈리아 와인Italian Wine》이라는 와인 안내지의 편집장이 되었다.)와 나는 베로넬리가 아닌 다른 사람이 편집한 《이탈리아 와인 카탈로그 볼라피Catalogo Bolaffi dei vini d'Italia》를 안내서로 사용했다. 우리는 그런 식으로 훌륭한 이탈리아 와인 생산자들과 개인적인 친분을 맺었다. 우리는 교대로 운전대를 바꿔 잡으며 이탈리아 반도 끝까지 쉬지 않고 차를 몰았다. 시간이 흐를수록 차 트렁크는 (준비 중이던) 아르치골라 행사와 시음회를 위해 사들인 물건과 주요 식재료들로 가득 채워졌다. 특히 코미치 아그라리Comizi agrari(농업위원회)와 1990년에 개최된 피에몬테 와인 국제대회International Convention of Piedmontese Wine는 과거와의 단절을 상징하는 두 가지 획기적 사건이었다. 우리는 이탈리아 와인에 정통한 원로들을 만났다. 처음에 그들 대부분은 무뚝뚝한 태도를 보였지만, 우리가 정말 열정을 가지고 있고 또 와인에 대해 반드시 알아야 할 기본 지식을 갖추고 있다는 사실을 안 뒤에는 마음의 문을 열었다. 피에몬테에서 그들은 서슴없이 인터뷰에 응하고, 지방 사투리로 '소리sorì'라고 하는 포도 농장들의 지리적 분포도를 그리라고 권했다. 그것은 몇 년 뒤 우리가 《랑게 와인 지도: 위대한 바롤로와 바르바레스코 포도밭 Wine Atlas of the Langhe: The Great Barolo and Barbaresco Vineyards》(Arcigola Slow Food Editore, 1990)을 발간할 때 큰 도움을 주었다. 우리는 또한 야심만만한 청년들과도 만났는데, 그들은 대개 아버지 세대와 마찰을 빚으며 메탄올 파동 이후 와인의 르네상스 시대에 주도적 역할을 맡은 신세대 젊은이들이었다. 1980년대 하반기부터 1990년대 초까지는 정말 멋진 기간이었다. 랑게 구릉지에서 생산되는 바롤로와 바르바레스코 와인이 세계적인 와인, 특히 프랑스 와인과 경쟁하기 시작했다. 토스카나Toscana는 고급 와인과 전설적인 상표로 가득 차고 있었다. 다른 지역에서도 재능이 뛰어나고 와인에 통달한 생산자들 덕분에 국제적인 관심을 받는 여정을 시작하고 있었다. 처음에는 간헐적으로 일어났던 와인 품질에 대한 추구는 와인 맛의 모든 가능성을 보여주기 위해 그동안 무시되거나 알려지지 않았던 다양한 포도 품종의 재배로 이어졌고, 모든 지방에서 미각의 변화를 자극하고 1986년 얼굴이 절망감으로 물들었던 바로 그 와인 생산자들에게 성공의 기회와 경제적 풍요를 안겨주었다.

세상에 잘 알려져 있지 않았던 이탈리아의 포도주 연구가 급성장했다는 사실을 상기할 필요가 있다. 이 또한 해방이었다. 실제로 그것은—이론의 여지가 있지만—다른 모든 것이 비롯되는 최초의 해방, 즉 빈곤(특히 랑게 구릉지에서 전쟁 때 그들의 아버지와 어머니들이 겪었던, 그리고 아직도 모든 사람에게 잔존해 있는 고난의 기억)으로부터의 해방, 가난하고 위태로운 생활조건으로부터의 해방이었다. 그러나 그것은 또한 새로운 에너지의 해방이기도했다. 즐거움 자체를 목적으로 하는 것에 대한 거부, 현지의 성공에 대한 인식, 와인의 가치를 구성하는 필수 요소로서 현지 사람들 같은 요소들이 햄이나 빵, 토종 과일이나 채소, 치즈 같은 것들에도 똑같이 적용되어야 하지 않을까? 우리는 스스로에게 이렇게 반문하기 시작했다. 우리가 여행 중에 돼지고기 정육업자, 제빵사, 채소밭 농부, 낙농업자, 목동들을 만난 것은 바로 그런 이유에서였다. 우리는 와인 시음회와 같은 맥락에서 다양한 음식 맛을 비교하는 시식회를 열어, 그들이 재배하고 가공한 음식을 미식가를 비롯해 그 음식에 관심 있는 모든 사람에게 소개할 기회를 마련했다. 시식회에 참석한 사람들 중에는 단지 맛있는 음식을 즐기기 위해 온 사람도 있었지만, 대부분은 자기 지역의 환경에 맞춰 그 새로운 열정의 모든 요소를 전수할 아이디어를 머릿속에 담은 채 집으로 돌아갔다. 어쩌면 그들은 음식에 대한 새로운 사고방식, 그리고 그것을 먹는 방식까지도 담아갔을지 모른다.

시골 탐방은 이제 더 이상 포도밭 탐방만을 의미하지 않았다. 그것은 또한 시골의 온 땅을 구석구석 돌아다니는 것을 의미했다. 미식은 바야흐로 구속에서 벗어나 해방되고 있었다. 브리야사바랭이 미식학을 세상에 내놓은 이래 수백 년이 넘도록 깊은 겨울잠에 빠져 있었던 생각들은 이제 새롭게 모습을 드러내기 시작했다. 예의 바른 감각적 동물처럼, 다양한 현지 환경에 대한 복잡하고 완벽한 이해 없이 음식을 맛보고 평가하는 것에만 우리 스스로를 가두는 것은 얼마나 환원주의적인가. 진탕 먹고 마시고 만족스러워하는 때는 이미 지났다. '봉 비망bon vivant'*이라는 단어의 의미가 바뀌었다. 많은 자칭 미식가들이 그러했듯이 레스토랑을 '탐방 순례'하는 것만으로는 더 이상 충분하지 않았다.

그 울타리의 빗장을 부수고 모든 이—특히 그동안 이런 문제를 그들의 획일적인 임무의 일부로 다루어야만 했었던 사람들—에게 우리 집에서 몇 킬로미터 떨어진, 대개 읍내와 마을 안에 묻혀 있었던 보배들에 대해 설명하는 것이 필요했다. 즐거움에 대해 말하자면, 이 새롭고 더 내밀한 취흥의 형태보다, 긴밀하게 맺어진 인간관계의 구조가 이탈리아와 전 세계에서 자라는 것을 지켜보는 것보다, 다양한 생각과 프로젝트의 공유보다 우리를 더 즐겁게 하고 해방시키는 것은 없었다. 이는 우리가 언젠가 '네트워크'라고 부르게 될 바로 그것이었다.

---

* [옮긴이주] 좋은 음식과 술을 먹고 마시며 인생을 즐기는 사람을 가리킨다.

3장

밀라노
골로사

마리사 푸마갈리Marisa Fumagalli는 1994년 11월 23일《코리에
레델라세라Corriere della sera》에 기고한 글에서, 며칠 뒤에 열릴 행
사인 밀라노 골로사Milano Golosa(미식가 밀라노)를 이렇게 묘사
했다.

일류 모델은 집어치우고 술병을 들라. 이번에 우리는 패션쇼 무대
위를 걷는 클라우디아와 신디, 나오미가 아니라 바롤로와 말바지아
Malvasia, 피노 누아Pinot Noir 와인을 만나러 갈 것이다. …… 밀라노

는 (먹고) 마시기에 충분히 좋은 곳이다.* 그 도시는 앞으로 나흘 동
안 잇달아 열리는 '연수회'를 통해 이탈리아산을 비롯해서 수백 종
의 세계적인 맛좋은 와인과 전 세계에서 생산된 미식 제품을 중심
으로 하는 진정한 시식회를 개최할 것이다. 거기에 가면 기상천외하
기 짝이 없는 음식과 평소에 마시기 어려운 와인들을 맛볼 수 있을
것이다. 그러나 그 유명한 1980년대 상업광고 때문에 오해하지 마
라. 기억하는가? 당시 한 유명한 술 광고 문구는 곧바로 무엇보다 외
부에 과시하는 것과 관련이 있는 특정한 생활양식의 상징이 되었다.
······ 요컨대, 그것은 '음식 명상food meditation'으로의 초대이다. 그것
은 시간을 재촉하는 속도, 우리에게 익숙해진 강박감에 시달리는 속
도와 충돌한다. ······ 그것이 바로 밀라노 골로사가 시도하는 것이다.
······ 여기 몇몇 매우 매력적인 시식회가 있다. "자허토르테sachertorte**
의 귀족적 즐거움"(밀라노의 가장 뛰어난 제과업자 4명이 비엔나 원산지의
맛을 제공한다), "훈제의·맛 ······ 바다의 맛"(고급 와인과 잘 어울리는 훈
제 연어와 철갑상어, 황새치, 송어), "또 다른 세상에서 온 와인"(칠레, 오
스트레일리아, 뉴질랜드, 남아프리카공화국에서 생산한 새로운 와인을 발견
하는 만남과 호기심, 놀라움).

---

* [영역자주] '마시기에 충분히 좋은 밀라노Milano da bere'라는 구호는 1985년 아마로 라
마조티Amaro Ramazzotti[이탈리아 최대 주류 회사]의 텔레비전 광고 이후 많은 언론과 대
중문화 매체에서 1980년대 밀라노의 번창함과 패션계를 설명할 때 자주 등장했다.
** [옮긴이주] 초콜릿 스펀지케이크에 살구잼을 넣고 초콜릿을 입혀 만든 오스트리아의
대표적 디저트용 케이크.

나는 당시 유명한 '새로운 맛을 찾아다니는 미식가'이자 기자였던 다비데 파올리니Davide Paolini가 진두지휘한 회사와 함께 인두스트리아 에 수페르스투디오Industria e Superstudio(이전에는 공장 부지였던, 밀라노 시내 포르타 제노바Porta Genova 인근에 있는 1,200평방미터의 공간)에서 12월 1일부터 4일까지 열린 결정적인 행사를 잊지 못한다. 첫째로는 이 행사가 생산의 세계에서 미식에 대해 이야기하고 새로운 추세를 대중화하는 공식적인 시식회 방식, 원조 슬로푸드의 성공을 확립했기 때문이며 둘째로는 내가 패션쇼를 예로 들어 말했던 개회사를 잊을 수 없기 때문이다.

나는 이탈리아에서 패션보다 더 중요하다고 할 수는 없어도 그에 비견될 만큼 중요한 사업 분야인 음식과 와인의 암흑기는 이제 끝났다고 주장했고, 음식에 대해서 패션과 같은 방식으로 말하는 오늘이 그야말로 이탈리아 자체가 중대한 일보를 내딛은 날로 기억될 것이라고 단언했다. 그 개회사가 식탐을 추구하는 사람들을 자극하는 것으로 오해한 사람들 때문에 약간의 당혹감을 느끼긴 했지만.

하지만 실제 현실은 여전히 암울했다. 메탄올 파동이 일어난 지 벌써 10년이 지났지만, 그 여파는 지속되고 있었다. 텔레비전에 등장하는 음식은 그저 잠시 주목받는 대상이었을 뿐, 소홀히 다뤄지지는 않았지만 한정된 영역이었다. 인터넷은 아직 초기 단계였다. 이탈리아의 거의 모든 미식가는 서로 아는 사이였지만, 나 자신을 포함해서 많은 미식가는 아직 세상이 어떻게 돌아가

느지 몰랐다(예컨대, 당시 우리는 자연산 연어와 황새치 소비 때문에 이들이 서서히 멸종 위기에 처하고 있다는 사실을 알지 못했다). 그러나 1994년, 우리는 그 어느 때보다도 확신에 차 있었다. 정말이었다. 음식과 와인 분야가 우리의 '이탈리아다움', 우리의 노동과 생활 방식을 떠받치는 기둥, 우리의 더 나은 미래를 위한 기반을 놓을 수 있는 아주 중요한 것 가운데 하나임을 알게 된 것이다. 그 분야의 경제적·문화적 가치에 대해 눈을 뜰 필요가 있었다. 이 제 더는 그것을 일종의 재미, 쾌락주의자의 호사스러운 취미 정도로 보는 시선을 거둘 때가 된 것이다. 그동안 미식가에 대한 대중의 이미지는 자위적 과시 행위자로 낙인찍혀 있었던 것이 사실이다(이 문제는 아직도 해결되지 않았다. 우리는 지금도 비슷한 편견 어린 조롱을 받고 있다). 1980~90년대에 그것은 당시 유행하던 여피족[도시에 사는 세련된 젊은 고소득 전문직 종사자들]과 잘 어울리는 이미지였다. 밀라노에서는 말할 것도 없었다.

그러나 바로 그 밀라노에서 열린 밀라노 골로사 행사는 해방을 향한 행동이었다. 이 행사는 오늘날 우리의 '밀라노의 4일간 Four Days of Milan'*이라고 불러도 될 듯하다. 입장료 40,000리라**를 내면 나흘 동안 90개의 워크숍과 시식회, 강좌들 중 원하는

---

* [영역자주] 1848년 당시 밀라노를 지배하고 있던 오스트리아에 맞서 5일 동안 반란을 일으키며 1차 이탈리아 독립전쟁의 방아쇠를 당긴 사건을 일컫는 '밀라노의 5일간Five Days of Milan'에 빗대어 말한 것이다.
** [옮긴이주] 2002년까지 이탈리아에서 통용됐던 화폐 단위. 현재는 유로가 쓰인다.

것을 골라 참가할 수 있었다. 여기서는 음식과 와인을 맛보는 새로운 접근 방식이 도입되었다. 베로나에서 열린 비니탈리Vinltaly 와인과 증류주 전시회에 슬로푸드 참가의 일환으로 동년 초에 최초로 소개된 방식인 미각 워크숍Taste Workshop은 우리가 '연대' 하는 주목적인 미각 교육을 성취하기 위한 매우 강력한 도구였다. 우리가 모든 행사에서 미각 워크숍을 여는 철학과 방식—사람의 관심을 끄는 제목, 재미난 방식, 약간 요란스러운 활동 모습—은 생산자 및 전문가와 직접 연계하고 싶은 우리의 바람을 잘 보여준다. 2002년 슬로푸드 에디토레가 발간한 《슬로푸드 사전Dizionario di Slow Food》은 '미각 워크숍'을 "일상의 먹고 마시는 행위로부터 벗어나 색다른 문화와 상징적 의미로 음식을 맛보고자 하는 바람"이라고 설명한다. 그 항목은 다음과 같이 설명을 이어간다.

구체적이고 의식적인 경험: 특정 음식이나 와인, 요리가 만들어지는 방식과 문화적 맥락에 대해서 배울 수 있는 기회, 시식의 언어를 배울 (수 있거나 정교하게 다듬을 수 있는) 기회. 단순한 식도락적 행동이나 학술 행사가 아닌 최상의 음식 및 와인과의 즐거운 만남, 물질문화의 순간. 가치척도를 만들거나 품질 기준을 정하기 위해 점수를 매기는 기술적 시식회가 아닌, 그 무엇보다 맛을 음미하며 즐기는 경험.

대개 음식과 와인 생산자와 전문가들이 뒷받침하는 이런 모임들에서 발표하는 사람들은 음식 생산물들을 가공되지 않은 농수산물로서, 생산과 감각의 관점에서, 그리고 원산지의 관점에서 설명한다. 사람들의 호기심을 자극하고 생물다양성을 지키게 하는 새로운 언어 지식을 전파하는 방식이 여기 있다. 밀라노 골로사에서 대중들은 먹고 마시고 음식에 대해 이야기하는 새로운 방식을 경험했다. 이탈리아 음식과 술의 기억을 환기시키는 힘, 문화적 의미, 경제적 중요성은 마침내 독창적인 새로운 아이디어를 자극하고 활력을 발산하면서 바야흐로 중요한 국제무대에 등장하는 중이었다(이탈리아산 제품만 전시된 것이 아니었다). 밀라노 골로사의 놀라운 성공 덕분에 우리는 이 행사 모델을 계속해서 발전시켜나갈 수 있었다. 2년 뒤, 우리는 밀라노 골로사를 모델로 해서 토리노에서 '살로네 델 구스토Salone del Gusto'*라는 행사를 열었다. 무엇보다 그 행사는 우리가 그동안 미식의 품격을 높이기 위해, 미식 분야에 대한 실천과 관심을 확대하기 위해 해왔던 모든 작업이 대중화되고 적극적인 지지를 끌어모으기 시작한 순간으로 기록되었다.

'밀라노의 4일간'은 미식의 해방 과정을 되돌릴 수 없는 지점까지 밀어붙였다. 오늘날 음식은 패션만큼이나 미디어와 일상의 대화에서 빼놓을 수 없는 이야깃거리가 되었다. 1994년에 이러

---

* [옮긴이주] '맛의 살롱'이라는 의미로 슬로푸드가 주관하는 세계 최대 음식 박람회.

한 현상을 예견한 우리 같은 사람들에게는 기쁜 일일지 모르지만, 이 모든 관심이 좀 더 광범위한, 총체적이고 생산적인 통찰력과 우리 한계에 대한 인식을 명확히 드러낼 수는 없다.

생태
미식

2001년 12월 9일, 《뉴욕타임스》에는 로런스 오스본Lawrence Osborne이 기고한 〈아이디어의 해: A에서 Z까지〉라는 글이 실렸다. 오스본은 'S'로 시작하는 아이디어에 슬로푸드를 꼽았다. 권위 있는 미국 일간지가 우리에 대해 언급한 것은 이때가 처음이 아니다—2000년에 《뉴욕타임스》는 우리를 '생태 미식eco-gastronomy' 운동이라는 흥미로운 신조어로 규정한 바 있다. 오스본은 우리에 대해 이렇게 말한다.

오늘날 미국에 퍼져나가기 시작한 슬로푸드 운동은 미식 분야에서의 그린피스 운동이다. 음식 지도에서 사라지고 있는 가공되지 않은 식품, 조리 시간이 오래 걸리는 음식을 보전하기 위한 도전과 결단. 그 운동은 WTO 반대 운동처럼 세계화에 저항한다. 그러나 슬로푸드 운동은 가두시위 형태를 취하지 않는다. 대신 슬로푸드 운동 활동가들은 자기네 부엌에서 유기농 양배추를 식재료로 쓰고 송로버섯을 맛보는 즐거움을 나눈다. 지금까지 이토록 즐거운 저항은 없었다.

이 기사는 지금까지도 내 입가에 웃음을 띠게 만든다. 비록 그 기사가 슬로푸드의 흥미로운 특징들을 포착하고 있기는 하지만, 슬로푸드에 대한 평가에서 다소 순진한 오류를 범하고 있기 때문이다. 이제 나는 사람들이 미식을 세상 자체만큼이나 복잡한 과학이라고 간주할 때, 어떤 사람의 행동과 생각이 잘못 해석되거나 오해될 가능성이 크다는 사실에 익숙해졌다. 그들의 배경과 사고방식을 고려할 때, 평가를 내리는 사람이 음식에 담긴 엄청나게 복잡한 의미를 생각하려는 어떤 시도도 하지 않는다면 그럴 가능성은 훨씬 더 크다.《뉴욕타임스》기사는 저항, 반대, 즐거움, 시식, 행동주의를 동시에 말한다. 이는 그 자체로 흥미로운 말이며 어느 정도 핵심을 찌른다. 그러나 이 기사는 전반적으로 슬로푸드 운동이 마치 세계화와 포스트모더니즘에 대한 호기심이거나 일종의 자애로운 눈으로 관찰되는 신비에 싸인 대상인 것처럼 매우 모호하고 오만한 어조로 이야기를 풀어나간다. 마치 "이 비정상적인 사람들이 얼마나 멀리 나아갈지 지켜보자"는 듯이.

오스본은 슬로푸드가 세계주의에 반대한다고 말한다. 하지만 그것은 현지에 대한 우리의 관심, 지역 경제 규모 증대가 세계화와 결코 양립할 수 없는 것인 양 혼동시킨다. 틀린 생각이다.

그는 가정의 부엌에서 송로버섯을 맛보는 즐거움을 나누는 것에 대해서 말한다. 그것은 일반적인 미각 워크숍 접근 방식이 주변부 국가의 생존 문제에 대한 즐거운 해법인 양 오해를 불러일으킨다. 또다시 틀린 생각이다.

그가 유기농 양배추를 예로 드는 이유는 당시 미국에서 유기농에 관심 있던 양배추 생산자 및 소비자 네트워크가 주목받기 시작했기 때문이다. 이것은 극단적인 어떤 경우에 강박에 가깝지만 또 다른 중요한 해방의 형태를 이루는 경험이었다. 이제 그것은 전에는 상상조차 할 수 없었던 차원에 이르러 수백만 명에 달하는 북아메리카인의 식단을 완전히 바꿔버렸다. 이 문제는 나중에 다시 검토할 것이다.

오스본은 가공되지 않은 식품에 대한 선호를 이야기한다. 그것은 자연 그대로의 것을 좋아하는 성향을 보여주거나 적어도 모든 가공식품에 대한 우리의 혐오를 의미하는 것처럼 보인다. 이 말은 부분적으로만 맞다.

끝으로 "조리 시간이 오래 걸리는 음식"에 대한 그의 언급은 마치 음식을 조리하고 가공하고 소비하는 데 얼마나 오랜 시간이 걸리는지에 따라 음식이 평가될 수 있는 것처럼 생각하는 정말이지 기계적이고 도식적인 사고방식의 결과물이다. 초기에 비영어권 지역에 슬로푸드를 널리 알리기 위해 해외여행을 다니곤 했을 때, 수없이 반복해서 나온 질문이 "슬로푸드로 뭘 하지요? 몇 시간 동안 식탁에 앉아 있어야 하나요? 그렇게 시간이 오래 걸리고 복잡한 조리법으로 음식을 만들기만 하면 되나요?"였다는 것은 전혀 우연의 일치가 아니다. 슬로푸드를 문자 그대로 번역하면—alimentation lente(프랑스), manger lentement(프랑스), comida lenta(스페인), cibo lento(이탈리아)—물론 오해의 소지가 있을 수 있다. 나는 이것을 긍정적으로 생각하곤 했다. 최소한 우리는 패스트푸드에 반대하는 것으로만 기억되지 않을 것이기 때문이었다. 우리는 사람들의 호기심을 일깨우고 있었고, 거기에는 음식에 대한 색다른 개념과 새로운 미식학에 대해 연구할 여지가 있었다.

무엇보다 흥미로운 것은 이 기사가 슬로푸드를 "미식 분야에서의 그린피스"라고 표현했다는 점이다. 여기에는 약간 과장된 측면이 있을 수 있다. 하지만 이런 표현은 우리가 오랜 세월 발전시켜온 경향과 철학을 잘 포착하고 있다. 음식을 맛보는 새로운 접근 방식을 통해 맛의 표준화에 반대하여 미식의 즐거움을 누릴 우리의 권리 수호, 농작물이 자라는 농촌 현장 탐방, 연이은 음식 파동과 생태 파괴는 결국 땅에서 자라는 작물을 먹는 미식가가 환경 문제에 민감하지 않을 수 없다는 사실까지도 시켜주었다. 2001년 캘리포니아주 볼리나스에 있는 훌륭하게 복원된 목조 건초 창고에서 열린 최초의 슬로푸드 미국대회에서 나는 이렇게 연설을 시작했다. "환경운동가가 아닌 미식가는 정말 멍청한 사람입니다. 하지만 미식가가 아닌 환경운동가는 그저 서글플 뿐입니다!" 그 자리에 모인 미국의 슬로푸드 회원들은 웃음을 멈추지 못했다. 한술 더 떠서 나는 아무도 멈출 수 없는 심연을 향해 달려가는 기차의 식당 칸에서 상상할 수 있는 모든 산해진미로 배를 채우고 술잔을 비운 미식가의 이미지를 청중들에게 보여주었다. 그 기차는 바로 우리의 지구였다. 거기서 우리는 무엇보다도 음식을 보살피고 구해내야 한다. 이제 인류는 "송로버섯을 맛보는 즐거움을 가로막는" "울타리"를 부수고 기차 식당 칸에서 뛰어내릴 때가 왔다.

우리는 '생태 미식'이라는 용어를 금방 좋아하게 되었지만, 어쩌면 환경운동가 친구들은 별로 좋아하지 않을지도 모른다. 자신들의 영역에 무단 침입한 것으로 볼 수도 있고, 심지어 자신들의 천직을 조롱하거나 그들의 진지한 투쟁에 걸맞지 않은 경망한 행동으로 볼 수도 있다. 그러나 진지하다는 것이 반드시 불편하고 심각해야 함을 의미하지는 않는다. 그 신조어는 미식에 접근하는 우리 방식이 세계적 차원의 다양한 경제 문제, 모든 지역에서 농촌이 겪고 있는 심대한 변화, 생물다양성 보호의 긴박한 필요성에 민감하게 반응하는 것임을 금방 이해할 수 있게 하는 중요한 의미를 담고 있었다. 그러나 즐거움 또한 이 문제들과 긴밀하게 연결되어 있다는 사실을 사람들이 깨닫게 되기까지는 얼마간 시간이 걸렸다—내 예감으로는 앞으로도 많은 시간이 걸릴 것이다. 1980년대 중반에 이러한 연관성이 표면적으로 드러났지만, 여전히 많은 사람이 그것을 이해하지 못한다.

많은 환경운동가가 곤혹스러워하는 모습은 미식 분야에서 해방 과정이 어떻게 시작되었는지를 보여준다. 다른 한편으로 생태계에 관심을 가지는 배타적 계급인 환경운동가들은 대개 서로 다른 지식 분야 간 만남의 해방적 가치를 알아보지 못한 채 반대 시위에 자신들을 국한시키는 데만 몰두하고 있었다. 환경을 싸워 지켜야 할 표상으로 보는 사람들이 이런 모습을 보인다는 것은 뜻밖이었다. 생태계보다 더 복잡하고 상호 연관된 것은 세상에 없기 때문이다. 나는 환경운동가들이 화내지 않기를 바란다. 내가 실제로 그들에게 큰 지지를 보내는 것처럼 말이다. 그러나 어떤 운동이 완고하게 스스로를 특정한 틀에 가둘 때, 그 운동은 시작하기도 전에 끝나고 만다. 이탈리아 유권자들은 이를 명확하게 이해했다. 그 결과 환경 문제는 정치적 논란과 제도적 논의에서 사실상 사라졌다. 이탈리아에서 생태운동은 대개 또 다른 '인클로저 운동'일 뿐이다.

한마디 더 하자면, 미식이 여기까지 활동 무대를 확장하지 말아야 하며 환경과 사회경제적 문제에 대한 책임감 때문에 고급 식당에 가는 호사를 피해야 한다고 생각했고—그들 중 일부는 몇 년 뒤에 마음을 바꿨지만—지금까지도 그렇게 생각하는 초창기 많은 '슬로푸드 운동가'와 동료 미식가들에 대해서 나는 분명한 실망감을 느꼈다. 하지만 그들은 선택의 기로에 서면 고급 식당의 호사를 누리는 길을 선호했다. 그들은 많은 유명 요리사와 주방장이 그랬던 것처럼, 그들의 (의심할 여지없는) 숙련된 음식 솜씨가 식재료의 산지나 종류와 상관없이 그것들을 완벽한 요리로 변화시킬 수 있다고 믿었다.

나는 그들이 틀렸으며 역사는 내가 옳다는 것을 입증하기 시작했다고 믿는다. 1990년대 후반, 총체적 관점의 음식 개념, 즉 브리야사바랭이 정의 내렸듯이 음식을 "먹이를 먹여 키우는 동물로서 인간과 관련된 모든 것"으로서 바라보는 것은 이미 정립되었다. '해방된 미식' 운동이 처음에 전혀 생각지 못했던 영역으로 우리를 몰아붙이고 있었던 그 순간에도 우리는 더 깊게 생각을 다듬고 있었다.

5장

좋고 깨끗하고
공정한

'부오노, 풀리토 에 주스토buono, pulito e giusto(좋고 깨끗하고 공정한)'. 2005년 친구이자 공저자인 카를로 보글리오티Carlo Bogliotti 와 나는 브라에 있는 우리 집 마당에서 공동 작업 중이던 책 제목으로 이 문장을 생각해냈다. 이 책은 2005년 말 토리노 출판사 에이나우디Einaudi에서 출간됐다(그 뒤 2007년에 뉴욕의 리졸리엑스리브리스Rizzoli Ex Libris 출판사에서 《슬로푸드 제국: 왜 우리가 먹는 음식은 좋고 깨끗하고 공정해야 하는가Slow Food Nation: Why Our Food Should be Good, Clean, and Fair》*라는 제목으로 영역 출간되었다). 우리는 궁극적으로 슬로푸드 철학을 좀 더 유기적으로 만들 방법을 찾아내기 위해 여가시간을 몽땅 쏟아부었다. 20년 동안 슬로푸드 철학은 굉장히 많이 발전했고, 더욱 정교해졌다. 사무실에서 일을 끝내고 집으로 돌아가는 길에도 우리는 끊임없이 이야기를 나누면서 그 일에 몰두했다. '좋고 깨끗하고 공정한'이라는 짧은 표어가 생각났을 때, 처음에 우리는 별로 진지하게 생각하지 않았다. 너무 진부해 보였기 때문이다.

"책 내용을 전혀 전달하지 못해"라고 말하고는 제목 정하기를 뒤로 미뤘다. 하지만 그 문구는 책이 어떻게 구성되었는지 배후에서 맥락을 알린다는 점 때문에 계속 뇌리를 맴돌았다. 결국 출간 시점이 다가왔을 때, 우리는 모든 가능한 제목들 가운데 (처음에는 전혀 적합해 보이지 않았던) '부오노, 풀리토 에 주스토'를 선택했다. 우리의 첫 판단은 얼마나 잘못된 것이었던가! 그 문구는 슬로푸드 운동 전반에 널리 받아들여졌다. 우리 협회의 구호이자 기치가 되었으며, 우리들의 의사소통에 도움을 주었다. 우리가 주관하는 행사를 홍보하고, 우리의 철학을 세련되게 표현하고, 우리의 생각과 행동을 정리하는 데 유용했다. 무엇보다 그 문구는 전 세계에 여러 나라 말로 널리 전파되었다. '좋고 깨끗하고 공정한'은 기억하기 쉽고 사람의 마음을 끈다. 미국의 농민시장에

---

* [옮긴이주] 한국에는 2008년 《슬로푸드, 맛있는 혁명》이라는 제목으로 번역 출간되었다.

서도, 케냐의 한 초등학교를 방문했을 때 나를 환영하기 위해 걸어놓은 커다란 현수막에서도 이 문구를 발견할 수 있었다. 멕시코 치아파스주에 있는 오두막들에 슬로푸드를 상징하는 동물인 커다란 달팽이 그림 옆에 이 구호가 페인트로 서툴게 쓰여 있는 모습은 눈물이 날 만큼 감격스러웠다. 프랑스에서는 이 구호가 슬로푸드 운동 자체보다 더 널리 알려져 있다. 이 구호는 이제 슬로푸드 세계를 초월해서 거의 일종의 비유적 표현이 되었다. 나는 아주 뜻밖의 장소와 맥락에서 그것을 보고, 특정 식품 광고 캠페인에서 그 흔적들을 추적한다. 이런 캠페인은 드러내놓고 그 문구를 인용하지는 않지만 은연중에 그것을 명확하게 암시한다. 때때로 그 문구는 음식에 대해 단순히 자족적·심미적 취향 이상의 의미를 두는 사람들, 예컨대 유기농 식사나 좋은 식습관, 음식쓰레기 반대 투쟁, 농식품 분야에서의 사회 정의를 실천하는 사람들이나 슬로푸드를 깔보거나 하찮게 취급하며 비난하는 용도로도 사용된다. 그날 우리 집 마당에서 우리가 따분한 것으로 오해했던 그 덜떨어진 직관성에도 불구하고, 어쨌든 그 제목은 우리가 목표로 한 것을 정확하게 적중시켰다.

그 책의 부제인 '새로운 미식의 원칙'은 결코 따분하지 않은 내용임을 보여주었고, 책에 대한 기대치를 좀 더 높여주었다. 그 책은 이 지식 분야를 하나의 완전한 과학으로 재정립하고자 하는 바람—정확한 표현이 아닐지 모르지만, 학문적으로 '더 고상'하다고 여겨지는 다른 인문과학들을 부러워해서 그런 것은 전혀 아니다—에서 탄생했다. '좋고 깨끗하고 공정한'이라는 책 제목은 그 역할을 잘 수행했지만 책 내용은 단언컨대 그러지 못했다. 내가 이렇게 말하는 이유는 그 책의 제목이 생각했던 것보다 더 많은 사람의 관심을 사로잡은 반면 책 내용의 많은 부분, 특히 거기서 제안한 계획은 철저하게 실행되지 못했기 때문이다. 가끔 그 책을 다시 읽으면 내가 10년 전에 쓴 것*이 지금도 여전히 국제 슬로푸드 운동의 역동성 및 총체적 관점에서의 미식 세계와 상당 부분 부합하며, 아직도 소기의 목적을 달성하지 못한 채 그대로 머물러 있다는 사실에 놀라움을 금치 못한다. 나는 그 책에서 말한 일부 긴급한 현안들이 편견에서 벗어나 해방되는 것이 지금도 왜 그리고 얼마나 중요한지 알고 있다. 오늘날 그 사실을 인정하기는 더 쉬워졌지만, 슬로푸드를 상징하는 달팽이 깃발 아래 모여 행진하는 슬로푸드 지지자가 아닌 사람들에게는 아직도 잘 알려져 있지 않다.

슬로푸드는 여전히 좀 더 과감하게 앞으로 나아갈 필요가 있다. 때때로 우리는 우리의 주된 표적을 시야에서 놓쳐버리며, 우리가 현재 지지하는 네트워크에 창조적 추진력과 활력을 제공하는 생물 및 인류의 다양성을 유지할 정도로 충분한 역할을 하지 못하고 있다. 우리가 만들어가고 있는 네트워크, 테라마드레

---

* [옮긴이주] 이 책《음식과 자유》가 이탈리아어로 발간된 해가 2013년이고, 영역판은 2015년에 출간됐다.

가 해마다 성장하면서 우리는 그것이 슬로푸드의 깃발 아래 방향을 모색해 나아가되 그것에 속박되지 않을 방법을 찾고 있다. 실제로 우리는 슬로푸드가 테라마드레 **위**에 군림하지 않고 **안**에 있기를 바란다. 그렇지 않으면 슬로푸드는 테라마드레와 따로 놀게 될 것이다. 우리는 또한 전 세계 많은 문화에 존재하지 않는, 전형적인 서양식 회원제 형태의 네트워크 구성이 지금도 여전히 적절한지에 대해서 곰곰이 생각하고 있다. 이 문제에 대해서는 나중에 다시 논의하겠지만, 그 전에 먼저 '좋고 깨끗하고 공정한'이라는 구호의 영향력을 평가하는 것은 흥미진진한 일이 아닐 수 없다. 덜 복잡한 미식 영역에서 발생한 특정 과정들이 그다지 자발적인 현상이 아니며 아직까지 우리가 바라던 해방의 단계에 이르지 못했음을 분명히 보여줄 수 있기 때문이다.

2005년에 발간한 책의 결론 부분에 나는 이렇게 썼다.

나는 미식가다.

하지만 남보다 더 많이 먹고 남들이 못 먹는 음식을 먹을수록 먹는 즐거움이 더 커지는 자제심 없는 그런 식충이는 아니다.

또한 식탁에 차려진 음식을 즐기는 데만 열중할 뿐 그 음식이 어디서 어떻게 왔는지에 대해서는 무심한 그런 멍청이도 아니다.

나는 음식의 역사를 알고 싶어한다. 어떤 음식이 어디서 왔는지에 대해서도 알고 싶어한다. 그 음식이 내 앞에 차려지기 전에 식재료를 기르고 운송하고 가공하고 조리한 사람들의 손길을 상상하는 것을 좋아한다.

내가 먹는 음식이 세상의 다른 사람들을 착취한 것이 아니기를 바란다.

나는 전통적인 방식으로 농사짓는 농민들을 좋아한다. 그들이 땅과 맺는 관계, 그들이 좋다고 하는 방식을 좋아한다.

모든 사람은 선하다. 즐거움은 모든 사람의 것이다. 그것이 인간의 본성이기 때문이다.

음식은 이 세상 모든 사람을 위해 있지만, 모든 사람이 제대로 먹는 것은 아니다. 제대로 먹지 못하는 사람은 대개 음식을 즐기지 못하고 그저 살기 위해 먹는다. 하지만 오늘날 음식을 즐길 수 있는 사람은 대개 음식 이외의 다른 것들에는 무관심하다. 농부와 땅에 대해서, 음식이 우리에게 줄 수 있는 자연과 많은 것에 대해서는 개의치 않는다.

자신이 먹는 음식에 대해 아는 사람은 거의 없다. 음식을 즐기려면 그것을 알아야 한다는 사실을 아는 사람도 별로 없다. 그 지식은 함께 나누는 사람들 모두를 하나로 묶는 즐거움의 원천이다.

나는 미식가다. 이 말이 우스워 보인다면, 나는 미식가가 되는 것이 그리 쉬운 일은 아니라고 단언할 수 있다. 이는 복잡한 문제다. 미식이 비록 지식 세계에서는 신데렐라 같은 존재일지 몰라도 실제로는 진정한 과학이다. 그것은 사람들에게 새로운 세상을 보여줄 수 있다.

그리고 오늘날 세상에서 미식이 요구하는 것처럼 잘 먹는 것은 어렵다.

그럼에도 미식가가 변화를 갈망하는 한, 미래는 있다.

그 책의 마지막 장 끄트머리에 쓴 이 '자발적 선언'에서 나는 미식이 행복의 과학이라고 주장했다. 내 오랜 미식가 친구들 가운데 일부는 거기 나오는 첫 문장 때문에 기분이 상해서 내게 신랄한 비난을 쏟아냈음을 고백하지 않을 수 없다. 그들이 마침내 (다행히도) 오늘날 세계 최고의 레스토랑들에서 선풍적인 인기를 끄는 미식이 '신선한 천연 산물 요리'와 '새로운 지역주의'라는 것을 이해하게 된 것은 그로부터 몇 년 뒤였다. 나는 '좋고 깨끗하고 공정한'이라는 공식이 독단적인 주장이 아니라 전통적인 농민, 요리사, 생산자, 시민이 지향해야 하는 염원임을 늘 주장했다—그들은 삼각형의 세 꼭짓점에 서서 동맹관계를 구축할 수 있다. 최근 10년 동안 이탈리아에서 가장 척박하고 기억에서 사라진 지역들, 세계의 도시 주변부들, 새로운 모습과 옛 모습을 함께 간직한 아프리카, 중남미의 건조하고 습한 지대를 비롯해 패스트푸드의 본고장 미국을 (서쪽에서 동쪽으로) 여행하면서, 나는 이 세 꼭짓점을 모두 보여주는 식품들을 많이 발견했다.

거대한 파도가 점점 더 커지고 있음을 분명하게 느낄 수 있다. 오늘날 널리 알려진 유명한 요리사들—그들보다 앞서 활동했던 유명 요리사들은 절대적으로 중요한 것은 기본 식재료보다 요리 솜씨라고 믿었다—이 만든 음식들도 철저하게 지역에서 생산된,

사회적으로 어떤 부정적 영향도 끼치지 않으면서 지속가능한, 엄선된 식품과 기본 식재료를 기반으로 만들어진다. 이 모든 일이 '자연이 살아 숨 쉬는' 지역에서 일어나고 있는 것은 결코 우연이 아니다. 유럽 중심의 영향력이 미치지 않는 지역은 미식과 관련해서 우리 모두가 일찍이 모든 것을 크게 빚진 가장 고전적인 프랑스식 권위 있는 식단grandeur gastronomique의 틀에 박힌 격식으로부터 빠르게 벗어났다. 그러나 이러한 권위는 프랑스 내에서도 이의가 제기되었다. 프랑스의 미식 부문에 심각한 위기가 도래하면서 농업 생산과 밀접한 관계 속에 더욱 잘 공급할 수 있고 상황에 잘 어울리는 음식 공급 형태들이 등장했다. 네오 비스트로neo-bistro* 현상이 바로 그러한 경우다.

시간의 흐름에 따라 총체적이고 글로벌한 미식의 품질을 구성하는 다양한 요소를 더 잘 이해하고 평가할 수 있다. 우리는 현실로부터 유리되어 질식된 채로 자기 강박적으로 보이고 즐거움의 의미에 대해서 잘 아는 듯 착각에 빠져 있었던 부문에 새로운 활력을 불어넣었다. 그러나 미식은 그보다 훨씬 더 큰 의미를 내포하고 있다. 미식은 우리의 행동반경을 넓혀줄 뿐만 아니라 세상과 사람들 사이의 책임감과 만남의 기회를 누리는 즐거움을 배가시킨다.

---

* [옮긴이주] 격식을 따지지 않고 적당한 가격의 새로운 메뉴를 개발해 파는 대중적인 작은 식당.

- 좋은: 감각적 특성, 즐거움(개인적 또는 공동의, 취흥의), 입맛의 문화적 차이에 주목(내게 맛있는 것이 아프리카, 남미, 극동 사람들에게는 맛이 없을 수 있다. 그 반대도 마찬가지다).
- 깨끗한: 생물다양성을 고려한 파종에서부터 경작과 수확, 식품 가공에서 운송, 음식 유통에서 섭취에 이르기까지 버리는 것 없이 양심적 선택을 기반으로 음식과 관련된 모든 과정의 지속가능성과 내구성.
- 공정한: 직접적이든 간접적이든 농촌 현장에서 일하는 사람들에 대한 착취 근절. 그들이 만족할 만한 적절한 보상. 공평성과 연대, 기부, 공유의 가치를 유지하면서 소비자의 호주머니 사정 존중.

이러한 가치들은 오늘날 큰 의미가 있다. 비록 부분적이나마 이런 가치들을 널리 알리거나 지키는 일을 하는 전문가들이 있다. 하지만 그 뒤에 숨겨진 전체 그림과 그 가치들 사이의 귀중한 연관 관계로서 그 중요성을 이해하는 사람은 거의 없다. 반면 우리의 관점은 총체적이고 모든 것을 포괄하며 복합적이다. '좋고 깨끗하고 공정한'이라는 가치를 따로따로 추구하면서 한 가지 관점으로만 음식을 바라보는 것은 불가능하다. 옛날에는 좋은 것에 집착해서 깨끗한 것은 그다음으로 생각하는 사람들이 있었다. 오로지 공정함이나 깨끗함에만 관심이 있었던 사람들도 좋은 것이 얼마나 중요한지 깨닫게 되었다. 무언가 중요한 움직임이 일어나고 있다—에드가 모랭Edgar Morin이 말했듯이, "사실상 모든 것이 다시 시작되었다."* 그러나 아직도 놓치고 있는 것들이 많다. 또 과거에 볼 수 있었던 일부 가치들 간의 연관관계가 끊어지기도 했다. 비록 전보다 약간 덜 험난해졌다고 해도 갈 길은 여전히 멀다.

---

* [영역자주] 에드가 모랭은 2010년 1월 20일에 《르몽드》와《라스탐파》에 기고한 〈변화를 찬미하며〉라는 글에서 "모든 것을 다시 시작해야 한다. 사실상 우리가 모르는 사이에 이미 모든 것이 다시 시작되었다"라고 주장하며 그 과정을 설명했다.

6장

아주 마음에
들어!

2012년 3월 31일, 나는 한 무리의 사람들과 아프리카를 여행 중이었다. 우리는 리프트밸리Rift Valley를 향해 전날 매우 이국적이고 습도가 높고 교통이 복잡한 케냐의 수도 나이로비Nairobi를 떠나 나쿠루Nakuru로 차를 몰았다. 그 여정에서 잊을 수 없는 풍경이 펼쳐졌는데, 그것은 아마 지구상에서 볼 수 있는 가장 놀라운 장관이었을 것이다. 그중 하나는 기길Gigil로 가는 도중 전체 경치를 가장 잘 조망할 수 있는 지점에서 본, 멀리 지평선을 따라 이어진 계곡 건너편의 경관이었다. 그 아름다운 광경이 여전히 눈에 아른거리던 그날 아침, 우리는 토종 호박 재배를 보호하기 위해 열린 슬로푸드 상설위원회에 참석하기 위해 나쿠루에서 라레 Lare로 일찌감치 출발했다. 라레는 동아프리카에서 가장 큰 산악림 마우Mau 근처에 있는 은조로Njoro 지방에 있었다. 그곳은 최근 몇 년 사이에 아마도 기후 변화 때문에 강우량 수준이 극적으로 바뀐 지역에 속하는 리프트밸리 고원지대 중 한 군데에 자리 잡고 있다. 강우량 변화로 인해 그 지역 주민의 식량 사정은 심각한 위기에 처했다. 우리가 그곳을 방문했던 시기에 그 지역 농민들이 한 달 동안 비가 내리기를 애타게 기다리고 있었던 것은 우연이 아니었다. 그 지역들에서 그렇게 오랜 가뭄은 곧바로 기아로 이어진다. 예측할 수 없는 기후 변화의 결과는 유럽에서 우리가 느끼는 불편한 수준을 훨씬 뛰어넘는 심각한 상황을 초래한다.

반건조성 기후 조건에 매우 적합한 라레 호박은 생산성과 경제성이 더 높은 다양한 외래종이나 개량종 호박들의 위협으로부터 지역 농민들의 보호를 받고 있다. 라레 호박은 열매와 이파리를 모두 먹을 수 있기 때문에(열매는 잼과 가루, 즙으로도 가공) 많이 재배된다. 따라서 내가 방문했던 당시처럼 심각한 위기 상황에서는 라레 호박이 상대적으로 식량 자급을 보장하게 된다. 그때는 파종 시기였지만 씨를 뿌릴 수 없었다. 마을 사람들은 손님을 맞을 마음의 여유가 없었지만 우리를 매우 따뜻하게 환대해주었다. 우리는 전형적인 브라의 마당에 있는, 단층 건물의 내부 구조가 60년 전 우리 할머니가 사셨던 방 두 칸짜리 집을 희미하게 상기

시키는 소박한 가정집 두 곳의 뜰 안으로 들어갔다. 라레에 있는 이 집들의 마당 중앙에는 슬로푸드의 상징 달팽이가 그려진 깃발이 걸려 있었다. 우리를 환영하는 엄숙한 연설, 지역 농업과 생물다양성에 대한 설명이 이어졌다. 그들은 마을을 둘러싼 벌판을 걸으면서 자신들이 생산한 호박을 가지고 어떻게 작업하는지, 즉 종자를 선별하여 공동체에 속한 농민들끼리 서로 나누는 것에서부터 말린 호박을 제분기로 으깨어 한 해 동안 먹을 수 있는 맛있는 호박가루를 만드는 과정까지 우리에게 보여주었다. 주홍색 과육에 흰색 줄무늬를 가진 담홍색 호박은 전통적으로 짚에 싼 다음 땅을 파 만든 구덩이에 넣어두었다. 그러나 지금은 곡물저장고에 보관된다. 라레의 슬로푸드 위원회는 폴렌초Pollenzo에 있는 미식과학대학Università di Scienze Gastronomiche*에 재학 중인 케냐 대학생들이 수행한 몰로Molo 지역의 전통음식에 대한 연구를 뒤쫓아 2009년에 만들어졌다. 그 프로젝트는 남자 8명, 여자 22명으로 구성된 총 30명의 생산자들을 하나로 묶어 모든 생산 단계를 협업하는 조합을 결성했다. 농업이 여전히 가장 중요한 자원인 곳에서는 지극히 자연스럽게도 결정적인 역할은 그 조직의 진정한 주인공인 여성들의 몫이었다.

그 프로젝트의 새로운 특징은 여성들이 슬로푸드호텔Slow Food

---

* [영역자주] 브라 외곽 폴렌초에 있는 대학으로, 2004년 일단의 민관 투자자들이 슬로푸드를 목적으로 설립했다. 1부 10장 참조.

Hotel이라는 작은 레스토랑을 운영한다는 것이다. 그 지역에 있는 모든 '레스토랑'과 마찬가지로 매우 작고 소박한 레스토랑이다. 거기서는 열린 마당에 불을 피우고 그 위에 커다란 솥과 냄비를 걸어 음식을 만들었다. 레스토랑 안은 벤치가 딸린 긴 탁자 두 개가 공간의 대부분을 차지하고 있다. 내가 그곳을 방문한 날은 일행이 너무 많아 우리는 거의 움직일 수 없었다. 모두가 자리를 차지하고 앉기 위해서는 서로 비좁게 붙어 앉아야 했다. 내가 과거에 건강에 문제가 있었다는 것을 아는 몇몇 이탈리아와 케냐 동료들은 음식의 위생 상태가 유럽의 위해 요소 중점관리기준 Hazard Analysis and Critical Control Points(HACCP)에 정확하게 부합하지 않는 것을 조금 걱정했다. 그러나 실제로는 모든 것이 충분히 깨끗했다. 약간 부족하기는 했지만 품위 있고 완벽했다. 정말이지 색다른 분위기였다. 오후 1시가 훨씬 지난 시간이어서인지 배가 조금 출출해지기 시작했다. 나는 일행들의 못마땅해하는 시선을 무시하기로 했다. 바깥마당에서 음식 행렬이 끊이지 않고 들어오기 시작했다. 각종 소스와 스튜가 가득 담긴 냄비와 쟁반, 키모토 kimoto처럼 토마토와 누에콩을 넣고 호박과 그 이파리로 만든 다양한 요리가 줄지어 나왔다. 그들은 호박가루로 차파티chapati*를 만들었다. 역사의 장난인지도 모르지만—케냐와 우간다 철도 연결을 위해 인도 노동자들이 대규모로 동원되면서 케냐로 이주하

---

* [옮긴이주] 밀가루를 반죽해서 얇고 둥글게 만들어 구운 인도 빵.

는 인도인들이 줄을 이었다—차파티는 케냐의 주식이 되었다. 역시 호박가루로 만든 고리 모양의 빵 덩어리인 마단지madanzi가 나오고, 호박씨를 굽거나 끓인 것, 죽, 환상적인 호박주스, 그런 다음 온갖 양념으로 간을 한 양고기와 송아지고기가 나왔다. 옆에서 보고 있자니 식성 까다로운 유럽인들은 콧대를 세우며 경멸하는 표정을 지었고, 최고의 미식가들은 원주민들이 마련한 그런 '환영 오찬'에 질겁했던 것을 기억한다. 하지만 그 식사는 3주간 여행하면서 내가 먹었던 음식 가운데 최고였다.

"정말 맛있어! 아주 마음에 들어!"라고 나는 소리치지 않을 수 없었다. 그때 나는 내 안에서 강하게 이는 본능적인 감정을 전하기 위해 피에몬테 지방의 사투리로 말하고 있었다. 그 음식을 만든 요리사들에게 내 모든 경의를 표하고 싶었다. 그들은 한편으로는 만족해서, 다른 한편으로는 감격에 겨워 크게 웃거나 환한 미소를 지었다. '맛있다'는 것은 결국 무엇을 의미하나? 그 식사—풍성하고 맛깔나고 약간 이국적인—는 내게 미식의 즐거움을 안겨주었다. 그 음식들은 내게 새로운 맛을 알려주었고 내 식욕을 채워주었다. 그것은 그들이 재배하고 기르고 먹는 음식을 이루고 있는 맥락의 일부였다. 그러나 그것은 또한 이국의 땅에서 나를 집에 있는 것처럼 편안한 느낌으로 환대해주었다. 그 식사는 옛 전통과 새로운 혼합주의, 훌륭한 요리사이자 훌륭한 인간인 여성들의 숙련된 손길의 산물이었다. 그것은 수많은 상식과 수많은 맛을 결합시킨 것이다.

나는 그곳을 다녀오고 나서 그들이 고민하는 문제들, 날씨에 대한 우려, 그들의 일하는 방식과 살아가는 방식을 이해했다. 그 식사는 연회, 함께 나누는 즐거움, 가사 솜씨, 미식의 창조성이 었다. 나는 우리 지역의 전통을 자랑하는 가장 훌륭한 조리법이 그것과 얼마나 똑같은 특징을 가지고 있는지 되돌아보았다. 과거에 우리도 겪었던 기아에 대한 공통된 기억, 적은 것으로 풍성함을 만들어내는 여성들의 솜씨. 정말 맛있는 식사였다.

뭔가 간절함이 있었지만 그보다는 즐겁게 노래 부르고 웃는 분위기, 서로의 차이를 재미나게 이야기하며 함께 가까워지는 느낌이 들었던 그 어둑한 방 같은 레스토랑에서 나왔을 때, 하늘에는 구름이 잔뜩 끼어 있었다. 이번 방문을 통해 나는 안도감과 만족감을 느낄 수 있었다. 단체로 기념사진을 찍었을 때 그 안도감은 더욱 커졌다. 슬로푸드호텔에서의 미소와 맛은 이제 내 기억 속에 새겨져 절대 지워지지 않을 것이다. 무엇이 맛있고 무엇이 맛이 없는지에 대해서 생각할 때, 그리고 '해방된 미식'이 아프리카 같은 곳에서 무엇을 의미할 수 있는지에 대해서 생각할 때 특히 그럴 것이다.

7장

깨끗한
와인

최근 몇 년 동안, 주의 깊은 미식가들이나 유능한 와인애호가들 가운데 이른바 '내추럴 와인natural wine'이라고 하는 것에 이미 완전히 푹 빠진 상태가 아니라 할지라도, 그 현상을 무시할 수 있는 사람은 없을 것이다. 앨리스 페어링Alice Feiring은 《있는 그대로의 와인Naked Wine》이라는 저서에서 내추럴 와인을 "아무것도 첨가하거나 제거하지 않고 화학적 처리도 전혀 하지 않은 대지에서 생산된 와인"이라고 정의한다.

최근에 레스토랑 탐방기를 읽은 사람들은 고전적인 작은 식당 모델의 귀환이라 할 수 있는 네오 비스트로의 경이로운 요리를 맛보기 위해 파리로 여행을 가고 싶은 충동을 느꼈을지도 모른다. 작은 식탁, 격식에 얽매이지 않는 편안한 서비스, 아침 시장에서 파는 식재료에 따라 달라지는 간단하고 멋진 메뉴. 그것은 철 따라 지역에서 생산되는 신선한 유기농산물로 만든 요리를 먹을 수 있다는 것을 의미한다. 그곳에서는 또한 한때 대형 고급 레스토랑 주방에서 도제 수업을 받은 미슐랭 선정 유명 레스토랑 출신의 젊은 요리사들, 즉 이제 더 이상 유명 요리사의 그늘 아래에서 조리 준비를 하지 않아도 되고, 최고급 요리기관을 운영하는 데 들어가는 온갖 조리용품, 비용, 속박감에서 벗어나고자 애쓰는 부주방장 출신의 요리사들을 만날 수 있다. 신세대 요리사들은 비록 음식 메뉴는 한정되어 있지만 전통적인 이탈리아 레스토랑처럼 소문난 식당들의 고급 음식을 비교적 싼값으로 먹을 수 있는 이런 소박하고 젊고 흥미진진한 작은 식당들에서 일하고 있다. 그러한 방식은 처음에 파리에서 시작되었고 지금은 프랑스 전역에 퍼진 상태다. 그 흔적은 다른 여러 나라에서도 찾아볼 수 있다. 예컨대, 이탈리아의 새로운 트라토리아trattoria 식당과 스페인의 선술집 타파스 바tapas bar가 그런 식당들이다. 르바라텡Le Baratin, 셉팀Septime, 사튀른Saturne, 라가제타La Gazzetta, 라시느Racines, 리노Rino, 오두자미Aux Deux Amis, 샤토마Chatomat, 로즈발Roseval, 르샤토브리앙Le Chateaubriand 같은 프랑스의 비스트로들(비록 다른 레스토랑들에 비해 색다른 특징들이 있다고 하더라도 최근 몇 년 사이에 세계 최고 50대 레스토랑의 순위에 빈번하게 올라 돌풍을 일으켰다.)은 현재 진행 중인 국제 요식업계의 가장 중요한 흐름을 나타낸다. 그동안 스페인의 엘불리elBulli와 스칸디나비아 반도의 노마Noma 레스토랑이 그 역할을 해왔고, 페루 요리사 가스톤 아쿠리오Gastón Acurio와 브라질 요리사 알렉스 아탈라Alex Atala가 지금 라틴아메리카에서 그런 역할을 하고 있는 것처럼, 이러한 새 물결은 세계가 프랑스를 주목하게 만들었다.

네오 비스트로 전반을 휩쓸고 있는 또 다른 공통된 맥락은 거의 모든 메뉴에 병이나 잔술로 내추럴 와인이 등장한다는 사실이다. 유기농 와인organic wine과 생물기능농법 와인biodynamic wine은 가능한 한 모든 이산화황을 제거한다. 따라서 그런 와인들은 그것들이 만들어진 지리적 맥락과 더욱 직접적으로 맞닿아 있다는 것이 생산자와 소비자 모두의 공통된 평가다. 어떤 이들은 그를 문화에 대한 자연의 복수라고 말할지도 모른다. 오늘날 패션 경향에 버금가는 내추럴 와인의 엄청난 인기는 지나칠 정도로 자연주의를 추구하는 수준에 이르렀다. 그 상황을 잘 보여주는 것이 전통주의자와 완전한 청결을 지지하는 사람들 사이의 열띤 논쟁이다. 그러나 우리는 이미 그 모든 것을 전에 보았다.

내추럴 와인 논쟁으로 와인 세계에 일종의 당파와 파벌 같은 것들이 만들어졌는데, 그것은 바리크barrique[약 200리터들이 작은 참나무 와인 통]의 출현 이후 이탈리아에서 발생한 일련의 사건들을 연상시킨다. 그것은 메탄올 파동 이후 청년 세대의 탄생과 정확하게 일치했다. 그들은 프랑스에서 훌륭한 와인이 어떻게 숙성되었는지 연구해 그것을 이탈리아에 소개했다. 바롤로, 바르바레스코, 이른바 슈퍼투스칸Super Tuscan 같은 타닌 성분이 강한 이탈리아 최고의 와인은 그 새로운 양조 기법의 혜택을 입었는데, 때때로 선풍적인 결실을 거두기도 했다. 그 밖의 다른 와인들은 나무 향이 너무 강했다. 그것은 와인의 결점을 감추기 위해 활용되었다. 피에몬테의 일부 와인 감정사들은 그런 와인을 맛보고 나서 "마치 와인 통을 콱 씹은 맛이야"라고 말했다. 와인 양조는 그 밖의 다른 모든 것처럼 상식과 타협의 문제다. 그것은 밭에서의 포도 재배 기술, 지하저장고 숙성 기법, 와인처럼 끊임없이 진화하는 생명체에 대한 감수성에 의해 점점 더 향상되었다. 바리크 양조 방식은 이탈리아의 많은 소생산자가 국제무대에 오를 수 있게 도왔고, 따라서 이탈리아 와인이 프랑스와 미국, 오스트레일리아의 통에서 숙성된 와인과 함께 '국제적인 맛'의 반열에 오르는 데 기여했다. 나는 당시 해마다 최고의 와인에 수여하는 '트레비키에리Trebicchieri'*라는 상의 수상자를 선정하며 그해 와인 시장의 향방을 결정하는 역할을 맡기 시작한 《이탈리안 와인Vini d'Italia》이라는 안내서의 와인 감정사들과 마찬가지로 내가 이런 와인들에 흠뻑 빠졌음을 솔직히 시인하지 않을 수 없다.

와인업계에서 몹시 받고 싶어하는 그 상은 '바리크 방식으로

---

* [옮긴이주] '세 개의 잔'이라는 뜻이다.

양조된' 와인들이 거의 독차지했다. 많은 와인 생산자가 이 새로운 길을 따라가게 된 것은 아마도 이런 이유 때문일 것이다. 그 처음 몇 년간은 이탈리아 와인 양조가 진정한 르네상스를 구가한 시기였다. 와인을 병에 담아 유통기한을 더 늘리기 시작하면서 많은 제품의 품질이 크게 향상되어 마침내 부르고뉴와 보르도Bordeaux 같은 최고급 와인과 시장에서 경쟁할 수 있게 되었다. 이 책을 시작하면서 말했던 것처럼, 그것은 해방이었다. 새로운 생산 방식의 성공은 많은 생산자로 하여금 그 방식을 채택하게 했지만 거꾸로 그것이 오용되기도 했다. 처음부터 그런 일이 매우 빈번하자 바르톨로 마스카렐로Bartolo Mascarello(의회 총선 전에 알바Alba 지역의 상점 진열대에서 회수된 "바리크 반대-베를루스코니 반대"라고 손으로 쓴 상표는 전설이 되었다.)와 바티스타 리날디Battista Rinaldi 같은 위대한 바롤로 순수주의자들은 바리크 사용에 반대했다. 그들은 무엇보다 나무통을 쓰지 않고 전통적인 기법으로 매우 훌륭한 바롤로를 만들 수 있음을 보여주었다. 그 논란은 마치 영원히 계속될 것처럼 보였다. 그리고 그때보다는 반대의 목소리가 덜하지만, 지금도 여전히 그들을 따르는 열렬한 지지자가 많다. 차이가 있다면 오늘날 그 논쟁은 맛과 기호에 대한 것일 뿐, 과거 '이념적' 대결의 모습은 이제 더 이상 찾아볼 수 없다는 점이다.

어떤 면에서 바리크에서 숙성된 와인은 일종의 유행이 되었다. 모든 유행이 그러하듯이 시장 원리를 따르기 위해 최초의 원칙들이 왜곡된 순간, 바리크 와인은 그것이 본디 가지고 있었을지도 모를 모든 가치가 훼손될 심각한 위험에 처했다. 적어도 파리에 있는 레스토랑의 와인 메뉴를 보거나 특별히 와인에 정성을 쏟는 많은 이탈리아 레스토랑의 선택으로 판단컨대, 오늘날 유행하는 와인은 내추럴 와인인 것으로 보인다. 확실한 것은 내추럴 와인이 하나의 작은 혁명을 촉진시켰다는 사실이다. 내추럴 와인은 생산 공정에서 환경과 건강을 더 중시하고, 새로운 이름의 와인과 재배 환경을 마련하고, 그것의 다양성을 표출할 수 있게 돕고, 그 현상을 더 잘 이해하기 위해 비평가들이 한 번 더 '포도밭 탐방'을 나가게 만들었다. 이런 와인 제품들만 본다면 와인업계는 새로운 르네상스를 구가하며 새로운 흥분과 열정에 들떠 있는 것처럼 보인다. 그러나 그 내추럴 와인들 가운데 훌륭한 와인이 있는 것은 틀림없지만(이미 역사에 길이 남을 와인이 된 것도 있는데, 일부 최고급 부르고뉴 와인과 샴페인은 이미 수년 전부터 생물기능농법을 채택해왔다.) 단지 자연 법칙에 따라 엄격하게 양조되었다는 이유만으로 명성을 주장하는 위조품들도 있다. 내추럴 와인과 그 밖의 다른 와인들 사이의 추정되는 경쟁 관계는 위에서 말한 것들을 고려하여 평가되어야 한다. 그보다 더 중요한 것은 그것이 **자연성**naturalness과 **정통성**authenticity에 대한 철학적 문제를 제기한다는 사실이다. 니콜라 페룰로Nicola Perullo는 슬로푸드 잡지《슬로Slow》1호(2013)에 기고한 글에서 와인을 인체와 비교하며 살아 있는 존재로 표현했다.

문제가 복잡하다. 그리고 그 경계도 불분명하다. 예컨대 오늘날 사람들은 보철과 같은 치과 치료를 입술에 유독물질인 보툴린을 주입하는 것처럼 불필요한 일이라고 생각하지 않는다. 잘 관리된 인간의 치아는 보톡스를 사용해서 말끔해진 얼굴의 자연성에 대한 미용 논문의 대상이 아니다. 와인에도 이와 비슷한 일이 일어나고 있다. 와인에 아무것도 첨가하지 말아야 한다고 주장하는 사람들도 이산화황의 사용을 용인하고 받아들이고 있으며, 심지어 생물기능농법 규약에서도 비록 전통적인 공정으로 만든 와인과 비교할 때 극히 제한된 양이지만 이산화황이 들어갈 거라고 예상한다. 반면에 엄선된 효모나 발효장치를 쓰거나 타닌액이나 방향제를 추가로 넣는 것은 논란이 많고 비판하거나 의문을 제기하는 사람 또한 많다. 특정한 와인 철학은 이러한 차이가 중요하지 않다고 믿게 한다. 마치 미용 시술을 받은 신체와 그렇지 않은 신체의 차이에 대해서 무슨 신경 쓸 일이 있냐는 듯이 반문한다. 일반적인 "전통적" 와인 시음의 패러다임은 이런 측면들을 (때로는 의도적으로, 대개는 모르는 게 약이라는 식으로) 완전히 무시했다. …… 이전 사례들을 기반으로 하는 정통성 규칙으로 볼 때, 어떤 내추럴 와인은 이상하고 비정상적으로 보일 수 있다. 따라서 각각의 사례는 개별적으로 평가되고 조율되어야 마땅하다. 와인이 자연스럽게 발효되고 숙성되는 과정에 아무것도 첨가하지 않고 천연 그대로의 방식을 받아들이는 진정한 최소주의 와인 양조 철학을 고수하는 극단적인 입장이 있지만, 대다수 사람들은 와인 본연의 맛을 최대로 표현하고 자연스러운 숙성 과정을 따르되 '중

대한' 결함을 바로잡을 수 있다면 최소한의 첨가물을 용인하는 최소 개입주의 철학을 더 좋아한다. 이것에 대한 선험적 조리법이나 법칙은 없다. 정통성과 자연성을 인정받기 위해서는 세심하고 감각적인 시음을 통해서 복잡한 여러 요소를 확인하고 그것을 하나의 복잡한 유기체로 인식해야 한다. 그러한 정통성과 자연성을 입증할 책임은 와인을 사랑하는 전문가들에게 달려 있다. 심미적인 맛 교육은 내추럴 와인에 반드시 들이닥칠 것이다.

무엇보다 내추럴 와인 문제는 그 어떤 것보다도 '좋은'이라는 요소와 깊은 관련이 있다. 그것은 현재 지나치게 맛에 집착하고 있다. 어떤 경우든 최종 판단은 주의 깊게 와인을 마시는 사람의 몫이다. 그는 자기 자신의 감수성과 경험에 따라 선택한다. 그러나 내가 오히려 내추럴 와인에 대해서 가장 관심을 두는 부분은 '깨끗한'이라는 요소다.

내가 태어난 랑게 언덕을 보면, 바르톨로 마스칼레로Bartolo Mascarello가 한 말이 떠오른다. 그는 지역의 포도 재배 농장주들에 대한 최고의 찬사의 순간에, "이 근처 마을들의 진입로에 '갑자기 잘살게 되어 황폐해진 지역'이라는 경고판을 세워야 한다"고 주장했다. 그 말은 틀리지 않았다. 사람들이 와인으로 많은 돈을 벌기 시작했을 때, 랑게 지역의 골짜기 아래에서부터 언덕 꼭대기까지 수많은 창고가 끔찍할 정도로 가득 들어차기 시작했다. 그들은 창고 밑으로 거대한 지하 저장고를 짓기 위해 산비탈을 모두

파헤치는 일을 전혀 주저하지 않았다. 갑자기 새로운 집들이 생겨나며 여기저기로 뻗어나갔고 그 모습은 할리우드를 닮았다는 찬사를 받았다. 포도밭은 대개 열악한 위치에 조성되었고 때로는 관개용수로까지 뻗어나갔다. 그것의 유일한 목적은 품질에 상관없이 그저 생산량만 늘리는 것으로, 여전히 자기 부모 세대의 굶주린 과거를 기억하고 있는 생산자들이 해외 시장에서 불티나게 팔리고 있던, 바리크에 오랫동안 숙성시킨 뛰어난 품질의 와인을 가지고 우연히 발견한 새로운 황금알을 낳는 거위를 이용하는 것이었다. 이런 포도밭에서 그들은 잡초 방제를 위해 화학제초제를 광범위하게 뿌렸다. 한 생산자는 포도밭에 식물방역제와 살충제를 뿌리는 날이면 명백하게 몸이 안 좋은 모습을 보이는 아이들을 집 안에 가둬두는 것에 신물이 나서 유기농법으로 바꿨다고 내게 고백하기도 했다.

새로운 포도밭이 계속 생겨나면서 산울타리를 따라 펼쳐진 삼림지대가 점차 사라졌다. 삼림지대는 작은 동물과 새들이 곤충과 기생동식물을 잡아먹고 살 수 있는 최소한의 자연 환경이었다. 이런 공간이 사라지면서 미묘한 자연의 균형이 깨지고 기름진 토양이 유실되기 시작했다. 이런 현상은 지금도 완전히 사라지지 않았다. 물질적 이익을 위해 자연 환경을 황폐화시키는 일은 여전히 진행 중이며 지속가능한 재배 과정에 대해서도 무관심하기는 마찬가지다. 바롤로는 매우 맛이 좋다. 하지만 '깨끗하다'고도 말할 수 있을까? 나는 한때 한 지역 전체—그리고 많은 주민—를 규정했던 특성이 마스칼레로가 맹렬히 비난한, 갑자기 잘살게 된 결과로 완전히 바뀌는 모습을 보았다. 그리고 그 과정에서 사람들은 중요한 것을 잃었다고 확신한다. 이것은 확실히 아름다움의 문제일 뿐 아니라 생태의 문제이며, 따라서 와인의 품질과 관련된 생산 잠재력의 문제이기도 하다.

어쩌면 내추럴 와인이 일반적으로 세계 최고의 와인은 아닐지 모르지만(오늘날 품질이 뛰어난 와인이 점점 더 많이 나오고 있기 때문에) 나는 그것을 사랑스러운 눈길로 바라보지 않을 수 없다. 첫째로 그것이 포도밭과 토지 전체가 오염되고 황폐화되는 것을 막고 있기 때문이고, 둘째로 내추럴 와인 생산자들이 주변 환경을 매우 열심히 보살피기 때문이다. 내추럴 와인 생산은 생물다양성에 큰 도움을 주는 다양하고 많은 토종 포도 종자를 보전하고 새로운 가능성을 제공할 수 있다. 더 나아가 내추럴 와인의 생산 과정은 자연과 인간의 건강을 중시한다(메탄올이 한때 허가받은 와인 첨가물이었다는 사실을 기억하라). 이 모든 것은 인간에게 어떤 피해도 주지 않는다. 자기 성찰을 통해 와인 양조 기술을 향상시키고 생산 과정에 더 큰 관심을 쏟게 만들고 혁신을 통해 마침내 더 큰 결실을 낳는다면, 우리는 '깨끗한'—더불어 '좋은'—와인이라는 소리를 들으며 행복감과 해방감을 느낄 수 있을 것이다.

8장

노예

    살루초Saluzzo는 쿠네오Cuneo주에 있는 유서 깊은 소도시다. 이곳은 지난 40여 년 동안 피에몬테에서 과수 재배의 중심지였다. 최근 몇 년간 6월부터 10월까지 특히 중앙아프리카에서 온 외국인 여행객 무리들 덕분에 살루초 인구가 부쩍 늘어나 사람들이 여기저기 돌아다니는 모습을 쉽게 볼 수 있었다. 이전에는 모로코인, 알제리인, 알바니아인, 폴란드인들이 많았다. 이들은 주변 농촌 지역에서 과일을 따기 위해 온 농장노동자들이다. 차를 몰고 그 지역을 돌아본다면 창밖으로 펼쳐지는 과수원 규모에 깜짝 놀랄 것이다. 2012년에는 약 400명의 이민자들이 살루초에 왔다. 그러나 그 수는 해마다 늘고 있다. 인구가 1만 7,000명인 작은 도시에 400명의 새로운 사람들이 들어온 것을 알아채지 못할 사람은 없다. 이곳에서 이민자들은 이탈리아 다른 지역에 비해 상대적으로 좋은 대우를 받았다. 우리는 그 이유를 곧 알게 될 것이다. 살루초 지자체 당국은 주정부와 타 지방정부의 지원 없이 지금까지 깨끗하고 설비가 잘 갖춰진 생활시설을 제공해왔지만, 계속해서 유입되는 이민자들을 모두 수용할 만큼 충분치는 않은 상태다. 극도의 빈곤을 피해 돈을 벌기 위해 이곳으로 모여드는 사람들에게 해줄 수 있는 것은 야외에 텐트를 치고 생활하게 허용하는 것뿐이다. 우후죽순처럼 여기저기 임시로 조성된 야영지는 결국 2013년 6월 경찰들에 의한 강제 철거로 이어졌다. 이 문제로 도시 전체는 경찰 조치의 정당성 여부에 대해서 자문하고 '환영한다'는 단어의 의미에 의문을 제기하면서, 인종차별을 말로만 비난하는 모순에 빠질 수밖에 없는 상황에 처한다. 그것이 정말 큰 문제임을 인식한 주민들은 최선을 다해 이 문제를 고민하고 있다.

살루초는 이러한 평화로운 침입에 익숙해졌다. 거대한 과수원들은 지난 50년간 살루초 여기저기서 꾸준히 만들어지고 있었다. 따라서 그곳의 노동력 수요는 어느 날 불쑥 생겨난 것이 아니었다. 1960~70년대에는 이탈리아 남부에서 계절노동자들이 대거 몰려오곤 했다. 지역의 초등학생들이 용돈을 벌기 위해 여름방학 때 과일 따는 일을 돕는 것은 최근까지도 일종의 관행이었다. 하지만 오늘날 이탈리아 남부 지역 사람들은 더 이상 과일 따는 일을 하러 여기에 오지 않는다. 그 일은 외국인, 대개 불법 이민자들의 몫으로 넘어갔기 때문이다. 살루초 지역의 고등학생들 역시 여름철에 과수원에 나가 일하는 것을 꿈도 꾸지 못한다.

살루초와 같은 미묘한 상황에서 뚜렷한 일자리 전망도 보이지 않고 (2013년 수확기는 늦게 왔다.) 적절한 생활 여건도 마련되지 않은 이주민 야영지는 농장노동자를 불법 모집하는 수완 좋은 인력모집책들의 손쉬운 표적이자 기회가 된다. 야영지에 거주하는 사람들은 공갈 협박의 대상이 되고, 돈벌이의 신기루를 쫓아 범죄의 구렁텅이로 빠져들기 십상이다.

불법 행위는 이제 마치 '계절적 산물'인 양 이탈리아 농촌 지방에 만연해 있다. 이 문제를 매우 민감하게 생각하는 농업 및 식품 가공 노동자들의 전국연합체인 농업과식품가공업노동자조합 FLAI-CGIL에 따르면, 이탈리아에서 불법적으로 고용되는 농장노동자는 연간 40만 명에 이르며, 그중 6만 명은 최소한의 주거시설도 없는 극도로 불결한 집에서 살고 있다고 한다. 인력모집책은 대개 무자비한 이들로 다른 부문, 특히 건설업 부문에 만연해 있다. 그 일은 이제 더 이상 이탈리아인들이 독점하고 있지 않다. 지금까지 인력 착취의 대상이었던 아프리카 노동자들 중 일부가 그런 일을 하기도 한다. 그로 인해 빈민들 사이에서 큰 다툼이 일어나기도 하는데, 대개 그 싸움에는 마피아 조직이 개입하기 마런이다. 청부업체는 도심에서 멀리 떨어진 벌판에서 일하는 노동자들의 삶을 쥐락펴락할 수 있는 권한을 인력모집책들에게 맡긴다. 눈으로 직접 목격하지 않는 한 그 고통은 알 수 없다. 규칙과 법에 따라 이루어지는 것은 아무것도 없고 그것을 요구할 수 있는 사람도 없다. 이탈리아 남부에서는 모든 농사 관련 노동의 90퍼센트가 야간작업이고, 중부에서는 50퍼센트, 북부에서는 30퍼센트인 것으로 추산되었다. 그런데 문제는 계약들이 잘 준수되고 있는지 어떻게 감시하느냐가 아니라, 그런 노동자들이 공식적으로 아예 '존재'하지도 않는다는 사실이다.

그들은 그들이 수확하는 과일이나 채소만큼이나 '계절적인' 존재다. 그들은 또 전국을 계속 옮겨 다닌다. 7월과 8월에 그들은 장화처럼 생긴 이탈리아 지형의 뒤축에 해당하는 살렌토Salento 반도에 위치한 풀리아Puglia주로 몰려드는데, 그중에서도 특히 포자Foggia현 카피타나타Capitanata 지역이 대표적이다. 그다음에는 곧바로 바실리카타Basilicata주의 팔라초 산 제르바시오Palazzo San Gervasio로 이동한다. 8월 말에 토마토를 수확하기 때문이다. 그들은 캄파니아Campania주 살레르노Salerno현의 피아나 델 세레Piana del Sele와 카세르타Caserta현의 빌라 리테르노Villa Literno와 카스텔 볼투르노Castel Volturno로도 간다. 가을과 겨울철에는 칼라브리아Calabria주 피아나 디 조이아Piana di Gioia 평원의 로사르노Rosarno와 시칠리아Sicilia 섬에 그들이 나타난다. 그곳에서는 감자를 비롯한 채소들을 수확하는 봄이 올 때까지 모든 곳에서 불법적인 인력모집이 계속된다. 이 현상은 이탈리아 북부에서도 나타난다. 과일 따는 계절에는 피에몬테주와 에밀리아로마냐Emilia Romagna주의 모데나Modena와 카세나Casena 주변, 멜론 수확기에는 베네토Veneto주의 파도바Padova와 롬바르디아Lombardia주의 만투아Mantua, 사과 수확기에는 최북단의 트렌티노알토아디제Trentino-Alto Adige주로 계절노동자들이 이동한다. 반복되는 문제지만 그들 존재가 언급될 때는 그들에게 매우 충격적인 사건이 발생했을 때뿐이다.

아직도 우리 기억에 생생한 한 예는 2010년 1월 감귤 수확기에 칼라브리아주 로사르노에서 일어난 봉기다. 밭에서 일을 마치고 숙소로 돌아가는 한 이민자 집단을 향해 신원 불명인 몇 사람이 공기권총을 쏜 사건이 벌어졌고, 이틀 뒤에 충돌이 일어났다. 노동자 2,000여 명의 시위는 경찰, 노동자, 지역 주민의 삼자 충돌로 이어졌다. 그 결과 53명이 다치거나 부상을 입었는데, 그중 2명은 매우 심각한 상태였다. 이어진 주민들의 복수 행위로 일부 이민자들은 다리에 총을 맞았고, 그들이 잠자고 있던 헛간 하나가 불길에 휩싸였다.

2011년 7월, 가장 큰 파문을 일으킨 사건은 풀리아주 나르도Nardò에서 일어난 파업이었다. 1년 뒤 나는 일부 지주와 인력모집책의 체포로 이어진 그 파업의 지도자들 가운데 한 명을 인터뷰했다. 당시 나는 일간지 《라 레푸블리카La Repubblica》의 지역 면에 주말마다 칼럼을 쓰고 있었는데, 그와의 인터뷰 내용은 〈피에몬테 이야기Storie di Piemonte〉라는 제목으로 실렸다. 이반 새그넷Yvan

Sagnet은 2007년에 전기통신공학을 공부하기 위해 토리노Torino에 왔지만 4년 뒤 악몽 같은 삶을 살게 된 카메룬 출신 청년이다. 그와의 인터뷰에서 발췌한 다음의 내용은 불법적인 농장노동자 모집이 어떤 문제를 수반하는지 잘 보여준다.

"저는 2011년 여름에 장학금을 받을 수 없게 되었다는 것을 알았어요"라고 이반은 말한다. "일자리 찾기가 더 힘들어졌어요. 돈을 더 많이 벌어야 했기 때문에 한 친구의 조언에 따라 토마토와 수박 따는 일을 하기 위해 풀리아로 떠났습니다. 나르도에서 그들은 지자체 소유의 한 농가에 저를 투숙시켰어요. 그 집은 이민자를 위한 수용소로 개조된 곳이었고, 지역의 자원봉사단체들은 거기서 농장노동자들이 좀 더 편하게 생활할 수 있게 하려고 애쓰고 있었어요. 그곳은 일상적으로 상거래가 이루어지는 소규모 아프리카인 거주 지구 같았는데, 공간이 수용 인원에 비해 너무 비좁았어요. 4유로를 주고 매트리스를 하나 샀어요. 하지만 금방 도둑맞았죠. 끔찍한 위생 환경에서 샤워를 하려면 몇 시간 동안 줄을 서서 기다려야 했어요. 그 충격은 지금도 가시지가 않아요. 그러고 나서 인력모집책들이 나타나 우리에게 일을 줬어요. …… 그들은 저처럼 합법적인 서류가 있는 사람들을 골라낸 다음 그 서류를 빼앗아갔어요. 그들이 그 서류를 체류허가증이 없는 사람들이 일할 수 있게 하는 데 사용한다는 사실을 나중에야 알게 됐어요. 정상적인 노동자들은 토마토 한 상자를 채우면 3.5유로를 받는데 불법 체류 노동자들은 2.5유로밖에 못

받았어요. 열흘이 지난 뒤 마침내 그들이 그 서류를 돌려주었고 저는 일하기 시작했어요." 그를 거기로 데려온 모집책은 수단 사람들이었다. 그들은 새벽 4시에 와서 노동자들을 차에 태우고 벌판으로 실어 날랐는데, 그 차를 타는 사람들은 교통비로 5유로를 내야 했다. 그들은 차창이 완전히 가려져서 깜깜하고 비좁은 승합차를 타는 것 말곤 숙소에서 벌판으로 이동할 방법이 없었다. 그러고는 섭씨 40도의 따가운 햇살 아래서 14시간에서 16시간을 쉼 없이 일해야 했다. 그들은 샌드위치 하나에 3.5유로, 물 한 병에 1.5유로를 내고 사 먹었다. 숙소에서는 아무것도 들고 갈 수 없었다. "일하러 간 첫날, 저는 기진맥진해서 나가 떨어졌어요. 500킬로그램짜리 상자를 네 상자 채웠을 뿐인데 정신적으로 만신창이가 됐어요. 다른 사람들은 저보다 오래 일한 사람들이라 열다섯 상자, 심지어 스무 상자까지 토마토를 채울 수 있었어요. 그래서 저는 다시 힘을 내서 일어나 더 잘해보자고 마음먹었죠. 나중에는 하루 평균 여덟 상자까지 겨우 채울 수 있었어요. 최소한의 비용만 쓰고 몇 푼 안 되는 돈이나마 절약해서 저축했어요."* 그렇게 4일 동안 일한 뒤, 이반은 훨씬 더 열심히 일하라는 소리를 들었다. 그를 비롯한 일부 노동자들은 작업을 거부하고 합법적으로 맺은 노동계약서대로 대우해줄 것을 요구하기로 했다. 이들의 저항은 훗날 사람들의 기억에 나르도 파업이라 남게 될

---

* [원주] 여덟 상자면 28유로니까 샌드위치 하나, 물병 한두 개, 숙소와 일터를 오가는 데 드는 교통비 10유로를 빼면 이반은 하루에 15시간을 일하고도 시간당 1유로도 못 벌고 있었다.

투쟁으로 번졌다. 그 결과, 농장노동자들은 전보다 더 나은 노동조건을 얻어내는 데 가까스로 성공했다. 무엇보다 그 문제는 일반 대중들에게 각인되었고 한동안 의회에서 계류되고 있던 「농장노동자불법고용금지법anti-caporalato law」이 통과되는 데 결정적인 역할을 했다.

이반은 행복하게 잘 살고 있다. 그 사이에 학위를 땄고, 지금은 노동조합 지도자로 일한다. 그는 텔레비전에 출연했을 뿐만 아니라 나르도 파업을 비롯해 자신이 겪은 일에 대해 많은 글을 썼다. 결과적으로 모든 것이 잘 마무리되었지만, 불법 고용에 대한 처벌 규정이 더 엄격해졌음에도 농장노동자를 불법 고용하는 행태는 지금도 계속되고 있다고 이반은 조심스레 지적한다. 이주민 노동자들은 이제 살루초뿐 아니라 다른 지역에도 생겨나고 있다. 그들은 굶주려 있다. 그들이 원하는 것은 오직 일자리다. 하지만 그들은 때때로 소름끼치는 상황에 빠지곤 하는데, 많은 경우 아무도 모른 채 조용히 넘어간다. 몇 년 전 이탈리아 주간지 《레스프레소L'Espresso》가 보도한 바에 따르면, 불법으로 고용되어 이름도 밝혀지지 않은 이주민 노동자들이 힘든 노역에 피로가 누적되어 죽으면 아무렇게나 매장된다.

유감스럽게도 우리가 지금 먹고 있는 과일과 채소는 그런 비참한 악행 덕분에 수확된 것일 수도 있다. 실제로 어떤 토마토, 멜론, 수박, 오렌지, 귤이 그런 사람들의 손을 거친 것인지 아닌지 알 수 있는 방법은 없다. 만약 알 수 있다면 아무도 그런 과일과 채소를 사 먹지 않을 것이다. 이 노동자들은 자유롭지 않다. 우리 또한 거기서 자유롭지 않다. 안타깝지만 이 역시 미식의 일부다. 달리 말하자면 미식은 여전히 해방되지 않았다. 슬로푸드 운동의 세 요소 가운데 '좋은'과 '깨끗한'은 이미 많은 진전이 이루어졌기 때문에 상대적으로 이해하기 쉬울지 모르지만, '공정한'이라는 요소는 단언컨대 좀처럼 이해하기 어렵다. 하지만 이제는 그것이 무엇을 의미하는지 조금이나마 이해하게 되었을 것이다. 또한 이탈리아를 비롯해 전 세계의 수많은 농장노동자, 소농과 소작농, 영세농의 권리가 여전히 존중받지 못하고 있는 현실에서, '공정한' 미식의 세상을 만들기 위해서는 아직도 헤쳐나가야 할 일이 많다는 사실도 알게 되었을 것이다.

9장

미식과학대학(UNISG)

1998년, 나는 수십 년간 호기심을 불러일으켜왔던 곳에 마침내 들어갔다. 나는 소도시 브라 외곽의 (고대 로마 때부터 있었던) 한 작은 시골 마을 폴렌초의 자그마한 중앙 광장을 가로질러 걸을 때마다, 교구 교회 건너편의 담쟁이덩굴과 잡초, 가시나무로 뒤덮인 긴 울타리 뒤편에 숨어 있는 19세기 중엽의 특이한 신고딕 양식으로 지어진 건물이 어떤 곳인지 늘 궁금했다. 시의회는 건물 울타리 앞에 거대한 금속판을 세워놓았는데, 거기에는 다양한 광고지가(선거 때에는 선거 포스터가) 붙어 있곤 했다. 사람들은 철책 뒤로 한때 사보이아Savoia家 소유의 사유지 일부를 차지하고 있는, 두 개의 작은 탑이 딸린 큰 건물을 볼 수 있었다. 출입이 통제된 사보이아 왕가의 성과 그다지 멀리 떨어져 있지 않은 그 건물 역시 전직 기업인의 집안에 팔린 이후로 오랫동안 출입이 허용되지 않아 내 호기심은 더욱 커지기만 했다. 그러던 중 사보이아 왕가의 성을 제외한 그곳의 거대한 부지가 경매에 부쳐졌다는 소식을 들었다. 수중에 가진 돈은 별로 없었지만, 그곳을 사야겠다는 생각이 문득 들었다. 그곳을 둘러볼 수 있는 좋은 기회가 마침내 내게 온 것이다.

아젠치아 디 폴렌초Agenzia di Pollenzo(그곳의 공식 명칭)는 교구 교회, 광장 주변의 회랑 건물, 기이한 모양의 감시탑, 그리고 왕가의 성과 함께 19세기 전반기에 사보이아의 카를로 알베르토Carlo Alberto가 축조한 공간이다. 그곳은 거대한, 실로 엄청나게 넓은 왕실 농장으로, 바깥쪽은 신고딕 양식, 안쪽은 신고전 양식으로 지어진 건물이 정사각형 모양의 부지를 둘러싸고 하나로 이어져 있었다. 처음에 그 안에 들어가보니 상태가 엉망이었다. 본디 사보이아가에서 행정 업무와 부지 관리를 위한 사무실과 광대한 왕실 토지에서 생산된 곡식과 농산물을 보관하기 위한 창고를 수용하기 위해 지은 그 건물은 마구간과 농기구를 보관하는 창고로 사용되어왔다. 또 나중에 알게 된 사실이지만, 거기에는 거대한 지하 와인저장고도 하나 있었다. 와인애호가인 스타리에노Staglieno 장군이 당시 궁정에서 마시던 프랑스 와인과 경쟁하고 오랫동안 보관할 수 있는 바롤로 와인을 처음으로 실험했던 곳이 바로 그 저장고였다. 아젠치아 디 폴렌초는 피에몬테 사람들과 이탈리아 왕실의 농경 활동의 중추 가운데 하나였다. 1998년에 그곳은 비록 방치된 상태로 있었지만 여전히 부분적이나마 본래의 목적대로 사용되고 있었다. 농산물을 저장하는 곡간과 농기구 창고, 사냥철에 주변의 사유지로 풀어놓기 위한 꿩을 가둬놓는 새장, 그리고 닭과 토끼 사육장이 거기에 있었다. 매우 아름답고 거대한 그 건물은 너무 낡고 관리가 안 되어 곳곳이 허물어져가고 있었는데, 보수를 하려면 꽤 많은 돈이 들어갈 것으로 보였다.

그곳을 처음 방문하던 날, 나는 반쯤 장난 삼아 형제처럼 지내는 절친한 친구 조반니 라비날레Giovanni Ravinale를 거기에 데리고 갔다. 그는 마치 내가 정신이 나간 게 아니냐는 듯이 흘낏 바라보았다. 그는 이 상황이 우리가 평소에 늘 하던 장난 같은 것은 아닌지, 그래서 그냥 함께 한번 웃고 끝내면 되는 것인지 아니면 돈 한 푼 없는 내가 정말로 다 쓰러져가는 폐허를 살 생각이 있는 것인지 알 수 없었다. 1,700평방미터의 거대한 지하저장고를 본 순간, 내 머릿속에는 곧바로 프랑스의 몇몇 위대한 쿠르티에courtier가 떠올랐다. 양조된 지 얼마 안 된 와인을 사 큰 성의 지하저장고에 비축했다가 시간이 흘러 충분히 숙성됐을 때 내다 파는 전설적인 와인중개상 말이다. 그런 방식은 프랑스 최고의 포도 재배 및 와인 양조 지역에서의 오랜 전통이다. 따라서 그곳에는 완벽하다는 평가를 받을 만한 와인저장고들이 만들어졌다.

그 덕분에 사람들은 쿠르티에가 파는 모든 와인을 믿고 살 수 있었을 뿐 아니라 그들 지역에서 생산된 와인들, 특히 가장 오랫동안 숙성된 와인에 대한 역사적 기억도 간직할 수 있었다. 여기서는 서로 완전히 다른 와인들을 비교하며 맛을 볼 수 있어서 보르도와 부르고뉴 같은 세계 최고급 와인의 신화를 만들어내고 유지할 수 있었다. 다른 한편, 1998년 랑게 지역에서는 출시된 지 5년 만에 이미 전설적인 1990년산 바롤로 와인과 바르바레스코 와인을 찾아볼 수 없었다. 그 와인들은 당연하게도 매우 높은 가격임에도 불티나게 팔려나가는 바람에 후손들에게 남겨진 것은 한 병도 없었다. 그 중요한 와인들이 이후 수십 년간 어떻게 진화할지 알았던 사람은 우리 가운데 아무도 없었을 것이다. 100년 넘은 1등급 프랑스 와인의 병마개를 땄는데 그 맛이 여전히 훌륭함을 발견했을 때의 황홀감을 랑게의 훌륭한 와인에서도 맛볼 수 있다면 얼마나 좋을까. 나는 조반니에게 "우리 테루아의 역사를 사람들의 기억에 남길 수 있는 와인저장고를 여기에 만들 거야"라고 말했다. "우린 당장 이 모험에 동참할 생산자들을 모아야 해." 그래서 우리는 당시 슬로푸드 운동을 함께하고 있던 동료들—실제로 활동하는 사람은 우리를 포함해 30명에 불과했다—에게 그 계획에 대해 이야기했다. 처음 시작할 때는 우리 수준에 비해 너무 큰 사업인 것처럼 보였지만, 지금 그것은 우리에게 엄청난 만족을 안겨주고 있다. 그것은 근본적으로 미식의 해방을 완성하는 프로젝트였다. 그 공간은 복합적인 의미가 담긴 미식에 관한 과학적 이론과 '좋고 깨끗하고 공정한'이라는 슬로푸드의 원칙을 유지하면서 성장, 발전시킬 수 있는 연구 장소를 제공했다.

조반니 라비날레에게 맡겨진 첫 번째 '임무'는 유한회사를 설립하는 일이었다. 그 회사는 와인저장고 부지와 공간 건축을 위한 거금을 투자자들로부터 모금하는 일을 했다. 나중에는 공공기관의 지원을 받아 사실상 공기업이 되었다. 우리의 와인저장고인 방코델비노Banco del Vino 프로젝트에 흥미를 가질 모든 사람, 특히 랑게의 와인 생산자들을 투자자로 끌어들이기 위해서는 무엇보다 큰 결단이 필요했다. 모든 일이 잘 풀려나갔다. 3년 만에 우리는 가까스로 그 부동산을 샀다. 그리고 그곳을 완전히 복원하는 데 3년이 더 걸렸다. 그 뒤 우리는 지하저장고 위에 있는 사각형의 매우 넓은 공간을 어떻게 채울 것인지 고민하기 시작했다. 당시에 국제적 수준의 호텔과 레스토랑—알베르고 델라젠치아Albergo dell'Agenzia와 지금은 학생식당으로 바뀐 귀도 레스토랑Ristorante Guido—을 짓는 것은 확정된 사항이었지만, 거기에 정규 대학, 즉 오늘날 UNISG라고 부르는 미식과학대학을 세우는 문제는 미정된 계획이었다.

슬로푸드는 오랫동안 음식 및 미각 교육에 역량을 집중했다. 우리가 개최한 다양한 행사에서 미각 연수회는 큰 성공을 거두고 있었다. 살로네 델 구스토 같은 국제적인 슬로푸드 행사뿐 아니라 치즈나 슬로피시 같은 소규모 지역 모임도 성황을 이루었다. 이미 아는 바와 같이, 그 연수회들은 처음에 특정한 틀을 갖춘 행사로 진행되었지만, 이내 행사 자체에 얽매이지 않으면서 프로그램을 성인에 한정시키지 않는 형태로 발전했다. 우리가 이탈리아 전역에서 열리는 슬로푸드 모임들을 통해 체계적으로 정리된 다양한 식품군에 대해 가르치고 학교 선생님들과 여러 가지 연계 교육을 시도하는 야간 대학의 식품석사과정Masters of Food을 개설한 이유가 바로 여기에 있다. 우리는 또한 오늘날 지역 차원에서 소규모의 어린이 학교 텃밭과 공립학교의 교육 프로그램을 운영하는 교육연수원을 설립했다. 우리의 책무가 점점 커지면서, 우리는 학계가 미식 운동에 참여하고 하나의 학문으로서 그것을 연구할 필요가 있음을 느끼기 시작했다.《슬로푸드 나라: 왜 우리가 먹는 음식은 좋고 깨끗하고 공정해야 하는가》는 2005년에 발간되었지만, 미각을 연구하는 대학이나 학술원에 대한 생각은 이미 2000년에 싹텄다. 우리는 그것을 당시 복원 및 개조 중에 있던 아젠치아 디 폴렌초의 건물들에 수용할 계획을 세웠다. 우리는 미식학이 여러 학문 분야가 복합적으로 연계된 학제적 연구 과정임을 인식하고 있었다. 우리가 진행하고 있던 모든 일 또한 그 방향으로 이동하고 있었다. 이탈리아 교육부가 공식 교과목으로 생각지 않았던 새로운 학문을 이탈리아 학계에서 수용하도록 설득하는 과정 중에 고심해야 했던—지금도 여전히 이따금씩 발생하는—어려운 상황들을 여기서 장황하게 늘어놓고 싶지는 않다. 교육계 관료들이 우리 앞길을 가로막았던 일들에 대해서도 일일이 거론하고 싶지 않다. 우리 학계가 얼마나 폐쇄적이고 편협한지,

거기에 개방적인 사고를 가진 사람들이 얼마나 적은지, 어째서 대다수 학자가 (아주 작은 지식 영역에 불과한) 다양한 학문과 전문 분야들 사이의 한계를 뛰어넘지 못하는지에 대해서 설명하려면 따로 책 한 권을 쓰고도 남을 것이다. 그것은 우리가 지금까지 슬로푸드 운동을 하면서 겪었던 가장 힘든 싸움 가운데 하나였다. 그러나 마침내 우리는 우리가 생각하는 것에 대한 확신을 바탕으로 한 불굴의 의지 덕분에 그 힘든 싸움을 승리로 이끌었다.

2004년, 우리는 새롭게 개조된 와인저장고, 알베르고 델라젠치아, 귀도 레스토랑과 함께,* 전 세계에서 온 75명의 1기 신입생을 환영하며 미식과학대학의 개교식을 거행했다. 우리는 미식학 연구에 학문적 권위를 부여하며 대학 교육에 새로운 학문의 영역을 열었다. 그것은 미식의 해방을 향한 또 하나의 초석을 놓는 진보의 발걸음이었다. 유감스럽게도 내 친구 조반니는 그날 개교식에 함께하지 못했다. 아젠치아 디 폴렌초의 재건축이 시작된 지 딱 1년이 지난 1999년에 갑자기 세상을 떠났기 때문이다. 그는 그 프로젝트에 처음으로 신뢰를 보여준 사람이었다. 유토피아 같은 사업을 위해 짧은 기간에 수백만 유로의 자금을 모으겠다는 터무니없는 생각을 할 때, 그가 머릿속에 떠오른 것은 당연한 일

---

* [영역자주] 방코넬비노는 고급 이탈리아 와인의 저장고이자 전시관으로 아젠치아 델 폴렌초 부지에 19세기에 지은 지하저장고를 개조해서 만들었고, 알베르고 델라젠치아 는 4성급 호텔로 귀도 레스토랑도 이 호텔 안에 있었다. 귀도 레스토랑은 피에몬테 전 통음식을 팔며 미슐랭 별점을 받기도 했지만 지금은 문을 닫았다.

이다. 우정이라는 것이 바로 이런 열정들과 어느 정도 비슷하다는 생각이 든다. 거기에는 경계도 없고 장애물도 없다. 그것은 생각이 통하고 느낌으로 알고 서로 믿는 것이다. 씨앗을 잘 뿌린다면, 아무리 유토피아라고 해도 실현될 수 있다. 미식의 해방을 누리고 있는 전 세계 우리 친구들이 크게 성장하고 있는 지금 이 순간에도, 우리는 그렇게 생각하며 나아가고 있다.

10장

정말
과학이군!

오늘날 미식과학대학 홈페이지를 보면 이 대학의 사명이 다음과 같이 설명되어 있다.

이 대학의 목표는 영농 방식을 개선하고 생물다양성을 보호하고 미식학과 농학 간에 유기적 관계를 구축하는 일을 하는 사람들을 위한 국제연구교육센터를 만들어, 양질의 농식품을 생산하고 유통하고 홍보와 소통에 능한 새로운 전문가, 즉 미식가를 배출하는 것이다. 이들 미식가는 차세대 교육가이자 혁신자, 편집자이자 멀티미디어 방송인, 우수제품 판매자, 조합과 기업, 여행사의 관리자가 될 것이다. 전 세계에서 온 미식과학대학 학생들은 인문학과 과학 연구의 상호 보완적 교육과정, 강력한 감각 훈련, 그리고 다섯 대륙을 오가며 익히는 현장 체험 학습을 통해 장인의 기예와 산업 기술이 어우러진 적극적이고 역동적인 교육을 경험하게 될 것이다. 현재까지 폴렌초의 미식과학대학을 나왔거나 다니는 학생 수는 1,000명이 넘는다.

미식가가 정확히 무엇을 공부해야 하는지를 논의하기 위해 우리가 한자리에 모였을 때의 장면을 떠올려보라. 때는 2002년과 2003년이었다. 우리는 대개 베르두노Verduno*에 있는 매우 매력적이고 유서 깊은 호텔 겸 레스토랑인 레알 카스텔로Real Castello에서 모임을 가졌다. 그곳은 누토 레벨리Nuto Revelli**가 여생을 마치기 전 몇 년간 여름 휴식처로 삼았던 한적하고 평화로운 장소였다. 거기서 나는 그와 함께 우리 지방의 농경문화, 기억의 가치, 우리 선조의 지혜와 기억을 기록하는 일의 중요성에 대해서 오랫동안 영감을 불러일으키는 대화를 나누곤 했다. 나는 내가 가장 아끼는 동료들을 모두 불러냈다. 그들 가운데에는 나중에 미식과

---

* [영역자주] 브라와 폴렌초에서 몇 마일 떨어진, 18세기 사보이아 왕족의 성채가 있는 작은 산간 마을.
** [영역자주] 벤베누토 '누토' 레벨리Benvenuto 'Nuto' Revelli(1919~2004)는 제2차 세계대전 동안 레지스탕스 활동과 전후 농촌 환경과 이민에 관한 저서로 유명한 이탈리아 군 장교이자 빨치산 출신 작가다.

학대학의 초대 학장이 된 알베르토 카파티Alberto Capatti도 있었다. 그는 프랑스 미식사를 연구하는 역사가이자 1982년부터 1988년까지 전위적인 미식 비평지를 표방하는 '음식과 물질적 생활기술 월간지'《라골라La Gola》의 편집장을 역임하면서 우리에게 많은 것을 가르쳤다. 베르두노에서 가졌던 첫 번째 실무 모임에는 마시모 몬타나리Massimo Montanari, 마르코 리바Marco Riva, 파우스토 칸타렐리Fausto Cantarelli도 참석했다.* 그 초기 모임에서 우리는 우리가 품고 있는 생각을 법적으로 공식화하고자 교육부로부터 미식학을 새로운 정식 학문으로 인가받기 위해 애썼다. 당시 이탈리아 대학들은 서로 다른 과목을 하나의 강좌에서 가르치는 것을 생각도 하지 않고 있었다. 예컨대, 사회학을 생물학과 연계해서 가르치는 경우는 없었다. 농업은 심리학에서 인지 과정을 연구하는 사람들의 교과목에 들어갈 수 없었다. 우리는 또한 미식의 역사나 감각 분석 같은 새로운 과목을 소개할 필요가 있었다. 마지막으로 우리는 나를 비롯한 우리 세대가 독학으로 체득한 미식가가 되기 위한 가장 좋은 학습 방법들 가운데 하나인 여행과 직접 체험 방식, 즉 '시골의 전원을 돌아다니며' 먹거리가 생산되는 산지를 둘러보는 교육을 공식화해야 했다.

우리는 그 모임에서 학생들을 데리고 이탈리아 각지와 해외를

---

* [영역자주] 마시모 몬타나리(1949~): 볼로냐대학교에서 중세 역사를 가르치는 교수. 마르코 리바(1951~2008): 식품공학자 겸 작가. 파우스토 칸타렐리(1932~): 식품과 농업 전문 경제학자.

여행하는 강좌를 포함해서 교육연수 프로그램(여전히 미식과학대학에서 운영하고 있는)을 짜기 시작했다. 학생들은 지역 공동체들이 농작물을 경작하고 조리하는 것을 보기 위해 아프리카에 가고, 이탈리아 농촌지역을 구석구석 돌아다니기도 하고, 규모나 품질 면에서 최고인 식품업체들을 방문하기도 한다(이들 가운데 일부 업체는 실제로 맡은 임무를 아주 잘 수행하고 있다). 그들은 또 이런 현장 체험 교육에 동참하는 국내외 생산자들과 이틀 동안 함께 지내며, 현지를 찾아가 아시아나 남아메리카의 요리 전통에 대해 더 많은 것을 배우고, 레스토랑 산업과 식품 유통의 최근 추세를 알아본다. 학생 10명 정도가 한 팀을 이뤄(전담 강사 1명이 인솔한다.) 연수 여행을 떠나기도 하는데, 슬로푸드 회원들이 진행을 보조하거나 안내하는 역할을 맡곤 한다. 슬로푸드와 테라마드레 운동의 국제 네트워크가 이 연수 여행을 지원한다. 이러한 체험 교육은 처음에 우리가 의도했던 것처럼 미식학이라는 새로운 학문의 행동 수칙을 확산시키고 공유하기 위해 중요한 요소로, 이전에 이탈리아 대학에서는 전혀 볼 수 없었던 교육 방식이다.

서로 다른 지역으로 떠난 연수 여행을 끝내고 돌아온 학생들은 현지에서 수집한 각종 시청각 자료와 기록들을 활용해 팀별로 연수 여행을 통해 보고 배운 것들을 공유하는 설명회를 준비한다. 설명회는 일종의 '시험'으로, 교수들로 구성된 심사위원단이 팀별 발표 내용에 점수를 매기고 그것을 학생들의 학점에 반영한다. 연수 여행은 또한 농부와 음식 장인, 생산자, 가축 사육자, 지속가능한 식품유통업자들의 지식에 학문적 권위를 부여하고 그들을 '교사'로 만드는—그들은 충분히 그만한 역량을 지니고 있다—가장 직접적인 방식으로서 중요한 의미가 있다. 이 여행은 내가 적어도 10년 동안 꾸준히 역설해왔던 "서로 다른 영역 간의 대화"를 실천에 옮긴 것이다. 그것은 음식 세계의 전통적인 지혜를 공인된 학문 반열에 올리도록 설득하기 위한 시도이며, 서로 다른 영역들이 동등한 위치에서 상호작용함으로써 정반합의 변증법적으로 발전해나가는 것을 의미한다.

해마다 실시되는 미식 연수 여행 프로그램은 미식과학대학에만 있는 독특한 강좌다. 하지만 그 프로그램은 '좋고 깨끗하고 공정한'이라는 문구가 풍기는 모든 미묘한 의미가 연상시키는 교육과정을 만들어내고, 그동안 음식과 무관하다고 생각했던 다른 기술 및 분야를 미식과 접목시키고, 연구 과정을 혁신적으로 체계화하여, 비록 처음에는 한 단체 내부의 교육과정으로 탄생했지만 나중에는 세계적으로 널리 알려지면서 그 대학 자체를 최고의 교육기관으로 발전시켰다는 점에서 매우 독창적이다. 우리가 저지른 유일한 잘못은 학교 설립 때 생태학을 곧바로 과목에 넣지 않은 것이었다. 하지만 그 뒤, 우리는 프리초프 카프라 Fritjof Capra의 이론에 바탕을 둔 조직체계를 도입함으로써 이 문제를 해결했다.* 해방된 미식은 이제 하나의 독자적인 대학을 보유하게 되었다. 그것은 미식학이 보다 높은 곳으로 나래를 펼쳐

도약하고, 레스토랑과 와인에 점수나 매기고 다니는 광적인 미식가들이 쳐놓은 덫에서 벗어날 수 있게 한다. 그것은 또한 우리가 텔레비전 화면에서 보는 것처럼 미식을 고상하고 돈이 많이 드는 취미인 양 지나치게 단순화하는 것을 막고, 먹고 즐기기만 할 뿐 환경에 대한 책임의식은 전혀 없는 상류층 세계에 국한시키는 것에서 벗어날 수 있게 한다. 더 나아가 미식과학대학은 장차 대학을 연구와 지식 교류의 장, 미지의 영역을 탐구하고 학계에만 한정되지 않는 유용한 새로운 패러다임을 설계하는 공간으로 변화시킬 청년들에게 밝은 내일에 대한 전망을 제공할 수 있다.*

나는 미식과학대학 프로젝트가 테라마드레와 함께 슬로푸드 운동이라는 왕관을 구성하는 가장 중요한 보석이며, 지금까지 슬로푸드 운동이 이룬 모든 발전의 원동력이었다고 믿는다. 미식과학대학 프로젝트는 이제 끝난 것이 아니라 새로운 가능성을 던지며 더욱 풍성해지고 있다. 어쩌면 사람들은 폴렌초를 졸업하는 청년들이 얼마나 소중한 인재인지, 교수와 강사들이 이 대학의 대기 속에서 살며 숨 쉬고 있다는 사실이 얼마나 중요한지를 아직 충분히 이해하지 못하고 있는지도 모른다. 무엇보다 '좋고 깨끗하고 공정한' 음식을 모토로 하는 대학이 설립된 게 허영심이나 자기중심주의로 가득한 어느 과대망상주의자가 꾸

---

* [영역자주] 프리초프 카프라(1939~): 오스트리아 물리학자이자 작가.

민 계획 때문이 아니라는 사실은 잘 모르고 있는 것이 확실해 보인다. 오늘날 우리는 새로운 형태의 지식을 가르치고 전달하고 있는 국제적 두뇌 집단(학생 절반이 전 세계에서 온 외국인 학생이다.)을 보유하고 있다. 모든 과목을 동등한 관계 속에서 차별 없이 전체적으로 바라보는 관점은 음식을 새롭게 바라보는 전혀 예상치 않았던 결과를 낳고 있다. 이 대학 학생들의 학위논문은 슬로푸드 네트워크와 새로운 미식학에 다가가고 싶은 사람들에게 중요한 행낭이 되고 있다. 나는 미식과학대학이 미식계의 프랑크푸르트 학파가 되고 있다고 말하기를 주저하지 않는다. 우리가 베르두노의 호텔에서 계획한 그 프로젝트 덕분에, 오늘날 다른 많은 대학에서도 미식학을 정규 과목으로 채택하고 마침내 정부의 인증을 받은(그 자체로 하나의 성취다!) 공인된 새로운 지식 범주가 탄생했다. 하지만 폴렌초에서의 교육 방식은 지금도 다른 곳에서 흉내 내기 힘들 정도로 독특하다. 미식과학대학은 많은 대학이 일반적으로 구분하는 지식 범주들을 따르지 않기 때문이다. 오히려 미식과학대학은 이른바 '고상한' 교육과 통속적인 교육, 때때로 구전 교육을 똑같이 중요하게 여긴다. 문자가 아니라 입으로 전해지는 구술 지식은 인류학뿐 아니라 미식학에서도 아주 중요한 요소이기 때문이다.

음식을 하찮은 것으로 여기는 사람들은 미식과학대학을 낮잡아 본다(아직도 이탈리아를 비롯해서 여러 나라 유수 대학의 교수들은 우리가 폴렌초에서 학생들에게 음식을 조리하는 법을 가르친다고 믿고 있다!). 하지만 사실 미식과학대학은 먹거리의 지속가능성을 과학적으로 연구하고, 기술 교육에 인문학을 접목시키는 실험실이다. 거기서는 화학과 역사, 민속식물학과 미학, 식물성 및 동물성 식품과 감각 분석이 손을 맞잡고 간다. 폴렌초에서 학생들은 음식 네트워크를 공부하고, 우리는 슬로푸드가 내세우는 '좋고 깨끗하고 공정한'이라는 기준을 준수하는 완벽한 품질을 갖춘 음식을 원하는 사람들의 네트워크를 만들어간다. 식품 산업은 이제 더 이상 이런 문제들을 무관심하게 바라보지 않는다. 우리는 진심으로 세계의 미래를 생각하는 새로운 생산 및 유통 형태를 창조하기 위해 함께 협력하는 '전략적 동반자' 집단을 만들어냈다.

이런 형태의 접근 방식을 이것저것 뒤죽박죽 섞어버린다고 일축하는 것은 틀린 말이다. 그것은 (우리가 수년 동안 축적해온) 일련의 경험과 수많은 모임, 연구 없이 무작정 그런 일을 추진하는 사람들에게나 해당되는 말이다. 우리의 접근 방식은 메탄올 파동이 없었다면, 슬로푸드의 미각 워크숍이 열리지 않았다면, 전 세계 '좋은 사람들'에게 다가가지 않았다면, '깨끗한' 혁명이 없었다면, 공정한 사회 정의가 없었다면, 그리고 그러지 않았다면 만날 이유가 전혀 없었을 사람들과 지역들 간의 가능한 한 개방적인 모임과 교류가 없었다면 이 세상에 존재하지 않았을 것이다.

하나의 과학이 세상에 태어났고 모습을 드러냈다. 이것은 정확한 표현일 수도 있고 아닐 수도 있다. 하지만 즐거움이 무엇을 의미하는지 기억하는 한, 또는 우리가 어디서 왜 시작했는지 잊지 않는 한, 우리의 방식은 행복을 추구하는 하나의 과학이다. 지난 날 우리는 덫에 갇혀 있었지만, 이제는 자유의 몸이다.

11장

다음은?

오랫동안 늘 우리 안에 갇혀 살았던 동물이나 감옥살이를 했던 사람이 자유의 몸이 되면, 그들은 적어도 당분간은 방향 감각을 잃고 혼란에 빠지기 마련이다. 구속에서 해방된 몸이 된 뒤에는 반드시 어려운 시기가 닥친다. 예컨대, 울타리에서 갇혔다 빠져나온 동물은 스스로 먹고사는 법을 배워야 한다. 그 동물이 과연 살아남을 수 있을지는 확실치 않다. (마이클 폴란Michael Pollan 이 동물권리 옹호론자들에게 던진 질문을 떠올리면 늘 미소를 머금게 된다. 닭장에서 나온 암탉에게 무슨 일이 일어날까? 십중팔구는 여우나

족제비에게 잡아먹힐 것이다.) 감옥을 나온 전과자는 일자리를 찾고 사회에 다시 통합되고 자신을 바라보는 주위의 편견을 극복하기 위해 노력할 것이다. 그들이 자유의 몸이 된 것은 확실히 맞지만, 그다음에 그들은 무엇을 할 것인가?

과거의 멍에를 벗어던지고 자유의 몸이 된 오늘날의 미식 또한 불확실성 속에서 절뚝거리며 편견의 대가를 톡톡히 치르고 있다. 미식을 구성하는 요소들 또한 서로 충돌하는 경우가 많은데, 이는 달리 말하면 미식이 매우 복합적인 것임을 의미한다. 우리는 미식을 해방시켰지만, 미식은 정말 자유로운가? 그 대답은 '아니오'다. 이유가 궁금하다면 그냥 텔레비전을 켜보면 된다. 나는 앞서 그것을 포르노그래피로 비유했다. 텔레비전에서 음식은 순전히 예능 프로그램의 대상일 뿐이다. 요리사들은 정해진 시간 안에 누가 빨리 음식을 만드는지 경쟁한다. 음식 종류는 몇 분 안에 서둘러 만들 수 있는 것이어야 한다. 퇴근한 남편이 집에 돌아오면 뉴스 채널로 돌리고 싶어하기 때문이다. 영상 속 레스토랑은 시청자의 관심을 끌기 위해 요리사의 다양한 조리 장면을 쉴 새 없이 보여주며 지나칠 정도로 정신없이 무례한 광경을 연출한다. 주된 식재료가 무엇인지는 도무지 관심도 없다. 생산자와 농민들은 그들의 별나고 기이한 측면만 강조되며, 동물원 속 동물들처럼 비쳐진다. 하지만 이런 무지막지한 텔레비전의 행태를 혹독하게 비판하는 사람들마저 그들이 가장 비판해야 할 것이 아주 오랜 옛날부터 내려온 미식에 대한 관점이라는 사실을 깨닫지 못한다. 그것은 미식을 음식의 향유라는 관점에서 바라보는 지배 엘리트적 접근 방식을 말한다. 이런 방식 속에서 레스토랑은 요리사의 개성이 최대한 존중받는 신성한 장소로 여겨지고, 완성된 요리는 무엇보다 보기 좋아야 할 뿐 아니라 늘 절묘하고 최상의 조리법이 적용되어야 하며, 값비싸고 최고급으로 엄선된 식재료를 써야 한다. 타고난—대개 즉흥적인—비판 능력이 있다고 여겨지는 고전적인 옛 미식가의 세계에는 농부가 존재하지 않는다. 미식 비평은 인터넷 웹과 함께 진화했으며 이제는 점점 늘어나는 관심 있는 대중들에게 다가가는 능력과 확산 속도 면에서 과거 그 어느 때보다 강력한 영향력을 발휘하고 있다. 미식 비평은 적당히 걸러서 읽는다면 좋은 정보를 제공한다. 하지만 특히 인터넷에서 음식 관련 글을 쓰는 사람들은 대개 음식점 비평, 조리법에 대한 개인적 견해, 그것들에 대한 평점을 매기는 수준에 머무르거나 때로는 돈을 받고 호객을 위한 글을 쓰거나 험담을 올리는 수준을 벗어나지 못한다. 사람들을 텔레비전 화면과 컴퓨터 모니터 앞으로 잡아끄는 것이 바로 이것이다. 이는 또한 음식에 가장 악영향을 끼치는 시장 논리에 대한 반응이기도 하다. 맞든 틀리든 오늘날 '좋은' 음식에 관한 많은 이야기가 있다. 하지만 '깨끗한'과 '공정한' 음식 관련 문제들은 아예 무시되거나 '슬로푸드 미식가들Slow Foodies'의 병적 집착으로 비쳐진다. 그들은 과거(우리는 과거와 그때 뒷마당에서 즐기던 미식을 지우려 한다고 말하지 않았던가?)와 환경을 지켜야 한다고 주장한다. 그들은 더 이상 참치나 연어를 먹으면 안 된다고 사소한 것까지 일일이 트집을 잡으며 간섭하려고 한다. 지역 음식과 제철 음식이 매우 복잡한 문제라는 사실을 고려하지 않은 채 언제 어디서나 '제로 푸드마일'을 주장하는 것은 1980년대 환경보호주의자들이 기회만 생기면 뻔질나게 늘어놓았던 불평처럼 내용 없는 공허한 외침일 뿐이다. 어떤 이들은 우리가 바로 그와 같다고 생각한다. 하지만 그것은 관점의 문제다.

나는 개인적으로 새로운 경향을 보여주는 프랑스의 작은 식당, 북아메리카와 라틴아메리카의 아주 훌륭한 레스토랑에 편안히 앉아 그곳 요리사와 주방장들을 칭찬하는 소리를 듣는 것을 좋아한다. 그들은 모두 농부의 권위를 존중하는 좋고 깨끗한 식품을 찾는데, 대개 농부들과 직접 협업을 하거나 생산자들과 지식을 교환한다. 오늘날 음식 블로거들이 그들을 일상적으로 초대하는 유명 식당 경영자나 생산자 친구들로부터 벗어나 이전에는 모두 똑같아 보였던 식품들에서 생물다양성의 의미를 찾기 위해, 이를테면 멕시코 같은 해외로 여행을 가서 그곳의 엄청나게 다채롭고 풍성한 음식들을 발견하고는 생물다양성 보호를 주장하는 건 별로 놀랄 만한 광경이 아니다. 그들 중에는 휴가 때 방문한 곳에서 어떤 농부를 만나 인생의 전환점을 맞은 사람도 있다. 거기서 그들은 적어도 이전에는 전혀 맛본 적이 없는 것들을 먹어보고는 음식에 대한 관점을 완전히 바꾼다. 그것이 세상 물정에 미숙한 젊은이들의 공백을 채우는 것이든, 새로운 생각을 수용할 줄 아는 경륜이 풍부한 음식 저널리스트의 변심이든, 나는 그런 일이 일어난다는 사실만으로 기쁘다. 오늘날 그러한 음식 네트워크가 점점 확대되고 있음을 느낄 수 있다. 무엇보다 나는 미식이 예속화되지 않은 지역—이미 아는 것처럼 그것이 거기에 존재한 적이 없었기 때문에—의 소농과 소생산자들의 역할이 미래의 변화를 이끌 중요한 원동력이 될 것이라고 확신한다. 나는 그들의 노동과 그들이 보통 사람들과 다르게 사물을 바라보고 행동하는 방식 덕분에 미식이 해방되고 있음을 느낄 수 있다. 미식은 지금까지 일종의 음식 경합으로 비쳐져왔다. 하지만 앞으로는 미식이 우리 삶에서 쓸모 있는 것임을 알게 될 날이 오리라고 믿는다. 생산자뿐 아니라 요리사와 주방장은 비평가보다 한참 앞서 있다. 예컨대, 2011년 세계 최고의 요리사들 가운데 일부가 리마에서 만나 '미래의 요리사들에게 보내는 공개서한Open Letter to the Chefs of Tomorrow'을 썼다. 그 편지는 나중에 '리마 선언Declaration of Lima'으로 개명되었는데, 이는 우리가 나아갈 방향을 재고하게 하고 지난 30년간 어떤 중요한 변화가 일어났는지를 보여준다. 파올로 마르키Paolo Marchi는 이탈리아에서 이에 관해 처음 언급한 인물로, 〈이덴티타 골로세Identità Golose〉*에 관련 글을 기고했다. 그는 이렇게 말했다.

---

* [영역자주] 2004년에 만들어진 이탈리아 미식 웹사이트(www.identitagolose.it/sito/en/).

어제, 9월 11일 일요일에 페루 리마에서 미스투라Mistura 행사(이에 대해서는 4부 2장에서 다시 말할 것이다.)가 열리는 가운데 바스크 지역 산 세바스티안에 있는 바스크요리센터 국제자문위원회International Consultancy Board of Basque Culinary Center, 미식과학대학과 그 산하 연구혁신센터 소속 요리사들이 '미래의 요리사들에게 보내는 공개서한'을 제출했다. 내가 번역한 내용은 다음과 같다. 한 가지 확실한 것은, 그동안 지구 곳곳에서 벌어진 슬로푸드 운동이 헛되지 않았다는 사실이다.

"사회가 빠르게 변화하고 있는 현 시점에서 우리의 직업은 새로운 도전에 적극적으로 대응해야 한다. 오늘날 요리에 관련된 직종은 매우 다양한 기회와 경로를 제공한다. 우리 요리사들은 요리에 대한 열정 하나로 똘똘 뭉쳐서 우리가 하는 일이 하나의 생활양식이라는 믿음을 공유한다. 우리에게 요리는 자유롭게 자기 자신을 표현하고 우리의 관심사를 추구하고 우리의 꿈을 실현할 수 있게 하는 가능성의 세계를 제공한다. 실제로 우리는 요리가 단순히 인간의 기본적인 식욕 충족을 위해 필요한 것이 아니라 행복을 추구하는 행위라는 사실을 믿는다. 주방은 생산자와 소비자가 공동의 노력을 통해서 우리의 식사 방식을 바꿀 수 있는 강력한 변화 도구다. 우리는 요리사가 사회적으로 양심적이고 책임 있는 자세로 공정하고 지속가능한 사회를 만드는 데 기여하는 미래를 꿈꾼다. …… 여기 '미래의 요리사들에게 보내는 공개서한'을 띄운다."

자연(2개), 사회(2개), 지식(2개), 가치관(1개)의 네 가지 주제와 관련해서 모두 7개 항목에 걸쳐 미래의 요리사들에게 편지를 띄운다.

"친애하는 요리사에게,

자연과 관련해서,

1. 우리가 하는 일은 자연이 준 선물에 전적으로 의존한다. 따라서 우리 모두 자연환경을 잘 알고 보호해야 하며, 새로운 종의 발달을 촉진하는 것뿐 아니라 우리가 물려받은 역사적 유산과 멸종 위기에 처한 다양성을 회복하는 도구로서 우리의 주방과 목소리를 사용할 책임이 있다. 우리는 이런 방식으로 지구의 생물다양성을 보호하고 음식의 맛을 보전하고 새롭게 창조하며 정교한 조리법을 만들어내는 데 기여할 수 있다.

2. 지난 수천 년 동안 인류와 자연 사이의 대화는 농업의 탄생으로 이어졌다. 다시 말해서 우리는 모두 생태계의 일부인 셈이다. 이 생태계를 가능한 한 건강하게 유지하기 위해서는 들판과 주방 모두에서 지속가능한 생산을 권장하고 실천해야 한다. 이런 식으로 우리는 진정한 맛을 만들어낼 수 있다.

사회와 관련해서,

3. 요리사로서 우리는 문화의 산물이다. 우리는 저마다 전통의 맛과 식습관, 조리법의 유산을 물려받은 상속자다. 그렇다고 움츠러들

까닭은 없다. 우리는 우리의 조리법과 윤리의식, 미적 감수성을 통해 한 민족, 지역, 국가의 문화와 정체성 형성에 기여할 수 있다. 우리는 또한 서로 다른 문화들을 연결하는 중요한 가교 역할을 할 수 있다.

4. 우리는 다른 사람들의 사회경제적 발전에 영향력을 끼치는 일에 종사한다. 우리는 우리 고유의 요리 문화를 널리 전파하고 그것에 대한 다른 사람들의 관심을 불러일으킴으로써 중요한 경제적 영향력을 발휘할 수 있다. 동시에 지역 생산자들과 협력하고 공정한 경제 관행을 실천함으로써 지속가능한 지역의 부를 창출하여 우리 지역 사회를 경제적으로 강화할 수 있다.

지식과 관련해서,

5. 우리가 하는 일의 주된 목적이 사람들에게 행복을 주고 강렬한 감정을 불러일으키는 것이지만, 건강 및 교육 분야의 전문가들과 함께 일하고 우리 자신의 노력을 통해 우리는 일반 대중에게 우리 지식을 전달할 특별한 기회를 갖는다. 예컨대, 우리는 그들이 최고의 조리법을 습득하고 몸에 좋은 건강한 음식을 선택하는 법을 가르칠 수 있다.

6. 우리는 요리사라는 직업을 통해 새로운 지식을 창출할 기회를 갖는다. 그것은 새로운 조리법 개발과 같은 단순한 지식일 수도 있고, 심층적인 연구 프로젝트처럼 훨씬 더 복잡한 지식일 수도 있다. 그리고 우리는 다른 사람들을 가르치는 대가로 득을 보는 한편 우리가 알고 있는 것을 그들과 공유할 책임도 있다.

가치관과 관련해서,

7. 우리는 요리가 자기 자신을 표현하는 하나의 훌륭한 방식인 시대에 살고 있다. 오늘날 요리는 다양한 지식 분야를 아우르며 끊임없이 진화하고 있는 분야다. 따라서 진정성과 겸손, 무엇보다도 열정을 가지고 음식을 연구하며 우리의 꿈을 실현하는 것이 중요하다. 결국 우리는 저마다 자신의 윤리의식과 가치관에 따라 움직이기 때문이다."

이 문서에 서명한 사람은 페란 아드리아Ferran Adriá(스페인 엘불리 식당), 레네 레세피René Redzepi(덴마크 노마 식당), 알렉스 아탈라(브라질 디오엠D.O.M 식당), 마시모 보투라Massimo Bottura(이탈리아 오스테리아 프란체스카나Osteria Francescana 식당), 가스톤 아쿠리오(페루 아스트리드 이 가스톤Astrid y Gaston 식당), 댄 바버Dan Barber(미국 블루힐Blue Hill 식당), 미셸 브라Michel Bras(프랑스 브라Bras 식당), 유키오 하토리Yukkio Hattori(일본), 헤스턴 블루먼솔Heston Blumenthal(미국 더팻덕The Fat Duck 식당)*로 세계 식당업계의 G9로 불리는 식당의 요리사들이다.

미식은 지금까지 계속해서 스스로를 해방시켜왔고 그런 현상은 이제 돌이킬 수 없다. 그것을 어떤 중요한 것, 즉 세상을 바꾸

---

* [원주] 블루먼솔은 나중에 서명한 것을 부인했고, 따라서 그의 서명은 삭제되었다.

고 울타리를 막 벗어난 누군가가 확실하게 자부심을 가질 수 있는 것으로 바꾸는 일은 이제 우리의 몫이다. 우리의 다양성이 하나로 합쳐짐으로써 분출되는 에너지를 잘 사용하는 것도 우리에게 달려 있다. 음식이 우리와 미래 세대의 삶을 더 풍요롭고 행복하게 만들 수 있는 중대한 변화 도구가 될 거라고 확신한다.

2부

다양성의 해방

1장

선교사를
찾아서

1983년, 나는 브라 출신 친구 2명과 함께 브라질에서 휴가를 보내기 위해 여행을 떠났다. 우리는 몇몇 도시와 관광 휴양지를 돌아볼 계획이었지만, 주된 목적지는 아마존강 유역이었다. 그동안 간접적으로 접촉해왔던 쿠네오Cuneo[이탈리아 북서부 도시] 출신 선교사들로부터 도움을 받아 그곳을 '탐험'할 예정이었다. 브라는 소도시라서 여행을 떠나기도 전에 벌써 우리가 마나우스Manaus[브라질 북서부 아마조나스주의 주도로 아마존 분지의 열대우림 지역]로 갈 거라는 소문이 돌았다. 그러자 한 여인이 우리를 찾아와 몇 년 전 선교를 위해 아마존의 한 도시 근처로 떠난 자기 아들의 소재를 알아봐달라고 부탁했다. 그 선교사의 이름은 크라베로Cravero로, 최근 몇 달 동안 어머니며 형제들은 그의 소식을 전혀 듣지 못했다고 했다. 당시는 인터넷과 위성전화가 활성화되기 이전이라, 그런 외딴 곳에서 선교사가 고립되는 일은 다반사였다. 그러나 그 부인은 멀리 떨어져 있어도 무사히 잘 있음을 느끼기 위해 자기 아들에게 음식물 꾸러미와 편지가 전달되기를 간절히 바랐다.

브라질까지 그 다양한 음식물 꾸러미를 들고 다니는 것이 우리 입장에서 최선의 방법처럼 보이지는 않았지만 그녀의 심정을 이해했기 때문에 기꺼이 받아들였다. 우여곡절의 오랜 여정 끝에 마침내 마나우스에 도착했을 때, 우리가 가장 먼저 하려고 한 일은 그 음식물 꾸러미를 빨리 처리하는 것이었다. 그것은 여행 내내 우리가 늘 하는 농담 가운데 하나가 되었다. 호텔에 짐을 풀자마자 우리는 크라베로 부인이 우리에게 알려준 주소로 갔다. 하지만 놀랍게도 그 주소는 더 이상 존재하지 않는다는 사실을 알게 되었다. 그래서 우리는 그의 소식을 듣기 위해 대주교관으로 갔지만, 거기서도 그를 아는 사람은 아무도 없었다. 그들은 카푸친회Capuchin 수도원에 가보라고 조언했다. 거기 수도사들은 모두 이탈리아인이었다. 우리는 한 시간 정도 걸려 그곳에 도착해서 문을 두드렸다. 문을 연 사람은 독특한 지역 억양이 있는 리에티Rieti* 출신의 나이 든 수도사였다.

"크라베로요? 누굴 말하는지 모르겠군요." 약간 놀란 기색을 보이며 그가 말했다. "그런 사람에 대해서는 전혀 들어본 적이 없어요."

"하지만 그가 선교 활동 중에 있는 것은 아닐까요? 어쩌면 다른 마을에 있을 수 있지 않을까요?"

"아닙니다. 우리는 더 이상 거기에 가지 않아요. 그들은 우리 말에 귀 기울이지 않습니다. 우리가 '아베 마리아'라고 말하면, 그들은 '홍수가 난 강'이라는 말로 이해합니다. 그들 언어로 그런 뜻이기 때문입니다. 아마존강 옆에서 홍수가 난 강이라니! 그들은 그냥 웃기 시작합니다. 전혀 듣지 않아요. 전부 쓸모없는 일이죠. 그들은 자기네 고유 전통 의식이 있고, 마음을 돌릴 생각도 전혀 없습니다. 우리는 여기서 아무 쓸모없는 존재입니다."

그 사이에 수도원장이 다가왔다. 그는 비관적인 이야기를 하는 노수도사의 말을 듣다가 온화한 태도로 그의 말을 가로막았다. "우리는 결코 쓸모없지 않습니다. 우리는 하느님의 사랑을 위해 여기에 있습니다."

"하느님의 사랑, 하느님의 참된 사랑! 우리는 지금 시간을 허비하고 있습니다. 우리는 그들에게 교리를 가르칠 수도 없어요. 아니, 아니에요. 잊어버립시다. 잊어버려요. 하느님의 선하심과 섭리가 우리와 함께하기를!" 수도원 문을 열어준 수도사가 말했다.

---

* [영역자주] 이탈리아 중부 라치오Lazio 지역의 소읍.

"그런데 우리가 찾는 크라베로는요?" 나는 우리가 여기 찾아온 이유를 상기시켰다.

"살레지오회Salesian 수도사들에게 물어보세요." 두 명의 수도사가 대답했다. "우리보다 그들이 수도 많고 활동적입니다."

그래서 우리는 크라베로 부인이 싸준 음식 꾸러미를 든 채 다시 살레지오회 수도원으로 향했다. 나는 그 오랜 여행과 열기로 인해 음식 꾸러미가 어떤 상태일지 상상하기도 싫었다. 우리를 반갑게 맞이한 살레지오회 수도원장의 복장은 카푸친회 수도원장과 매우 달랐다. 터틀넥 스웨터를 입은 그에게는 비서가 한 명 있었다. 살레지오회 수도사들은 옷을 잘 차려입었고 마나우스 지역의 중산층 사회에 완벽하게 통합되어 있었다.

"네, 크라베로는 우리 형제죠. 잘 알아요"라고 그는 말했다.

"그는 지금 어디에 사나요?"

"주소를 몰라요. 마리오Mario 신부에게 물어보세요. 여기서 멀지 않은 한 교구 교회에 있습니다."

크라베로를 찾는 우리의 여정은 점점 길고 복잡해지고 있었다. 하지만 이제 거의 다 왔기 때문에 그 여정을 포기할 생각은 없었다. 마침내 마리오 신부가 그의 주소를 안다고 우리에게 말했다. 우리는 그렇게 우여곡절 끝에 겨우 크라베로를 찾아낼 수 있었다. 날이 저물기 시작할 무렵 우리는 아마존 생선 요리를 잘한다는 리오 네그로Rio Negro의 한 음식점에서 크라베로, 마리오 신부와 함께 저녁을 먹었다. 그날 저녁식사는 여전히 생생하게 기억난다. 크라베로를 찾아 나선 그날 오후에 벌어진 일들에 대해서 즐겁게 웃고 떠드는 가운데 우리는 크라베로의 어머니가 싸준 음식 보따리와 편지를 그들에게 건네주었다. 크라베로는 우리에게 고맙다고 말하며 함께 술을 한잔했다. 우리는 그에게 카푸친회와 살레지오회의 차이에 대해서 이야기했다. 우리는 또한 두 사람에게 며칠 전 소읍 올린다Olinda에서 마쿰바macumba* 의식이 열리는 장소에 참석할 수 있도록 허락을 받았다고 말했다. 망이 지산토māe de Santo**는 우리를 받아주었다. 비록 이해하기는 쉽지 않았지만, 우리는 이 종교 의식이 충분히 존중받을 만하고 흥미진진한 풍습이라고 결론내렸다. 마리오 신부와 크라베로는 고개를 끄덕였지만 약간 불편한 기색이었다. 밤이 깊어지면서 우리가 크라베로에게 마나우스에서의 그의 삶과 그가 더 이상 친지들과 연락을 주고받지 않은 이유에 대해서 줄기차게 질문을 던지자, 그는 약간 당황한 기색으로 "내일도 여기 계실 건가요?"라고 되물었다. "그러면 내일 다시 찾아뵙고 싶군요. 보여드리고 싶은 게 있어요. 오늘 밤 어머니에게 답장을 쓰려고 합니다." 다음 날 우리는 그와 함께 아침식사를 하러 갔다. 맛있는 커피로 우리를 맞아준 그는 옆방으로 우리를 안내했다. 거기서 놀랍게도 그는 일부

---

* [옮긴이주] 브라질에서 행해지는 부두교와 그리스도교가 혼합된 주술.
** [영역자주] 말 그대로 '성모聖母'를 의미. 칸돔블레Candomblé, 움반다Umbanda, 큄반다 Quimbanda 같은 브라질에 잡혀온 아프리카인들의 토속 종교가 가톨릭과 혼합되어 나타난 혼합 주술 종교 의식을 주관하는 여자 제사장을 일컬음.

는 예수와 성 조지Saint George*의 모습을 하고 있는 부두교의 신상들과 원주민의 화살, 프리투벨류preto velho** 같은 온갖 종류의 주물들이 있는 마쿰베이루macumbeiro[브라질 주술사]의 제단을 보여주었다. 살레지오회 수도사인 크라베로가 파이지산토pai de santo***가 된 것이었다!

그는 이것이 브라질 사람들에게 알려지고 인식된 유일한 형태의 영성의 모습인데 그 안에 가톨릭교의 요소들이 들어 있다고 설명했다. 그는 이것이 아니고는 원주민들에게 어떤 설교도 할 수 없고, 하지 못한다고 덧붙였다. 따라서 그는 이러한 현지 환경에 맞게 자신의 소명을 영적 길잡이로 재정립했다. 그는 마침내 이런 전통 의식과 그것의 중요성에 마음을 빼앗겼고, 자신이 처음에 브라질을 향해 길을 나섰던 모든 이유를 거기서 발견했다. 그가 택한 길은 자기 신앙을 포기하는 것이 아니라 지역 풍습을 포용하고 완전히 통합함으로써 자신의 소명을 수행하는 세련된 선교 방식이었다. 그는 원주민과 함께하는 민중 가운데 한 사람이었다. 그는 수도원에 안주하는 카푸친회나 마나우스 상류층에서

---

* [옮긴이주] 초기 기독교 순교자이자 14성인 중 1명으로 기사, 군인, 잉글랜드의 수호성인.
** [영역자주] '늙은 흑인'이라는 뜻으로 포로가 되어 죽거나 살해당한 한 현명하고 다정한 노예의 정령을 의미함.
*** [영역자주] '성부聖父'를 뜻하며, 칸돔블레Candomblé, 움반다Umbanda, 큄반다Quimbanda 같은 브라질에 잡혀온 아프리카인들의 토속 종교가 가톨릭과 혼합되어 나타난 혼합 주술 종교 의식을 주관하는 남자 제사장을 일컬음.

활동하는 살레지오회 수도원의 어느 수도사들보다도 브라질 원주민에게 효과적으로 설교할 수 있었다. 우리는 처음에 깜짝 놀랐지만 결코 충격을 받을 정도는 아니었다. 오히려 크라베로의 안내로 마나우스와 아마존강 지역을 두루 여행할 수 있었던 것은 큰 행운이었다. 그는 우리가 전혀 상상한 적 없는 관점으로 지역을 바라볼 수 있도록 도왔고, 이후로도 우리는 계속해서 연락을 주고받았다.

그는 더 이상 기존의 살레지오회 신자들과 교회로부터 수도사로서 인정받지 못했지만 자신이 선택하고 사랑한 삶을 계속해서 살았다. 나중에 우리는 그가 결혼해서 아이를 낳고 그의 새로운 공동체에서 존경받는 여행 안내인이 되었다는 소식을 들었다.

이것이 바로 내가 다양성의 힘, 즉 서로 다른 장소, 생활양식과 문화, 언어─현실을 해석하는 또 다른 방식─의 힘이라고 말하는 것이다. 그것은 단순히 지적 호기심이 아니라 완전히 상반되는 음악 형식에 대한 강한 관심이며, 과거와 현재에 공존하는 토지 경작 기술, 자연이나 우주 혹은 불가해한 문제를 다루는 상이한 방식에 대한 호기심이다. 또한 우리가 말하는 것에는 다양한 식사법과 미식문화, 의식과 습관, 풍습도 포함되는데, 그것들을 알지 못하거나 날마다 그런 것들을 접하며 살지 않는 사람들에게는 깜짝 놀랄 만한 발견이 될 수도 있다.

다양성을 인생의 안내자로 맞이하고, 그것을 통해 타인을 깊이 존중한다면, 당신은 더 자유롭고 행복한 삶을 영위할 수 있다. 브라질 특유의 혼합 종교로 개종한 선교사 크라베로는 다양성이 얼마나 상상하기 어려울 정도로 엄청난 에너지를 방출할 수 있고 그것이 또한 문화적·생물학적으로 어떻게 세상을 움직이는 가장 강력한 동력이 될 수 있는지를 보여주는 하나의 상징이다. 다양성을 지키고, 모든 차원에서 다양성을 촉진시키고, 다양성을 교환과 만남의 원천으로 만드는 것은 우리가 해방된 미식을 통해 바라는 패러다임의 변화를 위해 가장 쉽게 사용할 수 있는 방법이다.

따라서 다양성을 구속하는 모든 굴레를 벗겨내고 무슨 일이 일어날지 보자. 그것은 우리를 살아 숨 쉬는 창조적인 존재로 만든다. 그것은 우리에게 절실하게 필요한 다른 존재에 대한 존중을 낳는다. 그것은 결국 지구에 대한 보살핌으로 바뀐다. 자연은 생물다양성이 높은 수준의 시스템이 살아남아 진화하고 번창할 가능성이 더 크고, 더 건강하게 또 더 풍성하게 어떤 역경도 충분히 이겨낼 수 있다고 말한다.

다양성은 미래에 대한 약속이다. 그것은 생존 문제를 진지하게 다루는 유일한 생태적 방법이다. 그것은 바로 삶의 차원이다. 그러나 유감스럽게도 다양성을 억제하고 축소하고 파괴하고 없애려는 어떤 힘들이 오랫동안 영향력을 발휘해왔다. 사람들은 불확실성을 줄이기 위해서는 혼돈을 일으키는 다양성을 제거해야 한다고 주장한다. 불확실성은 우리 삶의 일부다. 하지만 그 주장을 좀 더 자세히 들여다보면, 다양성 때문에 커진다고 말하는 불확실성은 단지 그들이 돈이 벌 수 있느냐 없느냐와 관련된 불확실성일 뿐이다.

2장

우리는 자유시장에서
자유롭지 않다

나는 이 책에서 '자유'라는 말을 가능한 한 모든 의미에서 긍정
적으로 사용했다. 하지만 이제 그 의미를 '부정적'으로 사용할 때
가 왔다. 최근 수십 년 동안 신자유주의 이론은 1929년 주식시
장 붕괴 이후 많은 의문이 제기되었던 오래된 자유시장 경제 원
리를 되살려내며 주목받기 시작했다. 이 경제 모델은 세계화를
통해 점점 더 성장하면서 세계 강대국들의 경제는 서로에게 영향
을 끼치고 의존하는 관계로 접어들었다. 따라서 이들 국가 가운
데 한 곳이라도 위기에 빠진다면—예컨대, 오늘날 이른바 피그스

PIGS(포르투갈, 이탈리아, 그리스, 스페인)에서 무슨 일이 벌어지고 있는지 똑똑히 보라—외부의 지원 없이는 도미노 현상이 일어날 수밖에 없는 상황이다. 경제학에 정통하지 않은 사람들이 이러한 구조를 개조하기는 어렵다. 하지만 그것은 일단 시작되면 모든 사람이 알게 된다. 여기 이탈리아에서 최근 몇 년 사이에 우리는 그런 상황을 직접 겪었다. 상황이 매우 극적이어서 우리는 그것의 영향을 체감하고 있다.

나는 경제학자가 아니다. 자유시장 체제를 과도하게 비판하는 대열에 끼어들 생각도 없다. 다만 나보다 훨씬 더 중요하고 역량 있는 자유시장 비판자들이 많다는 사실만 언급하고 넘어갈까 한다(그중 가장 먼저 떠오르는 인물이 아마르티아 센Amartya Sen* 교수다). 그러나 나는 자유시장 체제가 음식과 관련해서 무엇을 했고 현재 무엇을 하고 있는지 안다. 그것은 내게 자유롭지 않아 보인다. 나는 단순히 그 체제의 명칭을 바꾸고 싶은—어차피 그 명칭도 거짓말이기 때문에 명칭 변경이 나쁜 생각은 아닐지라도—것이 아니다. 내가 진정 원하는 것은 음식이 자유시장 체제의 지배를 받지 않고, 더 이상 다른 모든 상품처럼 취급받지 않는 것이다. 음식이 자유라는 말과 어우러지려면, 우리에게 매우 큰 해악을 끼치는 자유시장 경제 원리를 따르지 않아야 한다.

---

* [영역자주] 아마르티아 쿠마르 센Amartya Kumar Sen(1938~)은 인도 경제학자이자 철학자로, 1998년에 노벨경제학상을 수상했다.

음식은 생명력이 가득하고 사람들에게 생기를 불어넣는다. 우리는 여태까지 음식에 관련된 내막이 얼마나 복잡한지, 그것이 대체로 (분야에 따라) 얼마나 많이 변질되는지를 봐왔다. 음식 문제는 인간의 권리와 자연환경에 관련된 모든 영역을 아우른다. (인류가 살아 있는 생명체로서 양도할 수 없는 권리를 가진다면 생태계나 강, 바다, 산, 농작물 같은 다른 살아 있는 생명계 또한 그런 권리를 가지지 않겠는가?) 우리가 이미 알고 있고 또 세상에 밝혀진 것처럼 음식이 자유시장의 원리를 따르는 것은 분명 부당하다. 자유시장 체제의 목표는 음식을 표준화된 상품으로 만드는 것이다. 음식을 마치 다른 산업 제품처럼 공급망의 모든 단계에서 통제할 수 있기를 바란다. 순차성과 연속성은 완벽한 통제를 가능하게 하지만 다양성과는 상반된다. 이론적으로 자유시장은 무엇보다 이익을 최우선으로 여기며, 공급과 수요의 법칙을 준수하는 사람들을 옹호한다. 그러나 특히 음식은 자유시장에서 무자비하고 인위적인 도태 과정을 거치기 때문에 다양성의 여지가 거의 없고 따라서 자유는 전혀 기대할 수 없다.

자유시장의 법칙은 전 세계 음식의 표준화를 급속도로 촉진시켰다. 그것은 세계 모든 곳에서 똑같은 음식을 먹고, 생물다양성을 비롯해 각 지역의 음식 전통과 문화가 서서히 사라지며, 따라서 인류의 생존이 위태로워지는 것을 의미한다. 자유시장은 누군가 어떤 구체적인 행위를 하지 않더라도 눈 하나 깜빡하지 않고 해마다 거의 10억 명의 인구를 영양실조에 빠뜨릴 수 있다. 매년 우리가 생산한 음식의 40퍼센트가량이 그냥 쓰레기로 버려지고 있기 때문이다. 실제로 이러한 음식 폐기는 자유시장 체제에서 소비를 증대시키고 경제가 '돌아가게' 하는 기능을 한다. 그러나 음식 폐기는 인류가 만들어낸 가장 끔찍한 발명품 가운데 하나다. 기아와 음식 폐기는 국가의 농업 경쟁력을 높이고 자국민의 복리 증진보다 수출 증대를 우선시함으로써 우리의 농촌 지역이 더 많은 식량을 생산하도록 강요하는—이것은 대개 세계의 기아를 극복하기 위해 식량을 더 많이 생산해야 한다고 주장하는 근거로도 활용된다—논리의 양면이다. 이는 예컨대 멕시코가 국내에서 소비되는 옥수수의 33퍼센트를 수입하고 인도네시아가 수년 동안 내수용 쌀의 40퍼센트를 수입하는 어처구니없는 상황을 낳았다. 이 두 나라는 생물다양성의 훌륭한 요람이지만, 그들의 주곡을 해외에서 사 오지 않으면 안 되는 상황에 처한 것이다. 분명 정신 나간 짓이다! 게다가 수입 곡물 가격은 대개 국내 재배 곡물가보다 더 비싸서 국내 시장의 기반을 약화시키고 가난한 농민들을 파산하게 만든다. 어쩌면 1960년대 이른바 녹색혁명의 주도 세력이었을지 모를 그 농민들은 시장의 논리에 속아 상업적 교잡종 작물의 단일 재배에 자신의 모든 것을 거는 모험을 감행할 수밖에 없었기 때문이다.

인도네시아의 경우는 그 대표적 사례로서 좀 더 자세히 분석해볼 필요가 있다. 여기서 나는 슬로푸드와 테라마드레 운동에 오랫동안 참여했고 최근 슬로푸드 국제협회 평의원이 된 인도네시아의 헬리안티 힐만Helianti Hilman에게 감사의 뜻을 전하지 않을 수 없다. 헬리안티는 인도네시아의 생물다양성이 상업화로 파괴되는 것을 막기 위해 많은 노력을 기울이고 있다. 슬로푸드 발리협회 회원인 그녀는 뜻을 같이하는 사람들과 함께 멸종 위기에 처한 인도네시아 전통 곡물들을 온라인으로 사고팔 수 있는 플랫폼인 자바라Javara를 만들었다. 그녀가 인도네시아의 다양한 전통 벼 품종을 생산하는 지역공동체들과 함께하는 작업은 정말이지 매우 중요하다. 농업 '현대화'를 위한 정부 주도의 녹색혁명 바람이 불기 전인 1960년대까지만 해도 인도네시아에는 7,000종의 벼 품종이 있었다. 하지만 상업화된 교잡종 작물이 인도네시아에 유입된 지 몇 년 만에 우리 모두가 잘 알고 있는 전통적인 흰색 쌀 수천 종이 사라졌다. 그 교잡종 작물들은 빨강, 검정, 자주, 노랑 같은 색깔로 쉽게 구별할 수 있었다. 오늘날 헬리안티와 동료들은 이들 옛 종자들을 300종 넘게 살려냈고 그 가운데 약 30종은 시장에 내놓았다. 그들은 물론 국제적 자유시장망을 통해서가 아니라 국내에서의 적극적인 홍보 활동과 인터넷을 통해 판매한다. 그들은 앞으로 더 큰 규모로 각종 전통 벼 품종들을 시장에서 판매하기 위한 작업을 진행하고 있다.

이러한 벼 품종들을 상업적 판로를 통해 공급하는 것은 그런 전통 벼 품종뿐 아니라 그것을 재배하는 지역공동체들을 보호하는 데 매우 중요하다. 놀라운 것은 그 품종들이 굉장히 다양한 환경에 적응한다는 사실이다. 고도에 상관없이 모든 산악지대, 거의 사막같이 건조한 기후, 그늘진 곳이든 햇볕이 내리쬐는 곳이든 (자연 습지대를 포함해) 어느 환경에서든 잘 자란다. 이탈리아의 토종 벼는 대개 수생 식물이 아니다. 일부 품종은 관수조차 하지 않는데, 지역공동체는 그러한 품종의 벼를 재배하는 데 능숙하다. 화학비료를 잘 흡수할 수 있도록 수경 재배하는 품종의 벼는 상업용 교잡종 벼보다 재배 기간이 약간 더 길다. 헬리안티는 토종 종자를 보전하기 위해 화분에 몰래 종자를 배양하고 있던 나이 든 농부들을 만나기 위해 여기저기 찾아다니는 세심한 노력을 기울였다. 그들은 '현대식' 교잡종 품종으로 종자를 바꾸라는 정부의 지시를 거부할 경우 체포 및 투옥의 위험을 감수해야 했다. 그녀는 오래전부터 테라마드레 네트워크 소속이었던 자바 서부의 카세푸한 치프타겔라르Kasepuhan Ciptagelar 원주민 공동체 같은 지역공동체들을 방문하러 다녔다. 이 원주민들은 650년 동안 외딴 지역에서 고립된 채로 동일 품종의 벼를 재배해왔다. 그들은 그 종자들을 수백 년 동안 후세에게 물려주었다. 그들은 자신들의 우주론에 따른 숭배 대상인 대지에 대해 깊은 존경심을 갖고 있다. 대지의 산물은 신성한 것이라고 믿기 때문에 이들 종자를 상업적으로 사고파는 행위는 금지되며 필요한 경우에만 교환할 수 있다. 그들은 자연의 순리에 따라 벼를 경작하고, 풍작을 기원하며 하늘에 빌고, 축비 같은 유기농 비료만 사용해서 농사를 지었다. 이것은 농업 현대화를 지지하는 사람들이 볼 때 기이하고 비효율적이며 마구잡이식 농사법처럼 보일 수 있다. 그러나 그것은 600년 넘게 조상들의 입을 통해 대대로 전래되어온 지식으로, 이곳 원주민들은 그동안 한 해도 기근을 겪어본 적이 없었다. 적어도 그들 가운데에는 그런 기근을 기억하는 사람이 없었다. 그들의 벼는 지역의 자연환경과 잘 맞아 흉작이나 기근을 겪을 위험이 전혀 없다. 그들은 굶주림에 시달리지 않고 풍요롭다. 카세푸한 치푸타겔라르 공동체의 이런 특징은 매우 중요한 의미가 있다. 앞서 말한 인도네시아가 내수용 쌀의 40퍼센트를 수입한 때가 바로 흉년이 든 시기였기 때문이다. 인도네시아는 세계에서 쌀을 가장 많이 소비하는 나라 가운데 하나이기 때문에 국내에서 생산되는 쌀의 상당량이 국내 시장에서 소비된다. 하지만 상업적 교잡종 벼의 확산은 예상치 못한 기후 변화로 발생하는 식량 부족을 피할 수 없게 만들었다. 또 벼 품종의 표준화로 인해 흉년이 올 경우 전국이 식량 부족의 충격에 빠지고 벼 주산지인 인도네시아마저 주곡을 수입하는 상황에 처하게 되었다. 이런 상황에서 헬리안티가 수집하고 판매하는 다양한 색깔과 향기, 조리법을 가진 재래 벼 품종들은 다양성의 승리이자 인도네시아의 미래에 대한 약속이다.

다양성은 단순히 옛날 농사법으로 재배된, 그리고 오늘날 자유시장에서 명백하게 경쟁력이 떨어지는 전통 식품의 색다른 매력을 의미하지 않는다. 그것은 농촌공동체의 삶 자체, 토종 품종에 대한 지식과 경제, 여성의 역할(이런 농업 형태에서 늘 중요한 구실을 하는)과 직결되는 문제이며 기술과 역사의 후견인으로서 노인들에 대한 문제다. 그것은 미래에 대한 보험증서다.

흥미롭게도 이들이 녹색혁명이나 최근 농업 관련 산업의 발전을 추구하며―지난날 정부의 강권에 복종할 수밖에 없었던 많은 사람들의 경우처럼―자신들의 고유한 문화와 환경을 파괴하지 않고 식량 보장을 굳건히 할 수 있는 방법은 이러한 생물과 인간의 다양성을 통해서다. 다양한 품종의 표준화는 특정한 방식으로 재배되지 않거나 특정한 화학비료를 쓰지 않으면 농사를 지을 수 없음을 의미한다. 또한 국제 시장에서 식품 가격이 크게 하락하거나 교잡종 곡물이 견딜 수 없는 기후 조건의 변화가 오면 기근이 들 가능성이 커져 결국에는 식량을 더 많이 생산할 것을 주문하는 악순환을 거듭한다. 이것을 과연 발전이라고 말할 수 있을까? 실제로 상업적 잡종 벼는 생산량도 더 많고 수확 속도도 더 빠르다. 따라서 풍작 시기에는 재래종보다 훨씬 더 많은 돈을 벌 수 있다. 그러나 오늘날 인도네시아의 주곡인 벼는 이제 더 이상 동남아시아의 다른 지역에서 생산되는 벼와 전혀 다르지 않다. 가능한 한 가장 많은 이익이 남는 방식으로 벼를 재배하고 판매하려는 사람들과 국제 시장의 통제를 받고 있기 때문이다. 오늘날 인도네시아의 벼는 자유시장의 지배를 받고 있으며 따라서 전혀 자유롭지 않다. 인도네시아뿐 아니라 인류 전체에게 가장 중요한 생물다양성의 전형 가운데 하나가 파괴되면서 인류 공동체는 위험에 빠졌다. 따라서 우리는 식량을 자유시장에서 해방시켜야 한다.

| 3장 |

쓰레기
경제

2011년 9월, 나는 독일로 가서 슬로푸드 콘비비움convivium,* 테라마드레 공동체, 그리고 다양한 사업에 참여하고 있는 활동가들을 만났다. 그 여행의 주된 '이유'는 슈투트가르트와 베를린에서 각각 열린 '텔러 슈타트 토너Teller Statt Tonne(음식물 버리지 않기)' 운

---

* [옮긴이주] 단수형은 프레시디엄presidium으로, 1999년부터 소규모 생산자들과 함께 하는 슬로푸드 프로젝트다. 소농들이 직면한 어려움을 해결하기 위해 고립된 생산자들을 단합시키고, 이들의 상황을 이해하고, 이들 농산물의 우수성을 알아주는 대안시장에 연결시켜주기 위해 시작되었다.

동 출범 행사에 참석하는 것이었다. 이 행사는 옥외 모임으로, 각각 1,000명과 2,000명의 참여자들이 먹다 남은 음식들을 쓰레기통에 버리지 않고 다시 조리해서 무료로 나누어 먹기 위해 모였다. 텔러 슈타트 토너는 독일 전역에서 큰 성공을 거두며 지금까지도 열리고 있고, 오늘날 독일 슬로푸드 운동의 대표적 행사 가운데 하나가 되었다. 다른 나라들에서도 이와 비슷한 훌륭한 행사가 열리고 있다. 영국에는 《음식쓰레기: 세계적인 식량 추문을 폭로하다Waste: Uncovering the Global Food Scandal》의 저자 트리스트람 스튜어트Tristram Stuart가 중심이 된 네트워크가, 이탈리아에서는 많은 전문단체가 활동을 펼치고 있다. 영어권 세계 전반에 걸쳐 이른바 '프리건 네트워크freegan network'가 있어서 소속 활동가들은 쓰레기통에 버려진, 그러나 여전히 먹을 수 있는 음식만을 먹는 도발적 행동으로 음식물 버리지 않기 운동을 강력하게 실천하는 모습을 보여준다.

슬로푸드청년운동Slow Food Youth Movement(SFYM)은 슬로푸드와 테라마드레 운동 속에서 성장한 청년들의 세계적 네트워크다. 그들은 주기적으로 디스코 샐러드Disco Salad나 디스코 수프Disco Soup 같은 매우 재미난 행사를 개최하는데, 디제이와 밴드를 초대해, 식품 생산이나 판매 과정에서 버려지는 음식물로 조리된 수프와 샐러드를 먹으며 춤을 추고 노는 것을 통해 멀쩡한 음식물을 버리는 것에 반대하는 그들의 행동을 축제로 승화시킨다. 예컨대, 2013년 5월 25일 이탈리아 슬로푸드의 날에는 오후 5시 30분에 토리노에서 한 무리의 청년들이 상인들이 팔다 버린 채소들을 뒤지기 위해 피아자 마다마 크리스티나Piazza Madama Cristina와 비아 니자Via Nizza街의 시장으로 갔다. 그들은 포Po강의 제방에 있는 파르코 델 발렌티노Parco del Valentino 공원에 모인 약 100명의 참가 자들이 먹기에 충분한 양의 채소를 모았다. 거기서 단체로 식사를 하고 댄스파티를 여는 것으로 일정이 잡혀 있었다. 이와 비슷한 슬로푸드청년운동 행사는 이탈리아뿐 아니라 네덜란드, 프랑스, 독일에서도 (우리의 주요 행사들이 열리는 동안에) 빈번하게 개최된다.

독일 여행 이야기로 되돌아가자. 나도 슈투트가르트와 베를린에서 열린 저녁 행사를 준비하기 위해 그곳 청년들과 함께 음식 모으는 일을 도왔다. 다만 나는 밭에 버려진 채소를 모으는 일을 했다. 버려질 음식을 수거하는 일이 슈퍼마켓이나 재래시장이 장사를 마감하면서 팔다 남은 식품을 쓰레기통에 버리기 직전에만 이루어지는 것은 아니다. 농장에서도 그런 멀쩡한 폐기 농산물들을 발견할 수 있다. 내가 방문한 농장을 비롯한 유기농 농장에서도 그런 일이 발생한다. 조직화된 대규모 유통체계가 요구하는 조건을 맞추지 못해서 시장에 내놓지 못하는 농작물들이 그렇게 버려지는 것이다.

나는 당시 브란덴부르크에 있는 악셀 스칠레바이트 씨의 농장에서 양배추를 따고 있었다. 같은 9월이지만 이탈리아와 독일에서 자라는 작물은 서로 다르다. 이탈리아에서 양배추는 '겨울' 채소지만, 독일에서는 그렇지 않다. 나는 악셀 씨와 함께 농장을 둘러보는 동안 그의 목소리에—비록 그는 독일어로 말하고 있었지만—독일 어디를 가든 자기 농장을 안내하는 농부들의 음성에서 언제나 느낄 수 있는 자부심 같은 것이 담겨 있음을 알 수 있었다. 슬로푸드 운동에 적극적으로 참여하는 그는 토리노에서 열린 테라마드레 모임에도 여러 차례 참석했다. 그는 자기 농장에서 반경 20킬로미터 안에 있는 농민시장뿐 아니라 조직적인 대규모 유통체계에도 상당량의 유기농 농산물을 판매한다.

독일의 유기농 농산물은 시장이 방대하다. 국내 수요 또한 매우 커서 국내산만으로는 그 수요를 모두 충족시키지 못한다. 따라서 많은 유기농 농산물이 수입되는데, 특히 유럽에서 가장 큰 유기농 생산국 가운데 하나인 이탈리아가 주 수입국이다. 최근에 발표된 본대학교의 연구에 따르면, 독일에서 유기농 식품의 판매는 2006~12년 사이에 세 배 증가했고, 독일인이 한 해에 유기농 식품 구매를 위해 지출하는 금액은 1인당 약 70유로로 전 국민이 총 70억 유로를 쓰는 것으로 밝혀졌다. 같은 기간 동안 유기농으로 경작하는 토지가 두 배 늘었지만, 독일에서 농약과 화학비료를 쓰지 않고 청정 상태를 유지하고 있는 농경지는 6.3퍼센트에 불과하다.

이러한 시장 상황을 고려한다면 악셀의 농장은 큰돈을 벌고 있어야 한다. 하지만 우리가 거기에 있는 동안, 그는 집 근처 밭에서 양배추 2개를 순식간에 뽑아 들더니 내게 보여주었다. 하나는 이

파리 가장자리가 약간 들쭉날쭉하지만 완벽하게 둥글고 두툼한 모양으로 상품 카탈로그에 나온 사진처럼 보였다. 다른 하나는 겉의 이파리가 약간 상해 볼품없어 보였다. 악셀 씨는 이렇게 말했다.

자, 여기 잘생긴 양배추와 볼품없는 양배추가 있어요. 어떤 생각이 드세요? 2개 모두 맛있어요. 보기 좋게 생긴 것은 시장에 팔 수 있어요. 하지만 볼품없는 양배추는 …… 못 팔아요. 때로는 수확한 것의 50퍼센트가 농장에 그대로 남습니다. 거대 유통업체들이 구매를 결정하고 가격을 매기는 기준에 열거된 심미적 특성에 맞지 않기 때문입니다. 이런 양배추는 가격도 매겨지지 않고 유통업체는 구매를 거부합니다. 제가 똑같이 열성과 정성을 다해 재배한 먹거리를 하나라도 버리지 않으려고 애쓰는 텔러 슈타트 토너 운동에 대해서 감사한 마음을 가지는 것이 바로 이런 이유 때문입니다.

지난해 런던에 있는 영국기계학회Institution of Mechanical Engineers 는 전 세계 음식쓰레기에 대한 연구 결과를 발표했다. 이 연구가 영국기계학회의 문제 제기로 촉발되었다는 사실은, '효율성'을 중시하는 농공산업과 자유시장의 제단에 전통적인 식량 생산 방식을 바친 영국 같은 나라조차 문제의 심각성을 인식하고 점차 공론화하고 있음을 보여준다. 영국에서도 악셀 농장의 양배추가 시장에 팔리지 않는 바로 그 이유 때문에 전국에서 생산된 농작물의 30퍼센트가 수확되지 못하고 그대로 폐기되고 있음이 밝혀졌다.

이러한 음식쓰레기 문제에는 개별 가정의 쓰레기 문제도 한몫한다. 이는 대개 내수 경기의 침체로 인해 식품업체들이 슈퍼마켓에 비치된 식품들을 소비자들이 필요 이상으로 많이 구매하도록 부추기기 위해 원가 이하로, 예컨대 '1개 가격으로 2개'를 주는 판매 정책을 펼치기 때문에 발생한다. 그러나 이게 다가 아니다.

〈세계 식량: 버리지 않으면 부족하지 않다Global Food: Waste Not, Want Not〉라는 제목의 보고서에 따르면, 지역에 따라 전 세계에서 생산되는 식량의 30퍼센트에서 50퍼센트―12억 톤에서 20억 톤에 해당하는 분량―가 결코 소비되지 않는다. 사람들은 그런 음식쓰레기 문제가 영국 같은 선진국에서나 일어나는 일이라고 생각할지 모르지만, 실제로 자유시장과 그 결과물인 소비지상주의는 전 세계적으로, 때로는 그럴 가능성이 거의 없다고 여겨지는 빈곤국에서도 발생한다. 쌀의 경우, 동남아시아에서 생산되는 양의 38퍼센트에서 80퍼센트―1년에 1억 8,000만 톤에 해당하는―가 유통 과정, 특히 운송 중에 손실된다. 이 같은 부실한 식품 관련 하부구조는 중국의 경우 45퍼센트, 베트남의 경우에는 80퍼센트에 이르는 쌀 손실을 야기한다. 아프리카의 경우 또한 문제가 매우 심각한데―비효율적인 수확 방식, 형편없는 운송체계, 온도조절장치가 없는 공급 시스템, '현대식' 유통 방식에 대한 인식 부재―이는 식량이 가장 부족한 곳에서조차 음식이 폐기되고 있음을 의미한다.

다양성을 줄이고 생산성을 높이기 위해 중앙집중식 구조로 유통을 효율화한 방식의 시스템이 어떻게 모든 곳에서 멀쩡한 '식량을 쓰레기로 폐기'시키는지 안다면 놀라지 않을 수 없다. 식량뿐 아니라 에너지, 비옥한 땅, 물 또한 마찬가지로 그냥 버려지고 있다. 물발자국네트워크Water Footprint Network는 식량 생산에 쓰이는 물 사용량을 계산한다. 예컨대 쇠고기 1킬로그램을 생산하는 데에는 1만 5,415리터의 물이 필요한 반면, 초콜릿 1킬로그램을 생산하는 데에는 1만 7,196리터, 빵 1킬로그램을 생산하는 데에는 1,608리터, 와인 한 잔에는 109리터, 쌀 1킬로그램에는 2,497리터의 물이 들어간다. 이 수치들은 해당 식품의 주원료가 되는 작물 재배에서 가공·처리 과정까지 소요되는 물의 사용량을 계산한 것이다. 위 계산에 따르면, 해마다 1억 8,000만 톤의 쌀이 폐기되는 동남아시아에서 유실되는 물의 양은 1,800억 킬로그램 곱하기 2,497리터에 해당한다. 그 수치를 알기 위해 먹통이 될 게 뻔한 휴대용 계산기를 굳이 쓸 필요가 있을까?

먹거리를 가치가 아닌 가격으로, 실제 특성이 아닌 겉모양으로 판단하고, 집약적 경작 방식으로 품종을 표준화하여 생산량을 증대하려는 한편 10억 명이 기아와 영양실조로 고통받고 있는 오늘날 현실에서, 생산된 곡식의 절반을 그냥 버리는 이러한 세계 먹거리체계는 정말 어리석기 짝이 없다. 더 나아가 그것과 밀접한 관련이 있는 자연과 인류 문화의 다양성은 모든 것을 상업적 확실성의 기준 안에서만 판단하려는 시도 속에 극도로 제한되고 있는 실정이다. 그 확실성이란 전혀 존재한 적이 없는 헛된 믿음으로, 마치 통제가 가능할 것 같다는 착각이며, 기존의 문제를 가중시키고 또 다른 새로운 문제를 창출할 뿐이다. '쓰레기 경제'는 다양성과 생명의 반대편에 서 있는 자유시장을 말한다.

나를 진보에 역행하는 사람으로 보는 사람들은 이 말에 동의하지 않으리라는 것을 안다. 그러나 그런 가증스러운 비난을 더이상 감내할 생각이 없다. 나는 원주민 공동체가 우리와 우리의 부당한 방식에 적응하기를 바라지 않는다. 나는 여성의 역할—산업화되지 않은 모든 농업 경제의 토대가 되는—이 약화되기를 바라지 않는다. 또한 청년들이 미래에 대해서 아무것도 기대하지 못하고 농촌으로 되돌아가는 것조차 불가능한 상황이 오는 것을 원하지 않는다. 나는 노인들이 세상의 기억에서 사라지거나 하찮은 존재로 밀려나는 것도 바라지 않는다. 이들은 영향력과 지식, 열정, 전통이라는 장점을 가지고 있다. 그들은 현재의 자유시장 체제가 바라는 유형의 사람들과 다르다. 그들은 우리가 해방되기를 바라는 가치, 즉 다양성을 대변한다. 그들은 인류가 식량을 자급할 수 있는 새로운 시스템을 만들어낼 수 있는 사람들이다. 우리가 그들을 보호하고 그들의 생물다양성, 지속가능한 농사 형태를 보전해야 하는 이유가 바로 여기에 있다. 또한 우리가 더 이상 음식쓰레기를 용납하지 않는 새로운 유통체계를 보고 싶어하는 이유도 바로 그 때문이다. 결코 과거로 되돌아가자는 말이 아니다. 이는 미래의 설계에 대한 이야기다. 세계 인구가 급속도로 증가하고 있기 때문에 모두를 먹여 살릴 식량이 모자랄 것이라는 식의 이야기는 더 이상 하지 마라. 어쩌면 지역뿐 아니라 전 세계적으로 우리의 생계를 통제하고 싶어하는 사람들, 즉 음식이 해방되기를 바라지 않는 사람들에게는 그것이 자신들의 수익원을 축소시키는 것을 의미할지도 모른다. 그러나 음식쓰레기가 세계의 식량 부문을 돌아가게 만드는 진정한 경제적 추진력인 한, 모든 인류를 충족시킬 수 있는 식량 생산이 결코 있을 수 없다는 것은 틀림없는 사실이다.

4장

카드 패
뒤섞기

이탈리아 카드놀이 스코파scopa 또는 스코포네 스치엔티피코 scopone scientifico를 해본 사람은 누구나 '스파리글리아레 레 카르테 sparigliare le carte', 즉 '카드 패 뒤섞기'가 무엇을 의미하는지 잘 알 것이다. 스코포네는 4명이 둘씩 편을 갈라 하는 놀이다. 카드를 나누어주는 딜러 팀이 아닌 팀은 테이블 위에 홀수 개수의 카드 를 남겨놓기 위해 서로 다른 숫자의 카드들로 가능한 한 많은 조 합—예컨대, 7번 카드가 있으면 4번과 3번 카드를 가져오고, 8번 카드가 있으면 6번과 2번 카드를 가져올 수 있다—으로 나누어

준 카드들을 회수할 방법을 강구해야 한다. 그렇게 하지 못하면, 모든 카드를 딜러 팀에게 빼앗길 가능성이 크다. 딜러 팀이 마지막 카드를 회수하게 마련이기 때문이다. '카드 패 뒤섞기'는 새로운 가능성을 열어둔다. 딜러가 아닌 팀에게 승리를 안겨줄 수도 있고 딜러 팀이 사태를 수습할 수도 있다. 다시 말해서, 카드 패 뒤섞기는 놀이를 더욱 흥미진진하게 만들고 놀이에 참가한 사람들이 더욱 창의적으로 움직이게 하기 위해 일부러 불안정 상태를 조성하는 전술이다.

상황을 거꾸로 뒤집는다는 의미의 '카드 패 뒤섞기'는 슬로푸드 활동가들이 대개 새로운 프로젝트를 개발하거나 곤경에 처한 사람들에게 새로운 활력을 주고자 할 때 즐겨 쓰는 비유다. 그것은 또한 우리가 일상 활동에서 준수하는 규칙이기도 하다. 역사적으로 볼 때, 그것은 늘 우리가 더 열심히 일하도록 자극하고 새로운 상상력을 불러일으키는 촉매제 역할을 했다. 표준화되고 낭비적인 글로벌 먹거리체계에 대해 내가 그린 그림은 마치 스코파 카드놀이에서 딜러 팀이 아닌 팀에게는 아무짝에도 쓸데없는 것처럼 보인다. '카드 패 뒤섞기'는 생물다양성과 음식공동체, 소농, 어부, 장인, 소외 지역, 청년, 노인, 원주민, 그리고 모든 이의 권리(이자 의무)로서 '좋고 깨끗하고 공정한' 음식에 불어닥친 모든 위기를 역전시킬 수 있는 좋은 방법이다. 그러나 이것과 관련해서 오히려 늘 수동적인 다국적기업 세력과 각국 정부가 추동하는 현재의 구조화된 세계 체제에서 우리는 어떻게 카드 패 뒤섞기를 감행할 수 있을까?

그 열쇠는 지역 단위 규모로 작업하는 것이다. 자연의 생물다양성과 그로 인해 발생하는 문화적 다양성을 모두 보호하고 풍성하게 만들 수 있는 곳이 바로 지역 단위이기 때문이다. 음식문화—비단 그것만이 아니라—는 지역적 맥락, 즉 그곳의 가용자원, 생태계와의 연계 속에서, 그리고 이웃 간의 관계 속에서 형성되어야 한다. 이런 식으로 음식문화는 우리가 전통이라고 부르는 것으로 다양하게 나뉘고 확고해지고 변환될 수 있다. 결국 그것은 정체성을 구성한다. 정체성이 움직일 수 없는 고정된 일종의 고유하고 극단적인 순수성에 뿌리박은 특성이라고 믿는 사람들도 있지만, 사실 다양성은 정체성을 이루는 기본 요소 가운데 하나다. 하지만 정체성의 진정한 뿌리는 땅속에서 먼 곳까지 이리저리 탐색하며 뻗어나간다. 정체성을 과거에 연결할 때도 이와 똑같이 말할 수 있다. 이미 여러 차례 되풀이해서 말한 것처럼, 정체성은 늘 교류의 산물이고 편협함에 대한 좋은 치료제이자 우리의 미래를 매우 흥미진진한 방향으로 활짝 열어젖히는 지침이다. 세계화 시대에 이러한 교류는 인류 역사에서 전례 없는 가능성을 보여준다. 오늘날 우리가 어떻게 여행하고 어떻게 서로 소통하는지에 대해서 생각해보라. 따라서 《뉴욕타임스》의 로런스 오스본 기자가 우리를 '환경미식가eco-gastronomes'라고 소개하며 했던 말처럼, 우리가 세계화에 반대한다고 주장하는 것은 틀린 소리다. 우리는 세계화라는 엔진에 맞는 연료를 충분히 가득—내 말은 물론 다양성을 의미한다―채울 수 있다면, 세계화는 기회가 될 수 있고 다양성은 그 기회를 성공으로 이끄는 진정한 추진력으로 작용할 수 있다는 것은 사실이다. 다만 세계화의 결과가 단지 표준화되는 것이라면, 그것은 우리 삶에 부정적 영향을 끼칠 것이다. 따라서 우리가 해야 할 일은 (특히 불어권 국가들에서처럼) 세계화에 찬성하거나 반대하는 것이 아니다. 세계화는 멈출 수 없는 과정이다. 세계화를 끝까지 반대할 사람은 새로운 러다이트 운동가처럼 옛 향수에 젖은 고루한 전통주의자들뿐일 것이다. 카드 패를 뒤섞고자 한다면, 우리가 할 일은 엔진에 맞는 연료를 채워 그것이 돌아가게 함으로써 글로벌 세상에서 다양성이 자유롭게 꽃피게 하는 것이다.

내가 다양성에 대해 말할 때 그것은 보전해야 할 만한 가치가 있는 전통과 생물다양성만을 의미하는 것은 아니다. 문화 교류가 자기 지역의 가치에 대해서 다시 생각하고 전에 없던 어떤 것을 새롭게 창조하는 방법이 될 때 생겨나는 새로운 모든 것, 좋고 깨끗하고 공정한 모든 것에 대한 다양성을 이야기하는 것이다. 아무것도 모르거나 무능한 사람만이 흔히 정체성에 대해 말할 때처럼 박물관 진열장 속에 갇힌 전시물처럼 전통은 움직이지 않는 고정된 것이라고 믿는다. 모든 것은 움직인다. 중요한 것은 그것이 늘 올바른 방향을 향해 간다는 사실이다.

2003년 어느 날 아침 일찍, 나는 새롭게 떠오른 아이디어에 대해 논의하기 위해 가장 가까운 동료 몇 명을 내 사무실로 불렀다. 바로 그것이 나중에 테라마드레로 실현된 것이다. 나는 당시에 우리가 진행하고 있던 활동에서 '카드 패를 뒤섞는' 최선의 방법을 찾아내기 위해 골몰하느라 날밤을 새우는 때가 많았다. 우리는 뛰어난 성과를 거둔 지역공동체들을 대상으로 슬로푸드 생물다양성상을 수여하는 행사를 해마다 열었다. 그것을 통해 지역공동체들과 직접적인 접촉을 유지할 수 있었다. 하지만 그 행사에 모든 지역공동체를 초대할 수는 없었다. 해마다 수상 후보자로 올라오는 공동체 수가 수백 개에 이르렀지만, 순전히 경제적인 이유 때문에 소수의 심사위원들과 수상자로 뽑힌 지역공동체만 초대할 수 있었다. 그것으로는 충분치 않다는 것이 내 생각이었다. 그래서 나는 카드 패를 뒤섞기로 했다. 모든 지역공동체를 초청하자고 제안했다. 목표를 훨씬 더 높이 잡자. 그들이 행사에 참여할 형편이 될 정도로 그들이 돈을 많이 벌게 하자. 평생 자기 마을을 떠나본 적이 없는 농부들을 위해서 말이다. 사상 최대의 지속가능한 식량 생산자들의 대회를 개최하자. 내가 제안한 대회 참가자 규모는 1만 명 수준이었다. 결국 2004년 토리노에서 처음 열린 테라마드레 대회에 참가한 사람 수는 6,000명이었다. 그 뒤로 2년에 한 번씩 정기적으로 행사가 개최되었고, 그와 동시에 곧바로 거의 전 세계 음식공동체 2,000개가 참여하는 하나의 거대한 네트워크가 만들어졌다. 오늘날 거기에 속한 사람 수는 100만 명이 넘는다. 그들은 자기 지역과 일상의 노동에 확고하게 기반을 둔 먹거리를 중시한다는 점에서 모두 생각이 같다. 그들은 자유시장 체제 밖에서 작물을 재배하고 가축을 기르고 물고기를 잡고 식품을 가공하고 기존 유통채널이 아닌 네트워크를 통해서 자신들이 생산하는 것을 판다. 이것은 단순하지만 매우 독특한 아이디어다. 그 네트워크 안에는 총체적 접근 방식으로 음식을 연구하는 사람들도 있고 음악과 말, 모든 형태의 미식 관련 지식으로 그것을 계속해서 생동감 넘치게 만드는 사람들도 있다.

네트워크에 참여하여 활동하는 사람 수만 놓고 보면, 어느새 테라마드레가 슬로푸드 자체보다 더 커졌다. 실제로 테라마드레가 제도와 조직 형태 측면에서 슬로푸드를 포함하고 있다고 말하는 사람들도 있다. 그러나 중요한 것은 형식이 아니라 알맹이다. 이것은 전 세계 방대한 영역의 음식 관련 문화와 기술들의 교류를 통해 성공의 기쁨을 나누고 서로 축하하고 수익을 내는 것을 의미한다. 테라마드레는 이상과 현실을 접목시켜 전 지구의 미식적 다양성을 서로 연결해 지역 차원에서 세계적 생산물을 만들어내는, 세계성과 지역성을 동시에 갖춘 유일한 성공 사례라 감히 말할 수 있다. 이 네트워크에 속한 사람들의 지식과 생산력을 모두 합친다면, 생산 규모와 그 풍성함, 세계적 유통, 다양성 차원에서 여기에 맞설 다국적 식품기업은 결코 없을 것이다. 다행히도 우리는 지나치지 않은 범위 안에서 훨씬 더 높은 차원의 '카드 패 뒤섞기' 방법을 찾아냈다. 우리가 지금까지 한 일은, 무슨 일이 일어날지 확신하지 못한다 해도 다양성을 지지하고 믿는 것이었다.

우리는 나중에 해방을 위한 필수 도구로서 테라마드레 네트워크에 대해서 다시 언급할 것이다. 다만 여기서 한마디 덧붙인다면, 우리는 해방을 위한 도구로 이 네트워크 말고도 슬로푸드의 가장 오래된 프로젝트 가운데 하나인 '맛의 방주Ark of Taste'처럼 목표가 더욱 명확한 유용한 도구들을 많이 가지고 있다. 1996년에 시작된 맛의 방주 프로젝트는 역사적으로 볼 때 생물다양성 보호를 위한 구체적 실행 방법에 대한 아이디어로 시작되었다. 이것은 이후 슬로푸드 프레시디아Presidia*와 테라마드레로 발전해나갔다. 최근 국제슬로푸드총회에서 우리는 다시 한 번 카드 패 뒤섞기를 감행했다. 매우 야심찬 목표를 가지고 맛의 방주 프로젝트를 재개하기로 한 것이다. 맛의 방주는 인간 세상의 정맥에 다양성을 주입하기 위한 또 다른 경이로운 도구이기 때문이다.

---

* [옮긴이주] 슬로푸드 운동의 풀뿌리 조직으로, '지부'라고 할 수 있다. 콘비비움(복수형은 콘비비아convivia)은 만찬, 향연을 뜻하는 convivio에서 파생한 단어로, 테이블에 둘러앉아 함께 식사할 뿐 아니라 이야기하고 토론하며 사회적 관계를 충족시키는 모임이다.

| 5장 |

1만 가지 음식을
실은 방주

1996년 12월 2일, 토리노에서 처음 열린 실험적이고 제한적인 형태의 살로네 델 구스토 행사 기간에 슬로푸드가 주관한 회의는 '풍미의 세계를 구하기 위한 맛의 방주'라는 명칭을 붙였다. 멸종 위기에 처하거나 우리의 기억에서 사라진 전통 먹거리를 다시 복원해야 한다는 생각을 불러일으키기 위해 성경에서 각종 동물을 한 쌍씩 배에 실은 노아의 방주에 비유한 것은 그때가 처음이었다. 물론 여기서 말하는 대홍수는 성경에 나오는 것처럼 진짜로 물이 범람해서 대지가 침수되는 현상을 의미한 것이 아니라 식품 다양성을 파괴하는 '전 세계적인' 표준화를 비유적으로 표현한 것이다.

토리노 회의에서 초안이 그려진 그 생각은 곧바로 구체적인 실천으로 이어졌다. 그 첫 번째 작품이 그로부터 1년도 채 지나지 않은 1997년 6월 19일에 발표된 '맛의 방주 선언서Manifesto of the Ark of Taste'다. 아래에 그 전문을 다시 게재한다. 이 선언서는 당시에 슬로푸드 사상이 얼마나 크게 발전했는지를 보여준다. 내용을 보면 생물다양성 보전을 위한 훨씬 더 구체적이고 효과적인 방법으로 1998년에 시행된 프레시디아 프로젝트의 실체가 무엇인지 잘 알 수 있다. 이 흥미진진한 선언 내용은 다음과 같다.

양질의 식량을 생산하는 소농을 밀려드는 표준화 열풍으로부터 보호하고, 멸종 위기에 처한 동물 종과 치즈, 절인 고기, 야생 또는 재배한 식용 허브, 각종 곡물과 과일을 되살리고, 미각 교육의 필요성을 널리 알리고, 다양한 종류의 생산 방식의 특성을 죽이는 위생 문제에 대한 지나친 우려에 맞서고, 즐겁게 먹을 권리를 보호하기 위해.

문화, 먹거리와 와인 산업, 과학적 연구, 저널리즘, 정치 그리고 이와 관련된 모든 단체에 대한 주창자로서 우리는 이 같은 목표 달성을 위해 우리와 뜻이 같은 사람들이 이 일에 함께하기를 바란다. 슬로푸드 운동이 제기한 경고에 대한 응답으로 우리는 다음과 같이 실천하고자 한다.

풍미의 세계를 구하기 위한 맛의 방주

맛의 방주는 …… 멸종 위기에 처한 전통 농법을 고수하는 소농을 보호하고 촉진하기 위한 프로젝트다. 이 프로젝트는 이 문제와 관련된 과학적 측면과 판촉의 측면을 모두 고려한다.

과학적 관점에서 우리는

- 연구 방법과 기준을 정한다. 특히 미식의 가치와 고유성, 전통 그리고 멸종 위기에 처한 농산물에 대한 개념을 정립한다.
- 재배종, 지역 재래품종과 특산물의 민속식물학적·역사적 특성을 그것의 전형성과 전통성을 판단하는 기준으로 제공한다.
- 국가적 차원에서 분야별 전문가의 과학적 육성을 촉진한다.
- 재배종, 지역 재래품종, 특산물, 연구, 조리법, 생산자, 음식점 등에 대해 순차적으로 수집된 데이터를 중점 관리하는 네트워크화된 데이터은행을 설립한다.

판촉의 관점에서 우리는

- 대체로 많은 사람이 잘 알고 상징적 가치가 높은 멸종 위기에 처한 농산물들의 목록을 작성하고 널리 유포시켜 그것들을 지키는 투쟁에 가능한 한 많은 사람이 참여할 수 있게 한다.
- 남아 있는 생산자들의 이름과 주소를 파악하여 대중매체와 전문 출판물을 통해 널리 홍보하면서 관능적 특성*의 관점에서 이러한 농산물들을 분석한다. 그리하여 경제적 보상뿐 아니라 소

농 보호 측면에서 동시에 바라보아야 한다는 관점의 문제를 널리 확산시킨다.

- 이런 멸종 위기의 농산물들을 상업망과 전국을 순회하는 식품 행사를 통해 다시 살려내는 것만이 그런 농산물의 소멸을 막을 수 있는 유일한 길임을 소비자들에게 인식시킴으로써 멸종 위기의 농산물을 사 먹도록 적극 권장한다.

- 지역 내에서 방주의 농산물을 날마다 손님 식사의 식재료로 사용하여 장차 지역 특산 농산물의 적극적 후원자가 되어 특별한 주목을 받게 될 여인숙 같은 숙박업체들을 물색한다.

- 주요 식당들에서 조리하는 음식에 방주의 농산물을 식재료로 쓰고 그것을 그들의 '자랑거리'로 여길 수 있도록 알리고 권장한다.

- 각 지방자치정부가 멸종 위기의 농산물을 '선정'하도록 이탈리아 전역에서 캠페인을 벌임으로써 그 농산물의 생산과 소비를 촉진하게 한다.

- 조만간 이와 관련된 종합 대책의 실현을 위한 방법과 일정, 과정을 검증하고 조정하기 위해 지역 또는 소구역 차원에서 시범 사업을 실시한다.

- 청년들이 질 좋은 음식을 가려내고 미식의 즐거움을 느낄 수 있

---

* [영역자주] 감각기관을 통한 직접적 느낌으로, 술이나 향료 같은 것의 품질의 특성을 판별하거나 가리는 방식을 의미한다.

도록 관능적 수용력을 발전시킬 수 있게 하기 위해 초등학생 때부터 미각을 키우는 법을 가르치는 교육 프로그램을 장려한다.

- 이런 농산물—멸종 위기 농산물뿐 아니라 미식의 가치 보전 차원에서 모든 농산물—의 보호를 이탈리아 국가 경제의 주요 목표와 문화 정체성의 구성 요소로서 중요하게 생각하는 국가기관 설립을 촉구한다.

- 시장이 급속하게 세계화하고 표준화하고 있는 현실을 감안할 때, 지역을 대표하는 전통적인 양질의 음식과 농산물이 반드시 초국가적 차원에서 운영되어야 한다는 점을 인식하고 유럽 전역에 걸쳐 이와 비슷한 프로젝트를 공동으로 진행한다.

1997년 6월 29일

1999년, 새로 구성된 방주과학위원회Ark Scientific Commission는 이제 막 진수된 이 상상 속의 방주에 실릴 음식들의 범위와 선정 기준—뛰어난 관능적 특성, 다양한 토착품종 또는 종자, 소농 생산, 멸종 위기—을 정했다. 2002년, 방주과학위원회는 모든 측면에서 국제적 면모를 갖추면서 슬로푸드 운동이 앞서 말한 개념들을 전 세계로 확산시키고 무엇보다 세계에서 가장 외딴 곳에서도 멸종 위기에 처한 식품들을 선정하는 것을 돕고, 그것들을 대홍수로부터 구하고 모든 지역에 새로운 전망을 제공하는 슬로푸드 운동의 '전위 부대'인 프레시디아 프로젝트에 포함시켰다. 오늘날 슬로푸드 은하계에는 이와 관련된 연구 작업을 지시하고 감독하는 국제방주위원회를 중심으로 국가별로 방주위원회가 있다. 그 이후로 방주에 실릴 음식 선정 기준은 계속해서 갱신되었다. 비록 큰 변화는 없었지만, 합리적으로 개선이 이루어졌다고 나는 믿는다.

맛의 방주에 등재되는 식품은

1. 반드시 토종(식물 품종, 생태형, 종자, 토착 동물종과 개체군), 야생종(수확, 가공 처리, 전통적 사용과 연결된 경우에 한해), 가공생산물과 관련된 식품이어야 한다.
2. 특별한 품질의 맛이 있어야 한다. 그 품질은 지역의 관습과 전통으로 결정된다.
3. 특정한 지역공동체의 기억과 정체성, 그리고 그곳의 전통과 연결되어 있어야 한다.
4. 생산량이 극히 제한된 상태여야 한다.
5. 멸종 위기에 있어야 한다.

1990년대 이래로 문서에 표현된 핵심 단어들이 바뀌었고, 품질을 정의할 때 이제는 어느 문서에서도 더 이상 '뛰어남excellence'이라는 용어를 쓰지 않는다. 이런 기준들을 담고 있는 공식 문서에 기술된 주석이 하나 있는데, 그것이 내게는 가장 중요하고 특별한 의미가 있어 보인다.

그런 종류의 농산물을 보전하는 지역공동체의 문화·사회·지리·경제·정치적 차이를 늘 존중하면서 해당 생산물의 특정한 지역 상황에 따라 그 기준을 해석하고 적용하는 것이 무엇보다 필수적이다.

정말이지 맞는 말이다! 이 주석은 다양성—다양한 종자와 품종의 생물학적 다양성뿐 아니라 그것들이 서로 연결되고 진화한 맥락에서의 다양성—을 추구하고 중시하고 있음을 말하고 있다. 하지만 유감스럽게도 맛의 방주는 본래 의도를 달성하는 데 실패하고 단순히 카탈로그를 만드는 일(비록 이것도 중요한 일이지만)이 되고 말았다. 그 사이에 관련 프로젝트에 필요한 자금을 관리하고 모으기 위해 설립된 슬로푸드생물다양성재단Slow Food Foundation for Biodiversity을 통해서 맛의 방주 사업은 다양성의 진정한 보호보다는 막 시작 단계에 있던 프레시디아 프로젝트를 성공시키는 일에 더 역점을 두었다. 그러나 2012년 10월 토리노에서 열린 국제슬로푸드총회Slow Food International Congress에서 집행부가 교체되었다. 테라마드레 음식공동체 대표들 가운데 다수가 집행부에 선임되면서 국제적 대표성이 크게 높아진 것이다. 그때 내 머릿속에 한 가지, 더 정확히 말하면 세 가지 생각이 떠올랐다. 이제 그것들을 하나씩 이야기해보자.

슬로푸드총회와 같은 날 동시에 열리고 있었던 살로네 델 구스토와 테라마드레에 참석하기 위해 토리노에 몰려든 다양한 국적과 문화, 연령, 직업, 인종 집단의 수많은 사람들에 압도당한 나는 이 모든 다양성이 슬로푸드 운동의 진정한 실체를 구현할 수 있는 방법을 찾고 싶었다. 나는 다양성이 그 모든 경이와 권력에서 해방되기를 바랐다. 나는 도시와 농촌을 가리지 않고 전 세계 모든 곳의 지역공동체와 주민들이 전하는 연설에 흠뻑 빠져들었다. 슬로푸드를 상징하는 달팽이가 그려진 플래카드 아래서 묵묵히 혁신적으로 운동을 전개해온 헬리안티 힐만을 비롯한 전 세계 활동가들을 계속 말로만 듣다가 처음으로 직접 만나 인사를 나눈 것도 그곳에서였다. 어쨌든 그날 나는 평소처럼 불면의 밤을 보낸 뒤, 그동안 다른 사업 개발 때문에 제쳐두었던 맛의 방주 프로젝트를 재개할 것을 제안하여 많은 참석자를 놀라게 했다. 우리의 미래를 위한 주요 프로젝트 가운데 하나로서 2016년까지 방주에 1만 종의 음식을 등재(2012년 현재 1,200종)하자는 아주 구체적인 목표를 제안한 것이다.

그때 정해진 또 다른 두 가지 목표에 1만이라는 숫자가 동일하게 최종 목표 달성 수치로 올라갔다―앞에서 세 가지 생각이라고 한 것은 이런 이유에서다. 이 두 가지 목표에 대해서는 나중에 다시 말할 것이다. 결국 2012년 국제총회에 참석한 모든 대표단은 슬로푸드 활동가들 사이에서 은밀하게 "세 가지 1만"이라고 통용되는 그 제안에 열렬한 지지를 표하며 만장일치로 통과시켰다. 우리는 다시 한 번 스스로 어려운 길을 택했다. 우리가 원하는 변화를 성취하고자 한다면, 우리 앞에 놓인 험난한 장벽을 뛰어넘기 위해 더 열심히 노력하지 않으면 안 된다. 퇴로는 없다. 한 IT 전문가가 말한 '슬로푸드 2.0'이 탄생한 것이다.

다양성은 우리의 삶과 미래의 초석이자 원천이다. 처음 항해를 시작한 지 20년이 흐른 지금, 맛의 방주는 다시 항해를 시작하려고 한다. 우리의 지평을 넓히고 지금까지 상상하지 못했던 구원의 에너지를 방출하기 위한 새로운 선정 기준을 마련할 준비가 되어 있다.

6장

새로운 다양성,
새로운 생물다양성

운 좋게도 나는 슬로푸드 운동 덕분에 지난 25년 동안 1년에 평균 한 번 이상 미국을 여행할 기회를 가졌다. 그 여행은 늘 매우 자연스럽게 새로운 미식을 발견하는 기회로 이끌었다. 나를 안내하는 사람들은 언제나 슬로푸드 회원이었는데, 그들은 지금도 계속해서 늘어나고 있다. 그들 가운데 일부는 지금도 여전히 운동에 참여하고 있고, 또 다른 일부는 회원에서 탈퇴했지만 슬로푸드가 추구하는 방향에 대해서는 공감의 끈을 놓지 않고 있다. 어떤 때는 새롭게 부상하던 현상이 훗날 북아메리카를 비롯해 국제적 추세가 되는 모습을 지켜볼 때도 있었고, 또 어떤 때는 교류와 정체성의 관계에 대해서 진지하게 되돌아보기도 했고, 또 어떤 때는 부정적 경향이 커질수록 기존의 질서를 전복시킬 수 있는 새로운 흐름이 힘을 얻게 된다는 사실을 이해할 기회도 있었다. 오늘날 미국 사회가 얼마나 급격하게 변화하고 있는지 안다면 정말 놀랄 것이다. 나는 미국을 방문할 때마다 패스트푸드와 산업농의 발상지로서 오늘날의 세계 먹거리체계에 심각한 문제를 만들어낸 수많은 요소(유전자조작식품, 상업용 잡종 작물, DDT 살충제, 무기 생산의 부산물로서 농약)를 우리에게 '안겨준' 그 나라가 동시에 전통과 생물다양성 개념을 매우 창조적 형태로 세계에서 가장 신속하게 발전시킴으로써 구대륙(유럽, 아시아, 아프리카 대륙을 말한다)의 토착민 내부에 여전히 살아 있는 유럽중심주의와 완전히 다른 시각을 제공하는 나라임을 깨닫는다.

나는 여기서 미국에서의 경험을 여러 차례 되새기고자 한다. "농산물을 보전하는 지역공동체의 문화, 사회, 지리, 경제, 정치적 차이를 늘 존중"한다는 말은 (생물)다양성을 살리기 위해 과거와 역사의 침전물에만 매달려서는 안 되고 끊임없이 스스로를 재정립하고 있는 현재를 창의적으로 해석할 줄 알아야 한다는 것을 뜻하기 때문이다.

미국을 처음 여행하는 동안 박식한 안내인들 덕분에 나는 전 세계에 뿌리내린 오랜 전통들에 대해서 배울 수 있었다. 그러나 동시에 그들은 산업 식품 생산이 어떻게 유럽에서 그때(1980년대

말)까지 전혀 겪어본 적 없는 극단적 차원까지 치달아가게 되었는지를 내게 알려주었다. 산업 식품은 역사가 짧은 미국의 미식 관습을 아예 무시하거나 시대에 뒤떨어진 것으로 몰아갔다. 어딜 가든 "옛날엔 여기서도 먹었죠. 한때는 그것을 만들어 먹곤 했어요"라고 불평하는 소리를 들었다. 맥주는 두세 개의 주요 업체 브랜드 말고는 찾기 어려웠고, 포장된 비닐 냄새가 나지 않는 치즈를 구하기는 불가능했으며, 특히 대도시의 경우, 볼트나 너트처럼 일괄공정으로 생산된 채소들은 대개 특유의 향과 맛을 느낄 수 없었다. 최초의 슬로푸드 회원들은 아무리 작은 것이라도 자기 공동체와 마을, 도시에 남아 있는 것을 지키는 일에 매우 헌신적으로 나섰다. 그들은 자랑스럽게 적어도 100년은 넘은 유서 깊은 장소로 나를 데리고 갔다. 거기서는 지금도 당시 '일반 가정'의 조리법을 보전하고 있다. 때로는 매우 위생적인 방식으로 조리되지만 그다지 양질의 음식이라고 볼 수는 없다. 물론 모든 것이 끔찍하지는 않았다. 미래에 대한 희망이라고는 거의 찾아볼 수 없었던 풍경 가운데서 식사 장소만큼은 예외적으로 훌륭했다. 내가 이탈리아로 돌아가서 협회에 제출한 출장 보고서에는 필연적으로 이런 심각한 문제들과 식품의 균질화 과정에 대한 내용이 담길 수밖에 없었다.

그런데 갑자기 1990년대부터 모든 것이 변하기 시작하는 것처럼 보였다. 1971년에 캘리포니아주 버클리에 셰파니스Chez Panisse 라는 식당을 개업한 내 친구 앨리스 워터스Alice Waters의 행동은 미국에서 유기농 혁명을 일으키며 수많은 미국인의 식습관을 바꾸는 예상치 못한 성과를 거두었다. 그녀의 제자들은 지속가능한 방식의 조리법을 미국의 모든 주 모든 도시의 주방에 이식하기 시작했다. 미국 전역에 유기농 농부들이 있는 것 같았다. 농촌으로 돌아간 제자들(대부분이 청년이었다)은 사람들 사이에 '멋지다'는 인상을 주었다. 농민시장과 지역 음식문화는 점점 확산되기 시작했고 미 전역에 걸쳐 일반적인 현상으로 자리 잡았다. 생우유로 치즈를 만드는 일은 옛 서부 개척 시대에도 불법이었고 오늘날에도 관련 업계의 로비로 법으로 금지되어 있었지만, 일부 개인들은 위험을 무릅쓰고 생우유 치즈 제조 방식을 멈추지 않았다. 그들은 진정한 개척자 정신으로 기존 체제를 전복시키고 있었다. 매우 무거운 처벌이 예상되는 위협적 상황에도 굴하지 않고 밀고 나갔다. 그러나 그것이 다가 아니었다.

1998년, 나는 뉴욕시로 매우 흥미진진한 여행을 떠났다. 거기서 당시 국제 슬로푸드 미국협회 회장이었던 패트릭 마틴스Patrick Martins와 뉴욕 슬로푸드 콘비비움의 지도자 개릿 올리버Garrett Oliver는 내게 경이로운 미식 여행을 시켜주었다. 그 밖에 다른 많은 슬로푸드 회원을 만났는데—매우 중요한 인물도 있었다—그들은 모두 오직 진정한 뉴요커만이 맛볼 수 있는, 여러 세대에 걸쳐 변화하고 있는 뉴욕의 참모습을 보여주기 위한 수고를 아끼지 않았다. 나는 고층 아파트 옥상에 있는 고급주택에 묵으며 손님으로서 환대를 받았다. 일반 여행객들이 갈 수 없는 최고급 식당과 전통음식점에서 식사를 하는가 하면 이른바 패스트푸드—
훌륭한 햄버거와 환상적인 노점 음식—도 맛있게 먹었다. 또 칵
테일 제조 기술이 말을 잃게 만들 정도로 기가 막힌 바에서 술도
마셨다. 유니언파크에 있는 뉴욕시 최초의 농민시장에도 들렀다.
그러면서 나는 문득 미국에서 거대한 변화가 진행 중이라는 사
실을 깨달았다.

한때 음식을 삶의 중심에 두기로 결정한 소규모 선봉 집단이었
던 것이 이제 미 전역에 걸쳐 더욱 광범위한 연대운동으로 바뀌
고 있었다. 그 여행에서 나를 가장 놀라게 한 것은 새롭게 생겨나
고 있는 소규모 양조장과 지역 맥주의 발견이었다. 그중 대표적인
한 곳을 찾았다.

개릿 올리버는 11년 전 브루클린 양조장Brooklyn Brewery—실제
로 뉴욕에 있는 모든 바와 음식점에서 볼 수 있는 상표—이 만들
어진 무렵에 그곳에서 양조기술자로 일했다. 당시 브루클린 양조
장은 영향력이 그다지 크지 않았다. 중간 규모의 사업체로서 수
제맥주를 만드는 동업조합 성격의 특징을 여전히 많이 가지고 있
었다. 오늘날에는 사업 규모가 매우 커졌고, 거기서 생산되는 제
품은 광범위한 지역으로 유통되고 있다. 다만 앞서 말한 두세 개
의 주요 업체 브랜드에 비하면 조무래기 수준이다.

개릿은 나를 브루클린의 윌리엄스버그에 있는 브루클린 양조
장 최초의 공장으로 데리고 가서 미국의 크라프트 수제맥주 제
조의 세계를 소개해주었다. 그 뒤 미국을 다시 찾았을 때, 나는

미국의 모든 도심—대도시에서 중소 도시에 이르기까지—에 그곳을 대표하는 고유한 맥주가 있다는 사실을 알았다. 맥주에는 대개 생산지를 연상시키는 이름이 붙어 있었다. 품질이 떨어지는 소수 브랜드만 있었던 맥주 시장에 어쩌면 새로운 생물다양성의 출현이라고도 부를 수 있을 만한 현상이 폭발했다. 그 뿌리는 벨기에, 독일, 영국처럼 전통적으로 맥주를 생산해온 국가들에까지 거슬러 올라가는데, 오늘날 그러한 다양성은 맥주 제조기법의 교류를 통해 새로운 정체성을 구축하고 있다. 뛰어난 양조 기술자 개릿이 오랜 세월 유럽에서 공부한 것은 결코 우연이 아니었다.

그 뒤로 이탈리아에서는 수제맥주를 만드는 소규모 양조장들이 갑자기 여기저기 많이 생겨났다. 최근 몇 년 사이에 그 확산과 성장 속도는 폭발적으로 증가해서 미국의 증가율을 훨씬 능가할 정도가 되었다. 그 현상은 1996년 피오초Piozzo—또다시 피에몬트의 랑게 지역 마을—에 테오 무소Teo Musso가 세운 양조장 레 발라딘Le Baladin에서 시작되었다. 현재 이탈리아의 크라프트 수제맥주 양조장 수는 500개에 이르는데, 미국(1,700개 이상)보다는 적지만 전국에 걸쳐 번성하고 있다. 비록 그것을 전통적 의미의 다양성이라고 규정하기 어렵고 오늘날에 와서 '전형적'인 모습이 되고 있는 것일 뿐이라고 해도, 그것은 우리가 좋아하는 바로 그 새로운 다양성이다. 점점 확산되고 있는—따라서 사라지고 있는 것이 아닌—이 새로운 흐름은, 마치 멸종 위기에 처한 농산물이 그러하듯이 보호받고 지속되고 존중받아야 한다. 더 나아가, 뉴욕의 개릿을 비롯해 피오초의 테오에 이르기까지 관련된 많은 사람은 생물다양성 보호 싸움에서 자신이 아주 강력한 지지자임을 보여주었다. 그러한 다양성이 그들 업계에서 경쟁을 유발하기보다는 기회를 제공한다는 사실을 알기 때문이다. 전 세계에 걸쳐 구축된 맥주 양조업자들의 네트워크가 바로 그 사실을 입증한다. 그들은 이 네트워크를 통해 주요 다국적 맥주 회사들이 이윤 극대화를 위해 모든 대륙에서 공격적으로 시도하고 있는 표준화와 균질화에 반대하는 연대 투쟁에 적극 동참하고 있다. 심지어 2010년에 누구든 수제맥주를 제조할 수 있게 된 인도에서도 (이전에는 수제맥주를 만드는 것 자체가 금지되었다) 3년 만에 전국 각지에서 최고급 맥주를 생산하는 기적을 일궈내는 모습을 우리는 목격했다.

이 새로운 먹거리 다양성이 그 가능성을 온전히 보여주기 위해서는 잘 육성되어야 하며 모든 굴레에서 해방되어야 한다. 그것은 피에몬트 랑게 지역의 소규모 와인 생산자들이 혁신주의자냐 전통주의자냐를 불문하고 메탄올 파동을 잘 이겨내 와인 산업을 다시 소생시켜 세계적인 명성을 되찾게 만든 바로 그 다양성이다. 그것은 또한 미국에서 불법으로 생우유 치즈를 만든 사람들이 창조해낸 바로 그 다양성이다. 다음에서 보겠지만, 그 덕분에 다른 많은 나라에서는—물론 유럽인의 기술력(보통 거대 산업의 보존을 위해 단순히 불법적으로 베끼는 기술이 아닌)이 결합된 결과겠지만—해당 지역 고유의 훌륭한 치즈를 생산할 수 있었다. 그것들은 대개 역사적 연륜이 별로 없지만 나름의 자부심을 가지고 있으며 미식에 대해 조금이라도 아는 사람이라면 누구나 그 맛의 뛰어남을 부인할 수 없다. 따라서 맛의 우주 개념은 훨씬 더 복잡한 어떤 것으로 발전해나갈 수 있다.

7장

세이
치즈!

나는 2년에 한 번씩 9월에 슬로푸드협회가 브라에서 '치즈. 우유로 만든 모든 것Cheese. Milk in All Its Shapes and Forms'이라는 행사를 열 때마다 행복하다고 말하지 않을 수 없다. 치즈를 비롯해 모든 낙농제품에 관련된 세계 최대 규모 행사다. 1997년 브라 시의회가 도전 정신으로 감행하면서 시작되었는데, 오늘날에 와서는 우리 마을을 대표하는 행사가 되었다. 나는 피에몬트 지역에 대해 지녔을 선조들의 자부심을 즐겁게 실감하고 있다. 행사가 진행되는 과정 또한 매우 즐겁다. 일반적인 무역박람회 전시장 같은 실

내가 아닌 시내 중심가와 광장 같은 야외에 전시 공간이 마련되기 때문이다. 이는 브라가 여러 나라에서 오는 수많은 방문객들을 수용할 능력이 충분함을 보여준다. 행사 분위기는 마치 축제 같다. 그것은 수백 년 동안 인근 농촌 마을 카루Carrú에서 열린 유서 깊은 축제 '살찐 황소 박람회Fiera del Bue Grasso'처럼 내가 아주 좋아해서 참석하지 않은 적이 없는 피에몬트 지역 농촌 축제의 분위기와, 스페인 팜플로나Pamplona에서 열리는 (소몰이 행사로 유명한) 산페르민 축제Feria de San Fermin나 때로는 위험하고 논란 많은 부활 주간Holy Week 행진처럼 끝없는 축하 행사로 자그마한 농촌 소도시와 마을들을 뒤덮어 수많은 인파가 몸을 움직이기도 어려울 정도로 붐비게 만드는 스페인의 열띤 축제 분위기가 혼재된 모습이라 할 수 있다.

그러나 치즈 축제는 이탈리아의 아주 작은 한 지방 소도시에서 즐거운 한때를 보내는 것 이상의 큰 의미가 있다. '치즈. 우유로 만든 모든 것' 행사는 생물다양성과 지속가능한 음식 교육·보전·장려에 관련된 슬로푸드의 노력을 발전시키고 한 단계 도약시키기 위한 장이 되었다. 또 한편으로는 우수한 품질의 다양한 치즈를 생산하기 위해 애쓰는 치즈 업계가 2년에 한 번씩 스스로를 되돌아보며 미래를 설계하는 장이기도 하다. 미래의 방향이 정해지고 진정한 변화가 만들어지는 때가 바로 이때인 것이다. 그중에는 이미 큰 성과를 거두었고 지금도 계속해서 성공적으로 진행되고 있는 생우유 치즈 보호 운동 같은 획기적인 변화도 있다. 이 운동은 치즈 축제 초기부터 시작되어 이후 약 15년 동안 지속되어왔다. 특히 2001년에 매우 큰 성공을 거두었는데, 생우유 치즈를 지키자는 슬로푸드 성명서에 2만 명이 넘는 사람들로부터 지지 서명을 받을 정도였다. 그 성명서는 지나치게 엄격한 위생 관련법 때문에 생우유로 치즈를 만드는 것이 금지되거나 어려운 나라들에서 치즈 제조업체의 권리를 보호하기 위해 작성되었다. 이는 어떤 면에서 매우 중요한 문제인데, 우유를 저온 살균 처리하는 것은 결국 치즈로 가공되는 우유의 맛뿐 아니라 영양과 관능적 특성까지 모두 균질화하는 것을 의미하기 때문이다. 따라서 저마다의 고유한 수제 치즈를 만드는 소규모 낙농업자들은 그 과정에서 대부분 소외될 수밖에 없다. 그래서 슬로푸드 프레시디아 치즈는 모두 생우유로 만들어진다. 그 성명서 발표와 더불어 브라에서의 여섯 차례에 걸친 성공적인 치즈 축제 행사 덕분에 우리는 미국에서 불법 생산자로 낙인찍힌 우리의 친구들을 변호하고 지원하는 일에서 매우 큰 성공을 거두었다. 생우유 사용을 엄격하게 제한하는 아일랜드, 영국, 오스트레일리아 그리고 더 최근에는 브라질과 남아프리카공화국에서도 일련의 성과를 거두었다. 우리의 운동은 지금도 계속되고 있으며 앞으로도 중단할 생각이 없다. 우리는 이 운동을 치즈 저항 운동이라고 부르기로 했다. 이는 대체로 생물다양성을 지키기 위한 저항 운동이기 때문이다.

많은 경우 우리는 전통 치즈와 치즈 제조 기술을 지키고(산간 목

장의 목동과 낙농업자들은 보호가 필요한 또 다른 중요한 존재들이다),
토착 동물 종을 기르고, 치즈 제조 역사가 오래된 초원과 지역을
보전하는 일을 한다. 오늘날 우리는 맛의 방주에 적재될 1만 종의
음식을 선정해야 하는 새로운 목표 때문에 낙농 전문가들도 거의
예상하지 못한 지역들까지 눈을 크게 뜨고 돌아다니고 있다. 미국
의 맥주와 생우유 치즈의 사례처럼, 새로운 다양성이 탄생하고 있
으며 그동안 아는 사람이 거의 없었던 과거 전통들이 새롭게 부상
하고 있다. 나는 앞서 브라질과 남아프리카공화국의 사례를 언급
했는데, 슬로푸드생물다양성재단 공동연구자인 마우리치오 부스
카Maurizio Busca는 슬로푸드 잡지《슬로》3호(2013)에 다음과 같은
글을 기고했다.

남아프리카공화국의 생우유 치즈를 먹어보거나 그것에 대해서 들
어본 사람은 과연 얼마나 될까? 이탈리아에서는 거의 없을 것이다.
더 놀라운 사실은 남아프리카공화국에서도 상황은 마찬가지라는
사실이다. 실제로 남아프리카공화국에서 치즈, 특히 생우유 치즈에
대한 관심은 비교적 최근의 현상이다. 그 지역에서 치즈를 생산한 지
는 기록상 수백 년이 됐지만, 실제로 그곳의 낙농 전통에 대한 흔적
은 현재 찾아볼 수가 없다. 오늘날 남아프리카공화국 낙농업자들이
파는 치즈는 대개 유럽 치즈를 재해석해서 만든 것으로 일부 독창적
인 제품은 개별 치즈 생산자들이 각고의 노력을 기울인 결과다.

이런 전제하에서, 프레시디아의 목표가 전통 농산물을 보호하는 것임을 감안할 때, 슬로푸드가 현재 남아프리카공화국 생우유 치즈 프레시디엄Presidium(Presidia의 단수형)에 공을 들이고 있는지 의문을 제기하지 않을 수 없다. 이 사업의 의미를 이해하기 위해 우리는 남아프리카공화국의 유제품 생산에 대해 더욱 세심하게 관찰하면서 전후 맥락 속에서 그 의미를 생각해야 한다.

불과 수십 년 전까지 남아프리카공화국 농식품 시장에서 치즈는 극히 작은 부분을 차지했는데, 대개 고다와 체더 치즈가 주종이었다. 그러나 1990년대 이후로 국내 수요가 증가하면서 크고 작은 업체들이 국내 생산량을 늘릴 뿐 아니라 공급을 다변화하고 제품 품질 향상에 애쓰는 모습을 볼 수 있었다. 1인당 평균 소비량은 지난 15년간 두 배로 늘었다. 상점에 가면 치즈 종류가 점점 늘어나고 있음을 확인할 수 있다. 수년 동안 여기저기서 치즈와 관련된 수많은 판촉 행사와 경연 대회가 열렸다. 하지만 오늘날 남아프리카공화국 시장은 거대 유제품 업체와 국내외 유통체인에 종속되어 있다. 장인이 운영하는 전통적인 소규모 수제 치즈 제조업체는 현재 극히 일부만 남아 있다. 그중에서도 생우유를 써서 치즈를 만드는 업체는 정말 드물다. 그렇다고 놀랄 일은 아니다. 이 나라에서 치즈는 '새로운' 식품이며 치즈 '문화'가 확산되기 시작한 것은 최근이기 때문이다. 더 나아가 생우유가 주는 유익함과 저온 살균 처리되지 않은 치즈의 장점은 사람들에게 잘 알려져 있지 않은 데다 그 시장 또한 매우 작아서 그것의 생산을 규제하는 국내법은 아직 정비되지 않은 상태다.

슬로푸드가 최고의 수제 생산자를 프레시디아 프로젝트에 끌어들이고자 하는 이유가 바로 이 때문이다. 장차 남아프리카공화국의 전통이 될 수 있는 것의 기반을 마련하고 있는 치즈 제조업체들을 지원함으로써 그들이 만든 최고의 치즈에 남아프리카공화국을 비롯한 전 세계 소비자들의 이목을 집중시키고자 함이다.

미래의 전통, 새로운 생물다양성, 부분적으로 국내의 다양성. 윌리스턴Williston에 있는 랭베이컨Langbaken 농장의 프랜시 쇼이먼Francy Schoeman이 만든 카루 크럼블Karoo Crumble과 나이스나Knysna에 있는 간즈블레이 농장의 크리스토퍼 미텔러캠프Christopher Meterlerkamp가 만든 간즈블레이 발스트랩Ganzvlei Valstrap 같은 남아프리카공화국을 대표하는 치즈는 이런 다양성을 전제로 만들어진 것이다. 둘 다 영국의 체더 치즈로부터 영감을 받아 저지종 젖소의 우유로 만든 것이다. 하지만 두 치즈는 서로 다른 장소에서 만들어졌기 때문에 완전히 다른 치즈다. 카루 크럼블은 사막 지역인 카루에서 만든 치즈로, 건초와 헤이즐넛, 방향 허브 같은 매우 복합적인 향내가 난다. 간즈블레이 발스트랩은 해양에서 멀지 않고 강우량이 많은 지역에서 만든 치즈로, 약간 씁쓸한 맛에 소가 뜯어먹는 풀과 꽃향내가 난다. 일부 제조업체들은 치즈를 만드는 공정의 지속가능성에 매우 관심이 많다. 예컨대, 1986년

부터 해너츠버그Haenertsburg에 있는 작은 농장 위그라크보쉬
Wegraakbosch에서 유기농 방식을 통해 소와 염소의 젖으로 치즈를
만들어온 니퍼와 실비아 톰슨Nipper and Sylvia Thompson 부부가 바로
그런 생산자들인데, 그들은 치즈 제조 과정에 필요한 전기를 태
양광전지판을 이용해서 얻는다.

브라질의 맛의 방주 사업에서도 주목할 만한 새로운 발견들
이 꾸준히 이루어졌다. 이곳에서의 치즈 제조는 역사가 오래되었
고, 포르투갈로부터 많은 영향을 받았다. 브라질 나름의 치즈 전
통이 깊은 것은 맞지만 브라질인 자신들을 포함해서 생산 영역
밖에 있는 대다수 사람들은 그에 대해서 잘 알지 못한다. 브라질
에서 가장 활발하게 치즈를 생산하는 지역은 남부 지방(세하누
Serrano와 콜로니알Colonial 치즈), 남동부 지방(미나스 아르테사날Minas
artesanal 치즈), 북동부 지방(칼류Calho 치즈와 병에 담은 버터 같은 부
산물)이다. 이 치즈들은 모두 젖소의 생우유로 만들지만, 서로가
매우 다르다. 그러나 그것들이 모두 생우유로 만들어진다는 사실
은 그들의 존립 자체를 위협하는 한 요소가 되기도 한다. 예컨대
리우데자네이루와 상파울루의 북쪽에 있는 미나스제라이스Minas
Gerais주에는 세후Serro, 알투파르나이바Alto Parnaíba, 세하드카나스
트라Serra de Canastra, 아라샤Araxá 지역에 걸쳐 3만 명의 낙농업자들
이 해마다 7만 톤 정도의 치즈를 생산한다.

마리아나 기마라스Mariana Guimarães는 《슬로》에 실린 기고문에
다음과 같이 썼다.

나이 마흔여덟의 루시아노 카르발류 마샤두Luciano Carvalho Machado
는 세하드카나스트라 치즈를 생산한다. 그는 처음부터 당연히 그 일
을 자신이 할 일이라고 생각했다. "저는 조부모 슬하에서 자랐어요.
그분들은 날마다 치즈를 만들었어요. 그러면서 나도 모르는 사이에
치즈를 만들고 있었어요." 현재 열여덟 살인 그의 딸은 그가 날마다
약 15킬로그램의 치즈를 만드는 걸 도와준다. 이런 상황에서 생산량
을 늘리는 동시에 좋은 품질과 기술을 유지하는 것은 불가능하다.
2008년, 브라질 국립역사예술문화연구소(IPHAN)는 미나스제라이
스주의 수제 치즈를 '브라질 무형 문화유산'으로 지정했다 …… 문화
유산 지정에도 불구하고, 미나스제라이스의 수제 치즈는 사라질 위
기에 처했다. 이 유산을 미나스제라이스 지역 밖에서 파는 것이 불
법이기 때문이었다. 미나스제라이스 지역에 좋은 것이 그 밖의 다른
지역에서는 좋지 않다는 것인가? 미나스제라이스 사람들만 이 국가
유산을 알고 누릴 권리가 있는가?

이 상황은 암거래 시장을 낳았다. 상인들은 경찰의 검문을 피
해 다음 날 일찍 브라질의 상업 중심지인 상파울루와 리우데자
네이루에 도착하기 위해 한밤중에 생우유 치즈를 차에 싣고 비
포장도로를 달렸다.

미국에도 이처럼 법을 어길 수밖에 없는 또 다른 친구들이
있다! 이것들은 슬로푸드 맛의 방주가 새롭게 발견한 것들이다.

'1만 가지' 음식을 찾는 새로운 연구가 거의 즉각적으로 내놓은 최초의 결과물이다. 수제 맥주와 생우유 치즈 같은 제품들이 어떻게 그렇게 다양한 제안들, 여러 문화와 전통 간의 융합, 그리고 글로벌 먹거리체계가 부과한 규칙에 종속되기를 거부하는 수많은 농부와 장인들의 노고와 새로운 발명에 기반을 둔 르네상스의 매개체가 될 수 있는지 놀라지 않을 수 없다. 이 모든 다양성을 목격하는 것은 여간 흐뭇한 일이 아닐 수 없다. 단순히 정해진 목표를 달성해서 기쁜 것이 아니라 무엇보다 맛의 방주 선언 이후 여러 해가 흘렀음에도 세계는 여전히 우리 해방된 미식가들에게 전형적이고 기본적인 식품의 보고임을 확인할 수 있기 때문이다. 이런 먹거리들이 존재하며, 그것들을 끊임없이 생산하고 보전하고 전통으로 만들어 정체성 확립에 기여하는 사람들이 있다는 사실에 큰 위안을 느낀다. 그들이 만드는 먹거리와 마찬가지로, 이 사람들 또한 보호받아야 마땅하며 지구에 사는 모든 사람에게 좋고 깨끗하고 공정한 음식을 제공하는 매우 중요한 일을 하는 것에 대해 기꺼이 지원을 아끼지 말아야 할 것이다. 우리는 그들을 믿어야 한다. 그리고 무엇보다도 그들에 대해 잘 알아야 한다.

8장

다섯 번째
바퀴?

소농이 '사륜마차의 다섯 번째 바퀴'처럼 사회적으로 보잘것없는 존재라는 말은 수없이 들었다. 그것은 과거에도 그랬고 지금도 마찬가지다. 전 세계적으로 지역에 따라 그 말이 의미하는 바는 미묘한 차이가 있지만 보편적 표현이다. 그들은 우리의 먹거리를 책임지는 중요한 공급원임에도 불구하고, 대개는 그에 걸맞지 않은 낮은 대우를 받고 있다. 게다가 사람들은 그들의 삶과 노동, 생존이 위협받고 있는 것에 대해 아무런 책임의식도 느끼지 못하고 있다. 소농들 가운데 일부는 은유적 표현으로 사륜마차의 '예비 바퀴', 다시 말해서 평소에는 경시되지만 고장이 나면 없어서는 안 될 존재로 비유되기도 한다.

이 명확한 범주 속에서 마지막으로 고려되는 사람들이 있지만, 그들은 마땅히 첫 번째로 고려되어야 할 존재다. 그들은 일반 대중의 무관심에도 불구하고 인류를 위해 꼭 필요한 역할을 묵묵히 수행하고 있다. 우리는 이 사실을 인정해야 할 뿐 아니라 우리의 미래를 설계하는 데 중심축으로 삼아야 한다. 가능한 모든 미래를 위해. 여기서 말하는 그들이란 바로 여성, 노인, 청년, 토착 원주민을 가리킨다.

아프리카의 농촌 지역을 아무 데고 여행한다면 여성들이 그곳 경제의 중추임을 금방 알게 될 것이다. 그들은 밭에서 몸을 숙이고 하는 일을 결코 멈추지 않을 것처럼 보인다. 그 옆에서는 큰 아이들이 어린 동생들을 돌본다. 남자들은 어디에서도 보이지 않는다. 그들은 거기서 멀리 떨어진 어딘가에서 덜 고된 일을 하고 있을 것이다. 여성들은 호박 프레시디엄이 있는 케냐의 라레에서 중심 역할을 한다. 인도네시아에서도 마찬가지로 여성들은 핵심적 역할을 하는데, 거기서는 헬리안티 힐만을 중심으로 토종벼 품종을 보존하는 일에 여성들이 적극 참여하고 있다. 여성들은 이른바 개발도상국들에서 전체 농업노동력의 43퍼센트를 차지한다. 2011년, 유엔 식량농업기구(FAO)가 발표한 〈식량과 농업 상태State of Food and Agriculture〉 보고서에는 이렇게 나온다.

가장 최근의 예측 자료에 따르면, 현재 영양실조로 고통을 겪고 있는 사람은 9억 2,500만 명에 이른다. 남녀 간 농업수확량의 격차가 사라지면 그 수는 1억 명에서 1억 5,000만 명까지로 줄일 수 있을 것이다 …… 농업생산량과 식량 보장의 직접적인 향상은 여성이 자원에 대한 동등한 접근과 더 많은 기회를 부여받음으로써 얻을 수 있었던 중요한 소득의 일부다. …… 농업에서 남녀 간 격차가 사라지면 여성의 손에 더 많은 자원이 쥐어지고 가정 내에서 여성의 목소리가 강화될 것이다. 이것은 식량 보장과 영양, 교육, 아이의 건강을 향상시키는 확실한 방법이다. 아이들은 먹을 것을 잘 먹을수록 더 건강해지고 학습 능력도 향상되며 더욱 생산적인 시민으로 성장하게 된다. 그 혜택은 여러 세대로 이어져 미래에 커다란 이익을 안겨준다.

여성은 테라마드레 음식공동체와 프레시디아 생산자 모임의 중심이다. 따라서 우리는 슬로푸드 운동을 할 때, 특히 우리의 주요 행사 기간에 열리는 회의에서 대체로 조직적으로 농업의 생물다양성을 보전(다양한 재래 종자를 지키고 보급)하고 전통 조리법을 재창조·보호하고, 가장 가난한 농촌 사회에서 독창성과 열정, 사랑으로 가족 경제를 책임지는 여성의 역할을 부각시킬 틈이 보이면 가능한 모든 수단을 써서 그 기회를 놓치지 않는다. 대지를 아버지가 아닌 어머니로 비유하는 것은 다 그럴 만한 이유가 있어서다.

또 한편, 노인들은 특히 그들의 기술과 지혜를 구두로 전승하는 사회에서 기억의 수호자다. 그들은 과거와 미래를 동시에 바라볼 수 있는 깊은 안목을 지닌 유일한 사람들이다. 2010년 12월, 아흔두 살의 고령으로 사망하기 직전 해에 고故 토니노 구에라Tonino Guerra를 인터뷰했을 때, 나는 폴렌초에 있는 미식과학대학의 멀티미디어 연구 프로젝트로 우리 시대 원로들과의 인터뷰를 모아 제작하는 다큐멘터리 〈기억의 곡창Granai della memoria〉에 대해서 그에게 이야기하고 싶었다. 수많은 원로의 경험을 통한 지식과 지혜가 농축된 그 저장소 안의 삶의 이야기들은 마르지 않는 샘물 같은, 내일을 위한 보물창고를 탄생시켰다. 곡창이라는 은유는 방주라는 은유와 무관하지 않다. 유사시를 대비해 곡식을 비축하는 것처럼, 우리는 지금 언젠가 다가올지 모를 문화적 기근에 대비해서 지식의 씨앗을 비축하고 있는 것이다.

어쩌면 그 기근은 이미 우리 앞에 와 있는지도 모른다. 그럴 경우, 우리가 비축하는 지식의 곡창은 다양성 강화의 또 다른 중요한 요소가 될 것이다. 토니노 구에라는 페나빌리Pennabilli에 있는 그의 집에서 시와 아주 작은 것들, 생명의 아름다움을 전달하는 모든 소소한 것에 주목하는 그의 세계로 나를 부드럽게 잡아당겼다. 〈기억의 곡창〉 프로젝트에 대한 그의 생각을 물어보자 그 거장은 이렇게 말했다. "'곡창'은 사람들을 헷갈리게 하는 새로운 시적 용어입니다. 당신이 누군가에게 중요한 어떤 것을 말할 때, 처음에 그들은 당신이 무엇을 말하고 있는지, 그들을 어리둥절하게 만드는 것이 무엇인지 알지 못합니다. 위대한 것들은 결코 곧

바로 그 모습을 드러내지 않아요. 나중에 가서야 실체가 드러나기 마련입니다." 위대한 것들은 결코 곧바로 그 모습을 드러내지 않는다—그것은 내가 테라마드레를 결성하기 위한 첫 번째 준비 모임을 가진 직후에 생각했던 바로 그것이다. 그것은 "시골길을 걸으며" 그리고 밀라노 골로사 행사를 치르면서 뒤늦은 깨달음과 함께 떠오른 생각이다. "기억이 없는 사람을 어떻게 생각하십니까?"라고 구에라에게 물었다. "그런 사람은 있을 수 없습니다. 기억은 누구에게나 있습니다. 한마디 더 할게요. 사람들이 내게 역사가 무엇이고 기억이 무엇인지 물으면, 언제나 나는 우리 할아버지가 길을 걸을 때 뒤를 돌아보곤 했다고 이야기합니다. 한번은 할아버지께 이렇게 물었어요. '할아버지, 왜 자꾸 뒤를 돌아보세요?' 그러자 그분은 '우리가 나아가는 길이 거기서 오기 때문이지'라고 대답하셨어요. 따라서 국민이든 한 개인이든 한 나라든 그들을 앞서간 사람들이 남겨준 것을 잊지 말아야 합니다." 토니노는 위대한 거장이다. 나는 그가 무척 그립다. 다행히도 그와 나눈 대화는 다큐멘터리로 기록되어 〈기억의 곡창〉에 생생하게 남아 있다.

그다음으로 청년들이 있다. 나는 내가 언제부터 새로운 세대에게 '대지로 돌아갈 것'을 이야기하기 시작했는지 기억하지 못한다. 오래된 이 유럽 대륙에서 우리는 농촌 인구가 계속해서 줄어드는 것을 보고 있다. 전후 농촌 인구는 전체 노동력의 절반을 차지했다. 하지만 이후 그 수는 급락했다. 물론 나라마다 사정은 다르다. 예컨대, 이탈리아는 1989년 농업 인력이 313만 3,188명이었지만 2010년에는 162만 844명밖에 안 남았다. 또한 농업에 종사하는 사람들의 연령대가 점점 높아지고 있다는 것도 우려할 만한 추세였다. 그 기세는 2000년대 들어 초반 10년 동안에도 전혀 약해지는 기미를 보이지 않았다. 이탈리아통계청(ISTAT)이 발표한 2000~07년 자료에 따르면, 40세 미만인 농부 수는 26만 3,000명에서 12만 9,000명으로 떨어져 전체 농업노동자 수의 6.2퍼센트에 불과했다. 그러나 최근 몇 년 사이에 놀랄 만한 추세 전환이 이루어졌다. 해마다 그 비율이 조금씩 증가한 것이다. 예컨대 2012년에는 경제 위기에도 불구하고 청년 농부의 비율이 9퍼센트로 증가했다. 이는 전반적인 경제 위기와 고용 감소가 도시에서 농촌으로의 인구 이동을 부추긴 결과로 보인다. 하지만 사람들이 농촌으로 복귀하는 것은 미래를 위한 확실한 대안이자 가능성임이 분명해 보인다.

그러나 농촌으로 복귀하는 사람들의 수가 늘어난 것이 단순히 경제 위기 때문만은 아니었다. 2009년, 나는 미국의 권위 있는 아이비리그 대학들을 순회하며 회의에 참석 중이었다. 나는 꽤 많은 시간을 내서 하버드와 예일, 프린스턴대학교를 방문했다. 당시 학생들을 대상으로 강연을 할 때면 처음에 두 가지 질문을 던지고 강연을 시작하곤 했다. "여러분 가운데 대학을 졸업하고 시골로 가서 농사지을 생각을 하는 사람은 얼마나 되나요?" "여러분 가운데 얼마나 많은 사람이 농부가 될 것을 진지하게 생각하고 있나요?"세계 최고의 과학자, 법률가, 작가들을 배출하는 그 대학들에서 내가 던진 질문에 손을 드는 청년들은 놀랍게도 평균 10퍼센트 정도였다. 청중이 400명이면 40명, 250명이면 25명 정도가 농부가 될 생각이 있다는 것이었다. 나중에 나는 이탈리아 대학들에서도 똑같은 질문을 던졌는데, 심지어 한 농업전문대학에서는 농부가 되기를 원한다고 대답한 학생은 300명 가운데 4명에 불과했다. 당시 우리가 미국에 비해 엄청나게 뒤처져 있다는 사실은 분명했다. 그러나 최근 4년 동안 이탈리아에서도 큰 변화가 일어나기 시작했다. 농업전문대학과 종합대학의 농과대학에 입학하는 학생 수가 크게 늘어나기 시작한 것이다. 하지만 나는 놀라지 않는다. 오늘날 농촌의 미래에 대해 밝은 전망을 제시하는 것처럼 보이게 만드는 흐름이 미국을 휩쓸고 있는 모습을 이미 보았기 때문이다. 미국에서 농사로 성공하는 사람은 점점 늘어나고 있었다. 따라서 농사를 짓고 물고기를 잡고 치즈를 만들고 수제 식품을 제조하는 일이 이제 또다시 괜찮은 일자리로 비쳐지는 것은 당연한 일이다. 하지만 그 일은 과거 우리 아버지와 할아버지 때 생각했던 것보다 더 밝은 전망을 제공해야 마땅하다. 지난날 그들은 21세기 청년들이 받아들이기 어려운 조건을 기꺼이 받아들였다. 그것은 최근 수십 년 동안 우리가 목격한 농촌 대탈출의 근원이었다. 오늘날 청년들은 교육 수준도 높고 신기술에 익숙하다. 그들은 도시에서의 불안정한 일자리에 구속되어 '자유시장'의 논리에 얽매이기를 거부하는 세대다. 그들은 삶의 질을 추구한다. 지속가능성이 땅과 우리의 미래를 지키기 위한 사명일 뿐 아니라 농업 경제를 매력적이고 만족스럽게 만들 수 있는 일종의 부가가치임을 잘 알고 있다.

슬로푸드 청년 네트워크의 발전은 우리가 지금까지 농업이 위엄을 되찾게 하기 위해 애써왔던 모든 노력이 첫 번째 결실을 맺고 있음을 확실하게 보여주는 증거다. 젊은 소비자들은 새로운 형태의 미식 감각을 통해 먹거리를 선택하도록 이끌리고 있다. 그들은 먹거리와 농업에 대한 태도가 매우 열정적이라 그들을 따르고 지지하는 우리 같은 나이 먹은 구세대들도 그들의 열정과 창조성으로부터 배워야 할 것이 많다. 이것은 내가 모든 지역에서 슬로푸드와 테라마드레 네트워크를 통해 자주 만나는 청년층과 폴렌초의 학생들 덕분에 깨우친 사실이다.

여성, 노인, 청년―그들은 다양성을 꽃피우게 하는 역할을 하는 수호자로 우리의 미래를 지켜줄 것이다. 그들은 우리의 글로벌 사회를 위한 효소이고 효모이자 항체와 같다. 따라서 그들은 사회를 변화시키고, 발전시키고, 개선하고, 치유할 수 있다. 그들은 버림받은 이들이 아니다. 그들은 결코 '사륜마차의 다섯 번째 바퀴'가 아니다. 그들은 긍정적 에너지를 폭발시킨다. 그들은 인간의 얼굴을 한 생물다양성의 모습이다. 이제 토착원주민에 대해서 알아보자.

9장

토착원주민

"인간이 먹기에 적합한 채소 1만 종 가운데 150종이 현재 식용으로 시장에서 거래되고 있다. 만일 이 150종의 채소가 인류 밥상의 60퍼센트를 차지하고 있다면, 나머지 9,850종의 채소는 어떻게 되었는가? 그것들을 밥상에 올리는 사람들은 토착원주민이다. 나는 식량 주권의 문제가 무엇보다 식량 정체성의 문제라고 생각한다." 코르도바대학교의 기아빈곤연구회(CEHAP) 회장이자 40년 동안 유엔 식량농업기구에서 생물다양성을 지키기 위해 애써온 내 친구 호세 에스키나스 알카사르José Esquinas-Alcazar가 한

이 말은, 2012년 토리노에서 열린 살로네 델 구스토-테라마드레 행사 기간 중 '토착원주민과 지역의 식량 주권'이라는 제목의 회의에서 내게 가장 깊은 인상을 남긴 말이었다.

호세는 아주 단순한 숫자로 거대한 문제—이 경우, 세계의 생물다양성 보호 문제—를 설명할 줄 아는 완벽한 표현력을 가진 소수의 사람들 가운데 한 명이었다. 우리는 원주민을 시대에 뒤처진 사람으로 생각하는 경향이 있지만, 침묵과 무관심, 편견과 불의에 맞서 태곳적부터 살아온 땅을 세상이 만들어질 때의 관점을 유지하며 두려움 없이 계속해서 보살펴온 사람들이 바로 그들이다.

슬로푸드 운동은 원주민들의 태도에 전적으로 공감한다. 원주민에 대한 국제적 토론을 불러일으킨 것은 테라마드레 조직 내부에서다. 원주민들의 문제의식을 공유하고 그들의 자결권을 확고히 하기 위해 다양한 접촉과 사업을 진척시킨 것도 테라마드레 네트워크를 통해서다. 2007년 유엔 총회는 세계원주민권리선언Universal Declaration on the Rights of Indigenous Peoples을 채택함으로써 원주민 권리를 하나의 권리로 공인했다.

그러나 이것만으로는 여전히 충분치 않다. 2011년, 우리는 스웨덴의 토착원주민 사미인the Sami—라프인the Lapp으로 더 많이 알려져 있지만, 스웨덴에서 그것은 그들을 경멸하는 용어다—영토에서 테라마드레 원주민 행사를 최초로 개최했다. 2014년, 그 행사는 원주민 문제가 전 세계 사람들에게 얼마나 시급하고 중요한 사안인지 내가 처음으로 이해한 나라인 인도에서 다시 개최될 것이다[이 책은 2013년에 발간되었다]. 2010년 내가 인도 북부 지방에서 방문했던 30개나 되는 부족 공동체들은 내게 잊을 수 없는 인상을 남겼다. 수천 명의 사람들이 그들이 처한 상황을 논의하고 그들의 전통과 조리법을 보여주고 테라마드레 조직을 만든 사람들의 말을 경청하기 위해 모였다. 테라마드레를 만든 사람들은 원주민 대표자들이 토리노에서 열린 테라마드레에 참가하고 있었기 때문에 원주민을 보호해야 하는 국내외 관련 기관들에 원주민들의 요구사항들을 전달할 수 있는 사실상 아주 완벽한 장소가 테라마드레라고 생각했다. 원주민들의 음식은 매우 환상적이었다. 군침이 돌 정도로 맛있었고, 믿기 어려울 정도로 다양했다. 스웨덴을 방문했을 때 나는 또한 그들이 사용하는 다양한 언어와 그들 간의 소통을 위해 마련된 복잡한 통역 시스템에큰 감명을 받았다. 그것은 내가 브라질, 오스트레일리아, 아프리카, 북아메리카에서 원주민들을 만났을 때와 마찬가지로 감동적인 만남이었다. 이 만남들은 내게 늘 의미 있는 중요한 것을 선사했다. 그 만남은 오늘날 세계가 잘못된 방향으로 나아가고 있다는 확신을 내게 주었다.

토착원주민은 2010년 테라마드레 행사에서 분명 가장 중요한 참가자였다. 토착원주민에 초점이 맞춰진 그 행사에서 여섯 대륙을 대표하는 6명의 원주민 대표들은 150개국에서 온 음식공동체가 모두 참석하는 총회장 단상 앞에서 공식적인 개회 선언을 했다. 그들은 그들의 빛나는 연설과 전통 의상으로 총회장의 좌중을 압도했다. 브라질의 과라니 브자Guarani Mbya족 원주민으로 '베라 미림Verá Mirim'이라는 이름으로 더 잘 알려진 아돌프 티모티오Adolf Timótio의 연설 내용을 그대로 옮겨보겠다.

무엇보다 먼저 내가 오늘 이 자리에 건강하게 설 수 있도록 허락해주신 우리의 신, 니어데이루Nhanderu께 온 힘을 다해 감사드리고 싶습니다. 스페인이 아메리카 대륙을 침략한 지 518년이 지난 지금, 저는 여기서 니어데이루께서 우리의 앞길을 환히 비추고 안내해준 덕분에 그의 빛을 따라 우리의 땅과 언어, 종교, 전통을 지킬 권리를 쟁취하기 위해 노예제에 맞서 싸우면서 식민지 시대를 온전히 헤쳐 나올 수 있었다고 말하고자 합니다. 그리고 우리는 지금 버젓이 살아 있고 괴멸되지 않았으며 우리의 문화와 종족이 여전히 건재하고 있음을 알리고자 이 자리에 왔습니다. ……

저는 상파울루주에 있는 원주민 마을 리베라오 실베이라Riberão Silveira 공동체의 수장입니다. 저는 또한 생산자이면서 슬로푸드 주사라 파우미투Juçara Palm Heart* 프레시디엄의 책임자입니다. 오늘날 과라니족은 4만 명이 남아 있는데 그들은 브라질의 남부와 남동부·중서부, 파라과이, 아르헨티나, 볼리비아에 살고 있습니다. 이 땅은 포르투갈과 스페인이 남아메리카에 발을 내딛기 전까지만 해도 우리

---

* [옮긴이주] 야자나무 속대의 가운데 부분과 윗부분의 싹을 추출한 야자순.

영토였습니다. 그 땅에 국경선을 그은 사람은 우리가 아니었습니다. 제가 사는 브라질만 해도 옛날에는 원주민 집단이 1,000개가 넘었고, 토착원주민 수도 500만 명에 이르렀습니다. 그런데 포르투갈과 스페인의 침입으로 이 모든 것이 바뀌었습니다. 우리는 우리의 영토를 잃었습니다. 우리 종족은 노예가 되거나 전쟁의 희생자가 되거나 과거에는 없었던 미지의 병으로 죽었습니다.

1,000개가 넘었던 브라질의 원주민 집단 가운데 현재 남아 있는 집단은 229개에 불과합니다. 500만 명에 이르던 원주민 수는 80만 명으로 줄었습니다.

식민지 시대가 끝났지만, 우리는 차별화된 종족 집단으로 살 권리를 지키기 위해 정치와 경제 권력을 자진 자들에 맞선 투쟁을 계속해야 했습니다. ……

우리는 모두 신성한 존재입니다. 대지 또한 신성합니다. 그것은 우리의 어머니입니다. 우리가 자연을 존경하는 것은 바로 이 때문입니다. 우리가 생존을 위해 숲으로부터 무언가를 가져갈 때마다―그것이 목재든 열매든 동물이든―우리는 먼저 숲에 사는 존재들을 지키는 정령의 허락을 받아야 합니다. 우리는 또한 씨앗을 심거나 동물을 사냥하거나 나무를 벨 때도 적절한 때를 골라서 해야 합니다.

모든 사람이 대지가 아프다고 말합니다. 천연자원은 이제 고갈되고 있습니다. 사람들은 지구를 파멸로 몰아넣을 가능성이 있는 세계적인 온난화 현상에 대해서 이야기합니다. 우리는 오늘날 세계를 지배하고 있는 경제 생산 형태들이 이 모든 것의 근원임을 알고 있습니다. 우리 주술사들은 종교적 의식을 치를 때면 늘 오늘날 대지가 뜨거워지고 있는 비극적 현실에 우려를 표명하곤 합니다. 그들은 세상이 병에 걸릴 것이고 조만간 백인들에 의해 파괴될 것이라고 예견합니다. 지구를 파멸시키는 것은 신이 아니라는 말입니다.

우리는 이제 자연뿐 아니라 다른 인간들과도 지금까지와는 다른 방식으로 관계를 맺어야 한다고 말해야 합니다. 우리는 자연을 파괴하지 않고도 자원을 이용할 수 있습니다. 우리는 더욱 공정하고 더욱 지속가능한 방식으로 인간 사회를 조직할 수 있습니다. 그럴 때 정의와 평등, 타 민족과 문화에 대한 존중이 널리 확산되고, 모든 사람이 다양한 차이를 인정하고 존중하게 될 것입니다.

《슬로푸드 제국》의 마지막에는 내가 행복의 전형으로 떠올리는 한 장면이 나온다. 2003년 슬로푸드 생물다양성상을 받기 위해 나폴리 산 카를로San Carlo 극장에 초청된 브라질 토칸칭스Tocantins주의 크라우Krahô 공동체 대표 게툴리오 올란도 핀토 크라우Getúlio Orlando Pinto Krahô는 우리에게 고마움을 표하고 자신이 행복하다는 메시지를 전하기 위해 성가를 한 곡 부름으로써 수상 소감을 끝냈다. 한때 카루소가 공연했던 무대 위에서 전 세계 청중을 대상으로 그가 노래를 부르는 모습은, 거기에 참석한 모든 사람에게 설명할 수 없는 방식으로 큰 감동을 안겨주었다. 아돌프 티모티오 또한 테라마드레에서 연설하면서 자기네 종족의 성가 가운데 한 곡을 부르며 마쳤다. 그는 "우리 종족에게 영적인 힘을 주는" 노래라고 설명했다. 그가 부르는 노래를 귀 기울여 들으면서 그것이 내게도 힘을 준다는 사실을 인정하지 않을 수 없었다.

오늘날 토착원주민들은 슬로푸드와 테라마드레 운동에 다른 누구도 할 수 없는 다양성과 창조성을 제공함으로써 그 운동에서 중요한 역할을 한다. 우리는 그런 원주민들의 대표자로 농업다양성과 식량 주권을 위한 원산지 파트너십Indigenous Partnership for Agrobiodiversity and Food Sovereignty의 코디네이터인 프랑 로이Phrang Roy를 뽑았다. 그는 농촌 개발, 젠더, 원주민 문제와 관련해서 국제적으로 인정받는 전문가다. 그 파트너십은 지역공동체들의 음식을 먹을 권리right to food를 지키고 지속가능한 환경 실천 운동을 촉진하기 위해 그 원칙에 동의하는 연구자, 전문가, 그리고 슬로푸드 운동과의 긴밀한 협조 아래 지역공동체들 간 문제를 조정하고 중재하는 일을 한다. 2010년에 내가 인도를 여행할 때 안내자 역할을 해준 프랑은 최근에 토리노에서 열린 총회에서 슬로푸드 국제협회Slow Food International Council 위원으로 선출되었다. 다양성을 해방시키기 위해서는 토착원주민과 음식을 먹을 권리, 식량 주권, 생물다양성 보호, 지속가능성에 대한 그들의 영감과 지식이 필요하다.

내가 유엔의 원주민 문제 상설 포럼Permanent Forum on Indigenous Issues에서 행한 연설이 비록 언론의 큰 주목을 받지 못했지만, 나는 그다지 실망하지 않는다. 오히려 내가 거기서 연설하도록 초빙받은 인사 중 원주민 출신이 아닌 최초의 문명사회 구성원이 었다는 사실을 감안할 때, 나는 그것이 20년 동안 음식의 자유를 위해 노력해온 것에 대한 대가로 내가 받은 보상 가운데 가장 큰 상이라고 생각한다. 아메리카 원주민의 옛 속담에는 이런 말이 있다. "대지가 우리의 어머니라는 것을 자식들에게 가르쳐라. 대지에 일어나는 모든 일은 대지의 자식들에게도 일어날 것이다. 대지에 침을 뱉으면, 자기 자신에게 침을 뱉는 것이다 …… 대지는 인간의 것이 아니다. 하지만 인간은 대지의 것이다 …… 대지는 돈보다 더 가치 있고 영원히 사라지지 않을 것이다."

모든 인류는 원주민에게 빚을 지고 있다. 세상이 완전히 잘못된 방향을 향해 가고 있는 동안에도 그들은 이런 원칙을 날마다 행동으로 실천하며 지켜왔기 때문이다.

10장

도구

사전에서 'liberation'이라는 단어를 찾으면, 그 뜻 가운데 하나로 화학과 물리학에서 쓰는 용어*가 나올 것이다. 에너지가 방출된다는 말은 "화학적 반응이나 물리적 분해의 결과로 결합된 것이 풀리는 것"을 의미한다. 다양성은 에너지를 속박에서 해방시

---

* [옮긴이주] 표준국어대사전에는 '유리遊離(화합물에서 결합이 끊어져 원자나 원자단이 분리되는 일. 또는 원자나 원자단이 결합을 이루지 아니하고 다른 물질 속에 분리되어 있는 일)'로 나오지만, 여기서의 의미로는 '방출放出(입자나 전자기파 형태로 에너지를 내보냄)'이라는 용어가 더 적절할 듯하다.

켜 그것을 세상에 유익하게 이용함으로써 마침내 세상을 바꾸기 위해 사용하는 우리의 도구다. 2012년 총회에서 다양성을 슬로푸드 운동에 충분히 구현하기로 결정한 것은 바로 이 때문이다. 전에는 각국 회원 수에 비례해 선출되었던 슬로푸드 국제협회의 집행부 구성에 대해서도 이제는 양적인 부분뿐 아니라 질적인 부분도 반영하기로 했다. 헬리안티 힐만, 프랑을 비롯해서 나중에 소개할 아프리카와 남아메리카 출신의 많은 인재가 집행부에 참여하게 된 것은 바로 이런 결정이 있어서였다. 이들은 모두 테라마드레 네트워크가 만들어진 덕분에 만나서 함께 일할 수 있었던 사람들이다. 그들은 조직의 회원 수를 늘리진 않지만―우리는 전 세계에 서양의 전통적 결사체주의associationalism 사상을 강요할 수 없다―인류에 대한 존중과 지역공동체의 풍요로움을 가져다준다.

변화는 시간이 오래 걸릴 수도 있다. 어쩌면 수십 년이 걸릴지도 모른다. 하지만 당신이 다양성을 믿고 실천한다면 변화는 꼭 이루어진다. 이제 더 이상 되돌아갈 곳이 없다. 때로는 변화가 우리를 앞질러 올 때도 있다. 30년 전 랑게 구릉지에서 시작한 여행이 지금의 우리를 만들었다. 그것은 우리가 전 세계에 있는 우리 친구들이 만들어내는 모든 국면과 지식, 음식, 그리고 존재론적 전망들을 아우를 수 있게 했다. 나를 믿어보라. 시간이 흐르면서 이들을 점점 잘 알게 되고, 그들의 고향 땅에서 그들을 보고, 각종 행사장에서 하나가 되는 순간 우리는 잠시 숨을 멈추고 상상의 나래를 펴게 된다. 모두가 이 에너지를 해방시킨다면, 그리고 표준화와 낭비, '자유시장'을 존중과 교환, 호기심으로 대체할 수 있다면, 대지와 그것의 가장 중요한 결과물인 음식은 과연 어떻게 될까? 나는 다양성이 결국 이길 거라고 믿는다. 그것을 멈출 방법이 없기 때문이다. 이미 대세는 기울어졌다.

나는 지금까지 브라질에 대한 이야기를 많이 했다. 내가 주장하는 바를 가장 잘 보여주고 있는 곳이 브라질이기 때문이다. 세계적으로 저명한 사회학자 도메니코 데 마시Domenico De Masi는 2013년 7월 30일 자신의 블로그에 프란치스코 교황의 역사적인 리우데자네이루 방문에 대해 썼다. 수많은 군중이 그를 열렬히 환영했다. 불과 2주 전까지만 해도 그 군중은 정부의 부정부패와 사회 정책에 반대하는 시위를 벌였다. 기존의 교황들과 달리 관행을 거부하는 프란치스코 교황은 다양한 상징적 몸짓과 비정통적인 언사로 모든 사람을 놀라게 했다. 데 마시가 블로그에 쓴 글은 브라질에 간 브라 출신의 선교사 크라베로의 이야기를 떠오르게 한다.

브라질에서는 무슨 일이 일어나든, 심지어 교황이 방문했을 때에도 이기는 것은 늘 브라질이다. 그런 일은 포르투갈인이나 아메리카인에게도 일어났다. 인류학자들은 그것을 융합주의라고 부른다. 그것은 환대와 환희, 에로티시즘이라는 수백 년에 걸친 문화의 승리다. 예수회 신자로서 프란치스코 교황은 브라질을 되찾기를 바라고, 아르헨티나 사람으로서 탱고 춤에 익숙한 그는 삼바의 에로틱한 발놀림에 익숙해지길 기대했을지도 모른다.

그러나 현실은 이랬다. 지난 2주 동안 브라질 청년 운동은 저명인사 두 명을 거꾸러뜨렸다. 그들은 지우마 호세프Dilma Vana Rousseff 대통령의 지지율을 20퍼센트 떨어뜨림으로써 그녀가 약속한 교통망 확충 공약을 접지 못하게 했다. 그들은 또한 교황에게 '브라질다움'을 강요했다. 그것은 신비나 예배, 종교적인 것과 전혀 상관이 없는 순수한 토속 신앙, 영혼에 대한 육신의 승리, 유일신교에 대한 다신교의 승리를 의미한다. 카에타노 벨로조 Ceatano Veloso의 노래 가사처럼 "적도 아래 죄인은 없다." 그래서 거기에는 고해성사도 고해사제도 없다.

'단일'에 대한 '다중'의 승리를 의미하는 다양성은 우리가 상상했던 것보다 더 빠르게 세상을 바꾸고 있다. 따라서 우리는 다양성을 육성하고 활용한다. 그러나 다양성에 잠재된 능력을 최대로 활용하고자 한다면, 다양성을 엔진 연료라고 할 때, 우리는 그 엔진을 건강하게 유지할 필요가 있다. 그 엔진은 다시 말해서 세계와 지역, 가상과 현실을 불문하고 서로 인적으로 연결된 네트워크다. 이 자유로운 네트워크는 해방을 위해 필요한 또 하나의 도구다.

3부

자유로운 네트워크

1장

탁심
광장

2012년 총회에서 선출된 새로운 슬로푸드 국제협회의 첫 번째 회의는 우리가 기대했던 것보다 더 큰 전환점을 만들었다. 그 첫 만남은 탁심Taksim* 광장의 게지Gezi 공원에서는 터키의 역사에서 중요한 이정표가 될 민중 시위가 뜨거운 날씨만큼이나 지루하게 이어지고 있던 2013년 6월 15~16일 이스탄불에서 이루어졌다. 이 회의에는 전 세계에서 선출된 40여 명의 슬로푸드 국제

---

* [옮긴이주] 아랍어로 어원이 '분배, 분할'이라는 뜻.

협회 임원들 거의 대부분이 참석했다. 그들은 모두 우리가 이 확대된 집행부에게 기대했던 그런 모습을 하고 있었다. 회원 수가 가장 많은 이탈리아, 미국, 독일과 함께 처음으로 '비주류' 국가들을 대표하고 전략적 차원에서 선출된, 예컨대 테라마드레 지역공동체, 청년층, 원주민 집단을 대변하는 사람들이 집행부의 일원이 된 것이다. 다양성과 창조성은 우리가 추구하던 것이었다. 이들 새로운 주인공의 연설과 사연 덕분에 이스탄불 회의는 우리 미래에 희망을 던져주었다. 게다가 그 회의가 슬로푸드 운동의 역사에 한 획을 긋고 있는 바로 그 순간에도 나중에 목격하게 될 다른 사건들이 우리 주변에서 일어나고 있었다.

회의 개최를 위한 사전 준비는 이스탄불에 온 브라의 슬로푸드 사무직원들과 이스탄불의 터키 콘비비움 회원들이 수행했다. 우리는 그들의 손님이었고 그들은 잊을 수 없는 방식으로 자신들이 맡은 임무를 잘 해냈다. 그들은 우리에게 터키의 미식 전통을 광범위하게 소개해주었고 다양한 전통음식을 대접했다. 그들은 국경선이 폐쇄된다고 하더라도 완벽하게 자급할 수 있을 정도로 풍요로운 자국의 생물다양성에 대해서도 가르쳐주었다. 터키의 환경, 기후, 문화적 영향력의 다양성은 온갖 종류의 먹거리를 생산하여 어떤 욕구든 충족시킬 수 있다. 이틀 동안의 공식 회의와 전시회, 시식회, 이스탄불 최고의 식당에서 오찬과 만찬을 하는 콘비비움 행사를 끝마치기 전에, 매우 적극적인 이스탄불 콘비비움 지도자이자 터키의 슬로푸드 국제협회 위원인 데프네 코뤼레크

Defne Koryürek가 브리핑을 했다.

우리는 고도 이스탄불의 갈라타Galata 지역에 있는 문화재단 솔트Salt 본부 건물 맨 위층의 넓은 회의실에 모였다. 우리는 대형 창을 통해 '유럽의 시신경'이라 이름 붙여진 갈라타 다리와 과거 콘스탄티노플의 웅장함이 남아 있는 이스탄불의 스카이라인을 감상할 수 있었다.

데프네는 이런 풍경을 등지고 서 있었다. 조명이 서서히 어두워지면서 유튜브 동영상 한 편이 방영되었다. 소형 카메라로 찍은 동영상은 탁심 광장에 있던 시위대가 처음으로 쫓겨나는 장면을 보여주었다. 그들은 탁심 광장 인근의 유일한 녹지대인 게지 공원의 나무들을 베어내고 철거해서 대형 쇼핑센터(부동산 투기꾼들은 '문화'센터라고 주장하지만)를 지으려고 하는 것에 맞서 여러 날을 항의하고 있었다. 시위대에 가해진 경찰 폭력은 말할 것도 없이 무지막지했다. 이후 며칠 동안 터키 경찰의 시위대 진압 장면은 전 세계 텔레비전 뉴스를 통해 방송되었다. 경찰의 대응은 처음부터 도를 넘었다. 데프네가 초대한 한 젊은 여성은 우리가 동영상을 통해 본 바로 그날 탁심 광장의 시위대 해산 장면을 직접 목격한 사람 가운데 한 명이었다. 그녀는 그저 자신이 어렸을 때부터 산책했던 공원의 나무들이 베인다고 해서 그 전날 밤에 자기 분신과도 같은 나무들에게 '작별'을 고하기 위해 그곳에 갔다고 말했다. 그녀는 당초 시위에 참여할 생각은 없었다. 다만 마지막으로 나무들을 보고 잘 가라고 인사하기 위해 간 것이었다. 광장에는 무슨 수를 써서라도 공원의 나무들을 베는 것을 막으려고 항의에 나선 활동가들이 세운 10여 개의 텐트가 있었지만, 그날 거기에 있었던 100여 명 중 대부분은 단순히 공원에 애착이 있어 온 사람들로, 시위에 참여하기 위해 나온 것이 아니었다. 경찰은 시민 안전에 대한 아무런 고려 없이 그들을 제압했다. 경찰봉을 휘두르고 최루탄을 쏴대는 경찰의 진압 작전으로 인해 많은 사람이 다쳤다. 다음 날 경찰의 폭력적 해산 작전 소식이 뉴스를 통해 널리 알려지자마자 수천 명의 사람들이 탁심 광장으로 몰려들었다. 그 수는 날이 갈수록 늘어났다. 많은 이스탄불 주민이 일과 후 곧바로 광장으로 모였다. 경찰과의 충돌은 일상이 되었고, 경찰의 폭력 진압 역시 마찬가지였다. 사상자가 속출했다. 그 가운데에는 심각한 부상을 입은 사람들도 있었고 심지어 사망자도 있었다.

데프네는 그때까지 게지 공원의 상황에 어떻게 전개되었는지 우리에게 설명해주었다. 그때는 토요일 아침이었다. 그녀는 대다수가 십대였던 이스탄불 슬로푸드 콘비비움의 청년 회원들이 날마다 광장에 갔고 심지어 그중 일부는 노숙까지 했다고 말했다. 그 청년들 중에는 데프네의 딸도 있었다. 그녀가 우리에게 말한 탁심 광장 진압 해산 이후 시위는 수천 명의 사람들이 그 공원을 반영구적으로 점령함으로써 자연스럽게 일어났다. 공원에는 야전병원 두 곳과 거기 모인 사람 모두에게 무료로 식사를 제공하기 위한 주방 막사가 차려졌다. 온 가족을 데려온 사람들도 있었다.

슬로푸드 청년 회원들을 중심으로 나무들 주변에 텃밭을 만들기까지 했다. 밤마다 콘서트와 영화 상영이 이어졌고 다양한 예술 행사가 열렸다. 행사 출연자들 가운데는 유명인사나 연예인도 있었다.

유럽과 아시아의 중간 지대에 있는 터키는 한편으로 유럽과 새로운 패러다임, 생활양식을 동경하는 청년 세대와, 다른 한편으로 시위대 강경 진압을 주도한 레제프 타이이프 에르도안Recep Tayyip Erdogan을 대통령으로 뽑은 다수의 아시아 이슬람 신자들로 구성되어 있다. 많은 이스탄불 시민은 국무총리 시절에 터키 경제를 크게 발전─무엇보다 지나친 대규모 건설로 이어진 공격적이고 반생태적인 정책들 덕분에─시켰지만 개인의 자유를 제한하고 자신을 지지하는 이슬람 근본주의자들의 요구사항을 적극 수용하는 조치를 취한 에르도안에 반대하는 시위대에 빠르게 합류했다. 주류 판매 금지, 바와 클럽 개장 시간 통제, 공공장소에서 키스 금지, 인터넷 사용 제한과 같은, 자기 삶을 즐기고 서로 소통하고 함께하는 청년들의 생활양식을 강타하는 정부의 조치로 인해 이스탄불은 새롭게 국제적 주목을 받았다. 이스탄불을 방문하는 사람들은 도시가 역동적이라는 인상을 금방 갖게 된다. 시내 곳곳에 있는 건설현장에서는 노동자들이 분주하게 일하고 있어 시각적으로도 변화된 모습을 볼 수 있을 뿐 아니라 실제로도 열정과 혁신의 분위기도 느낄 수 있기 때문이다. 아시아와 유럽은 여기서 지리적으로 만나고 서로를 응시하면서, 완전히 이해할 수는 없지만 아주 자연스럽게 옛 전통과 새로운 발전이 빠른 속도로 독특하게 융화된다.

가두시위는 수도 앙카라Ankara와 스미르나Smyrna에서도 일어났는데, 거기서는 심지어 청년 사망자도 발생했다. 상황은 에르도안이 통제할 수 없는 지경에 이르고 있었다. 하지만 그는 상황을 안정시키기 위한 묘책을 찾기는커녕 오히려 압박 강도를 더 높여갔다. 6월 15일 토요일 저녁 우리 슬로푸드 국제협회 위원들은 모두 탁심 광장에서 멀지 않은 곳에 있는, 거대한 테라스가 딸린 한 개인 저택에서 만찬 모임을 갖기로 예정되어 있었다. 그날 만찬 음식은 칸틴Kantin 레스토랑 주방장인 셈사 데니즈셀Semsa Denizsel이 맡았다. 칸틴 레스토랑은 터키 각지의 다양한 전통음식을 제공하는데, 해당 지방에서 직접 재배한 식재료를 쓰는 곳으로 유명하다. 하지만 유감스럽게도 그날 우리에게 전달된 소식은 불안하기 그지없었다. 에르도안이 해외여행을 끝내고 이스탄불로 돌아오고 있으며, 그가 탁심 광장을 점령하고 있는 사람들에 대해 강경 조치를 취할 것이고, 다음 날 그의 지지자들과 함께 100만 명이 모이는 대규모 집회를 열 것이라는 소문이 퍼지고 있었다. 데프네를 비롯해서 콘비비움의 청년 여성 활동가들은 도심에서 벌어지는 시위대와 경찰의 충돌 현장에 우리가 노출되는 것을 우려하여 안전을 이유로 마지막 순간에 만찬 장소를 셈사 데니즈셀이 근무하는 칸틴 레스토랑으로 변경했다. 비록 공간이 협소해서 모두가 앉을 자리가 부족하지만, 우리는 장소를 옮기면 그날 만찬을 더욱 편안한 분위기에서 맛있게 먹고 즐길 수 있을 거라고 생각했다.

우리는 버스를 타고 그 레스토랑으로 갔다. 바깥은 아무 일도 없는 듯 모든 것이 조용해 보였다. 그러나 사실 도시는 극도의 긴장감이 감돌고 있었다. 하지만 '위험' 지대를 벗어나면 거리는 평범해 보였고 평소처럼 꽤 분주한 것 같았다. 택시운전사와 몇 마디 나누고 호텔 직원이나 점원, 레스토랑 주인이 하는 말로 지금 상황이 어떤지 미루어 짐작할 뿐이었다. 이를테면, 모든 것이 포위되어 있는 것 같았다.

교통이 혼잡하지 않아서 우리는 정시에 칸틴에 도착했다. 우리는 주변에 흩어져 앉았다. 어떤 이는 베란다에, 어떤 이는 정원에, 또 어떤 이는 두 개의 커다란 방에 앉았다. 식전 반주와 최고의 요리, 훌륭한 와인. 그런데 갑자기 청년 여성 활동가들과 레스토랑 직원들이 전화 통화를 하고 문자를 보내며 수군대더니 휴대폰으로 인터넷 검색을 하기 시작했다. 경찰이 게지 공원에 모인 군중들을 다시 공격하기 시작했다. 그들의 진압 작전은 첫 번째 시도보다 훨씬 더 폭력적이고 조직적이었다. 물대포(물에 자극성 액체를 섞은 것이 나중에 밝혀졌다)를 쏘고 최루가스와 피부 통증을 일으키는 가스를 여성, 아이, 노인 가리지 않고 거기에 있던 모든 사람, 심지어 저녁 산책을 나온 주민들에게도 눈에다 대고 살포했다. 데프네의 반대에도 불구하고 나는 그 전날 공원을 찾아가서 일군의 시위자들과 만나 이야기를 나누었다. 그날 밤 저녁식

사 후 일부 이탈리아 슬로푸드 회원들은 게지 공원으로 가려고
했다. 그 공원에는 많은 사람이 있었다. 경찰의 해산 작전 이후 그
들은 주변 거리로 흩어졌다. 그들 가운데 일부는 우리가 식사 중
이던 레스토랑 인근까지 왔다. 밖을 내다보니 승용차들이 경적을
울리며 달리기 시작했다. 신체 보호를 위해 스카프와 마스크, 안
전모, 물안경으로 무장한 시위대들이 그 뒤를 따랐다. 처음에는
몇 명 안 되어 보였는데 금방 대규모 행렬을 이루었다. 이어서 매
우 알싸한 최루가스 냄새가 풍기기 시작했다. 레스토랑에서 얼마
안 떨어진 대로에 바리케이드가 세워졌다. 데프네는 우리가 레스
토랑에서 나가는 것을 막았다. 시위에 휘말리고 경찰의 폭력 진
압에 노출되는 것은 매우 위험할 수 있기 때문이었다. 시위대가
완전히 평화적인 방법, 예컨대 소극적 저항, 자기 방어, 경찰이 뒤
로 물러설 때만 앞으로 나아가는 방식으로 저항했다는 말만 전
해들었을 뿐이다.

우리는 모두 레스토랑 안에서 말없이 넋을 놓고 있었다. 무엇
보다 우리의 터키 친구들이 걱정되었다. 일부 청년 활동가들은
게지 공원의 시위 군중 속에 있는 많은 친구들 때문에 특히 격
앙되어 있었다. 우리는 트위터와 페이스북을 사용하는 것도 조심
했다. 경찰이 우리의 메시지를 추적할 수 있기 때문이었다. 이미
이스탄불에서 트위터로 메시지를 보낸 사람들이 경찰에 체포된
경우가 있었다. 우리는 모두 그저 레스토랑의 거대한 창을 통해
서 시위대가 시내 중심가를 지나 여기서 수 킬로미터 떨어진 탁

심 광장으로 몰려가는 모습을 힘없이 바라볼 뿐이었다. 그 사이에 요리들은 주방에서 계속해서 나오고 있었다. 식탁에는 맛있는 음식들이 쌓이기 시작했지만, 누구도 먹을 생각을 하지 못했다. 잘 차려진 식탁에 음식들이 그대로 남겨지고 있었다. 그 모습은 이탈리아 영화감독 페데리코 펠리니Federico Fellini가 만든 몽상적이고 초현실적인 영화의 한 장면을 생각나게 했다. 마오쩌둥이 한 "혁명은 만찬을 즐기는 것이 아니다"라는 유명한 말을 떠올리지 않을 수 없었다. 그렇다. 맞는 말이었다. 우리가 지금 레스토랑에 그냥 있는 것은 옳은 행동이 아닐지도 모른다. 하지만 우리는 여기 갇혔고 도로도 봉쇄되었다. 바리케이드와 경찰 사이에 갇힌 우리가 버스는커녕 택시를 타고 그 지역을 도는 것은 꿈도 꿀 수 없었다.

우리를 당혹스러운 상황에서 구해준 사람은 바로 셈사 데니즈 셀이었다. 그녀는 때마침 주방에서 커다란 트레이를 끌고 나왔는데, 그 안에는 중국식 딤섬과 유럽식 속이 채워진 파스타stuffed pasta가 결합된 동서양 융합 음식인 양고기 속을 넣은 라비올리ravioli가 들어 있었다. 셈사 주방장은 살며시 웃으며 이렇게 말했다.

터키는 해방되고 있습니다. 이것은 우리의 민권 투쟁입니다. 저는 지금 이 순간 여러분이 여기에 있어서 행복합니다. 여러분이 집으로 돌아가면 여기서 일어난 일에 대해서 이야기할 것이므로 저는 행복합니다. 여러분은 가능한 한 많은 사람에게 이 이야기를 해주어야 합니다. 하지만 제발 지금 먹는 것을 중단하지는 마세요. 제가 요리를 계속할 것이기 때문입니다! 지금 우리가 거리에 있는 사람들을 간접적이나마 도울 수 있는 유일한 방법은 먹는 것입니다. 함께하면서 우리의 미식 전통을 즐기고 그 경험을 충분히 나누는 것은 우리를 조금이나마 변화시킬 것입니다. 식사를 멈추지 마세요. 그것은 우리가 여기에 있고 두려워하지 않으며 우리의 미래를 만들어가고 있음을 이야기하는 우리의 대화 방식입니다.

우레와 같은 박수갈채가 레스토랑 안에 울려 퍼졌다. 젊은 터키 여성 활동가들—브라 출신의 동료 한두 명도 마찬가지로—은 가슴 벅차오르는 감정을 억누르느라 힘겨워했다. 우리의 만찬은 처음 시작할 때보다 좀 마음이 안정된 상태로 끝났다. 두어 시간 뒤, 우리는 부서진 바리케이드 조각들로 가득한 거리에서 호텔로 돌아갈 택시를 잡느라 약간 고생을 했다. 시위대와 경찰 간의 충돌은 잠잠해진 듯 보였다. 문득 이런 생각이 들었다. '마오가 틀렸을지도 몰라. 혁명은 잘 차려진 만찬 식탁일 수도 있지 않을까. 실제로든 은유적 표현이든 말이야.'

2장

이스탄불에서
시애틀까지

다음 날 우리는 이스탄불에서 다시 회의를 했다. 일정대로 회의가 오후 1시에 끝나고 호텔로 복귀하고 있을 때, 멀리서 구호를 외치는 소리가 들렸다. 내가 묵고 있던 호텔은 갈라타 다리를 마주보며 탁심 광장으로 가는 두 개의 오르막길 도로 중간에 서 있었다. 한 군중 행렬이 광장을 향해 행진하고 있었다. 많은 청년들, 어린 아이들을 데리고 온 가족들, 노인들, 베일을 두른 여성. 그들 대부분은 손수건이나 마스크로 얼굴을 감싸고 있었고, 물안경과 안전모를 쓴 사람들도 있었다. 이런 기본적인 보호 장구를 미처 갖추지 못한 사람들을 위해서 노점상들이 즉석에서 그런 장비들과 과일, 물을 팔고 있었다. 사람들이 여기저기서 도심으로 모여들고 있었다. 교외에서 열리기로 예정된 친정부 시위에 참석할 사람들을 태운 버스들이 호텔 앞을 지나쳐가고 있었다. 그들은 에르도안 지지자들이었지만, 그들 가운데에는 '강제 동원'된 이스탄불 공무원들도 있었다. 그 시위는 100만 명이 모인 거대한 집회가 되었다. 하지만 또 다른 수십만 명의 시위대가 이스탄불 전역에서 모여들기 시작했다. 아시아의 해안 지역처럼 아주 먼 곳에서 도보로 여러 개의 다리를 건너오는 사람들도 있었다. 전날 밤, 게지 공원의 시위대가 해산되었다는 뉴스가 퍼지자 4만 명의 사람들이 보스포러스Bosporus 해협*의 다리를 걸어서 건너왔다. 한 방송해설자가 말한 것처럼 "4만 명의 사람이 한 대륙에서 다른 대륙으로 걸어서 넘어온다면, 그것은 뭔가 역사적인 일이 벌어지고 있음을 의미"한다.

우리는 단호하지만 생기발랄한 다채로운 사람들의 행렬을 여러 시간 동안 지켜보았다. 마치 일요일 야유회를 나온 것처럼 보이는 가족들의 무리도 있었다. 모두가 매우 차분했다. 다만, 에르도안 지지자들을 실어 나르는 버스들이 오렌지색 깃발을 달고 그들을 지나칠 때만 종종 구호를 외치거나 야유를 보냈다. 호텔 급사인 한 청년이 탁심 광장을 향해 오르막길을 걷고 있는 사람들

---

* [옮긴이주] 마르마라해와 흑해를 연결하는 해협으로 다리를 건너면 이스탄불이다.

을 가리키며 "저들을 잘 보세요. 그들이 테러분자들처럼 보이세요?"라고 내게 물었다. 에르도안 총리는 그들을 그렇게 불렀던 것이다. 30분 뒤, 그 급사 청년은 스쿠터를 타고 광장으로 향했다.

오후 6시경, 군중이 다시 내려오기 시작했다. 점점 더 빨리 이동했다. 몇 분 사이에 그들은 우리 호텔 앞 대로를 가로지르는 거대한 바리케이드를 쳤다. 순식간에 우리는 최루가스를 뒤집어쓰고 있었다. 매우 고통스러웠다. 우리는 호텔 안으로 피신했다. 화끈거리는 통증을 무마하기 위해 레몬을 찾았지만 숨 쉬기는 여전히 힘들었다. 결국 우리는 옥상 테라스를 열고 나서야 비로소 숨을 쉴 수 있었다. 우리는 옥상에서 그날 충돌 현장을 내려다볼 수 있었다. 그 상황은 몇 시간 동안 지속되었다. 한밤중이 다 되어서 청소차가 거리의 잔해를 치우기 시작했다. 이제 모든 상황이 끝난 것처럼 보였다. 다음 날 아침, 우리는 무사히 공항에 도착했다. 그 사이에 이스탄불은 평소와 다름없는 도시의 리듬을 다시 회복한 것 같았다. 그러나 문제가 해결된 것은 아니며 지금 이 글을 쓰고 있는 순간에도 상황은 바뀌지 않았다. 에르도안 정부에 저항하고 반대하는 방식은 바뀌었을지 모르지만, 터키 경찰의 만행과 강경 진압은 어떤 식으로든 지속되고 있다. 2013년 6월 이후로 게지 공원은 복구되었고 이른바 문화센터라고 하는 쇼핑센터 건립 계획은 무기한 연기되었다. 아직까지 확정된 것은 없지만 그 시위가 일어난 지 두 달 뒤에도 사람들은 여전히 매일 밤 게지 공원에서 집회를 열고 있었다. 데프네는 그 장소가 지금은 약간 인공적으로 바뀌고 '고급화'된 것 같다고 내게 말한다. 하지만 지역민들이 거둔 진정한 승리는 그들이 야외에서 이웃들과 이야기를 나눌 수 있는 공간을 잃지 않았다는 사실이다. 이스탄불의 다른 녹지 공간에서도 같은 일이 일어나기 시작하고 있다. 이틀에 한 번꼴로 대중 집회에 거부감을 나타내는 경찰과의 작은 충돌이 일어난다. 어떤 경우에는 꽤 폭력적이지만, 대중의 저항은 도시에 새로운 활력을 안겨주었다. 시민들은 일이 끝나면 공원에 모여 대화하며 서로를 알고 의견을 교환하고 함께 식사를 하기도 한다. 거기에는 정원과 소풍 나온 사람들과 소농들이 차린 농민시장이 있다. 게지 공원과 탁심 광장에서 벌어진 시위 이후 이스탄불과 그곳 시민들은 이제 옛날과 달라졌다.

우리는 거기서 문명의 충돌과 혁명을 목격했다. 그것이 크든 작든 진실은 오직 역사만이 알 것이다. 무엇보다도 그러한 충돌은 서로 다른 견해가 맞부딪치는 세계, 멈추거나 억누를 수 없는 변화를 나타내는 것이었다. 어쩌면 지금쯤 물밑 대화가 진행 중인지도 모른다. 아직도 많은 불확실성이 잔존하고 있으며 그것은 불가피한 일이지만, 분위기는 그 어느 때보다 성숙해진 상태다. 에르도안은 공항 방면으로 대부분 교외 지역에 분포된 거대한 녹지대를 보호하고 그곳을 이스탄불의 센트럴파크로 만들겠다고 약속했다. 이는 정부도 그것의 중요성을 인지했을 수 있음을 의미한다.

터키에서 시위가 발생한 지 2주 뒤, 리우데자네이루에서는 컨

페더레이션스컵 축구대회 기간 중에 대중 폭동이 일어났다. 폭동의 근본 원인은 버스요금 인상이었지만, 그 시위는 곧바로 룰라 뒤를 이은 지우마 호세프 정부에 반대하는 거대한 반정부 가두시위로 바뀌었다. 브라질에서도 시위의 불길이 확 타오른 도시들에서는 모두 사상자가 발생했고 무자비한 진압 작전이 있었다. 터키와 브라질의 시위가 어느 정도 서로 연관성이 있어 보이는 것은 결코 우연이 아니다. 두 나라는 세계에서 경제 개발 속도가 가장 빠른 나라에 속한다. 하지만 그 개발의 혜택을 전 국민이 받지 못하고 있는 것도 두 나라의 공통점이다. 룰라 대통령이 시작해서 당시 총리였고 이후 유엔식량농업기구 사무총장을 역임한 조제 그라지아노 다 시우바José Graziano da Silva가 성공적으로 운영한 '포미 제루Fome zero(기아 퇴치)' 캠페인은 브라질의 오랜 숙원과제인 기아와 영양실조 문제를 해결했다. 그들은 훌륭히 임무를 수행했다. 하지만 그 캠페인은 시작이지 끝이 아니었다. 개발은 경제적 복리를 가져다주지만 그 대가로 여러 가지 다른 권리의 침해 문제가 발생한다. 전후 이탈리아에 경제 호황을 몰고 온 1960년대를 돌이켜보건대 그 기간에 이탈리아에도 폭력적인 정치사회적 억압이 있었다. 우리는 오늘날 터키와 브라질에서 보는 장면들을 이전에 벌써 이탈리아에서 경험했다. 하지만 우리는 어쩌면 지금 그 기억을 다 잊어버렸는지도 모른다.

그 장면들은 오늘날 전 세계 모든 사회와 모든 종류의 상황에서 점점 더 빈번하게 반복해서 일어나고 있다. 그 원인과 계기는 서로 다르고 바뀔 수 있지만 공통분모는 있다. 그것은 특히 오늘 날 젊은 세대들이 줄기차게 요구하는 것인데, 탈근대라고 불리는 현재의 역사적 시점에서 중요한 과제로 대두된 미묘한 생태적·사회적 문제들을 다스리고 관리할 새로운 개발 모델에 대한 요구다. 개별적 사례와 상황을 모두 감안해서 일반화하는 것은 당연히 어렵다. 하지만 1999년 세계무역기구 총회가 열린 시애틀에서의 반세계화 시위 이후로 그러한 사례는 점점 더 크게 늘어나고 있다. 최근 몇 년만 보더라도, 북아프리카 대부분으로 퍼져나간 '아랍의 봄'(2012년 이전 마지막 슬로푸드 국제협회 총회는 우연히도 불안한 정국의 한가운데에 있던 모로코에서 열렸지만 아무 사고 없이 끝났다), 심각한 경제 위기에 봉착한 미국에 정치적 충격을 안겨준 뉴욕시 주코티 공원의 '점령하라' 운동, 2011년 스페인에서 시작해 전 세계로 퍼져나간, 민주적 삶과 정치경제적 결정에 대한 집단적 참여의 기세를 촉진한 '로스 인디그나도스los Indignados'* 라는 소셜네트워크를 통한 자발적인 민중 동원으로 일궈낸 평화적 시위가 머릿속에 떠오른다. 나는 여기에 또 하나 보태고 싶은 것이 있다. 그것은 브라에 인접한 수사 계곡Susa Valley에서의 '노타브NO TAV' 시위로 지금도 여전히 진행형이다.** 그것의 옳고 그

---

* [옮긴이주] 스페인어로 '분노한 사람들'이라는 의미로 2010년 스페인의 청년층이 정부의 긴축 정책에 항의하여 벌인 시위.
** [영역자주] 피에몬트 서부의 수사 계곡을 관통하는 토리노-리옹 고속철도 건설에 반대하는 시위로 지금도 진행 중이다. 타브(TAV)는 이탈리아어로 트레노 오드 알타 벨로시타Treno od alta velocitá, 즉 고속열차의 준말이다.

름을 떠나서 이 분쟁은 세대 차이와 사회 계층을 불문하고 온전한 보전이 필요한 특정 지역에 대해서 당당하게 대변하는 세태의 변화를 상징적으로 보여준다. 비록 어떤 이들은 시위대를 "테러 분자"로 묘사하기도 하지만—터키에서도 마찬가지였다—그들은 늘 매우 문명화된 방식으로 시위를 했다.

나는 슬로푸드와 테라마드레 같은 국제 네트워크의 관점에서 이 모든 운동이 서로 어떻게 교차하는지 이해하지 않을 수 없다. 그것들이 모두 완벽하게 서로 동조하지는 않을지 몰라도 거의 그런 수준에 가깝다고 말할 수 있다. 내가 이렇게 말하는 것은 그런 운동들이 모두 슬로푸드와 연결고리가 있고 간접적으로 어느 정도 접촉하고 있기 때문이다.

테라마드레는 적어도 그것이 견지하는 생각과 문제의식을 고려할 때 확실히 영향력이 있는 네트워크임에 틀림없다. 나는 이미 이스탄불 게지 공원에 있었던 슬로푸드 청년 활동가들에 대해서 이야기했다. 나중에 우리는 브라질 빈민지역에서 무슨 일이 벌어지고 있는지, 마그레브Maghreb[리비아, 튀니지, 알제리, 모로코 등 아프리카 북서부를 총칭] 지역이 협동 사업에 어떻게 반응했는지, 그리고 이탈리아에서도 자연과 공유지 보호가 새로운 네트워크들 간의 접속, 통합, 연대를 통해 어떻게 진행되는지 알게 될 것이다. 오늘날 다양한 정서와 대의를 하나로 묶어주는 새로운 미래 건설 방식은 이미 존재하고 있다. 그것은 몇 년 전만 해도 헛되거나 중요하지 않았다. 그러나 지금은 신세대들 사이에서 광범위한 공감을 얻으면서 지역과 세대, 심지어 이념을 넘어서 모든 사람에게 영향을 끼치고 있다. 그것은 '좋고 깨끗하고 공정한' 세계에 대한 공감대가 세상 모든 이에게 퍼지고 있음을 의미한다. 확실한 것은 오늘날 그들이 모두 자기 결정권, 삶의 질, 사회 정의와 생태, 인류 변화의 지속가능성을 위해 분투하고 있다는 사실이다. 그들은 대개 먹거리에 주목하거나 그들의 투쟁 목표에 그것을 포함시킨다. 그들의 시위는 새로운 역동성을 보여준다. 우리는 이제 그것을 새로운 패러다임으로서 숙달해야 한다. 지그문트 바우만 Zygmunt Bauman은 《윤리학은 소비자 세계에서 의미가 있는가Does Ethics Have a Chance in a World of Consumers》(Harvard University Press, 2009)라는 현 사회를 되돌아보게 하는 소논문에서 이 문제를 벌떼 기제swarm mechanism로 멋지게 설명하고 있다.

우리는 파나마의 말벌이 사는 방식과 우리가 사는 방식 사이에 또 하나의 놀랄 만한 유사성이 있음에 주목할 수 있다. 유동하는 근대 사회에서 **벌떼**swarm는 지도자와 계급, 서열이 있는 **집단**group을 대체하는 경향이 있다. 벌떼는 그런 장치들이 없어도 살 수 있지만, 집단은 그런 것이 없다면 존재할 수 없다. 벌떼는 집단이 생존을 위해 필요로 하는 도구들 때문에 낙오되면 안 된다. 벌떼는 경우에 따라 모였다 흩어졌다 다시 모인다. 그때마다 그들은 늘 우선순위를 달리하며 끊임없이 변화하고 이동하는 표적에 이끌린다. 이동하는 표적에 끌리는 것만으로 벌떼의 움직임은 자율적으로 조직화된다. 따라서

"상부로부터" 어떤 명령이나 강압 형태도 불필요하다(사실상 '상부' 자체, 즉 중심부가 필요하지 않다). 벌떼는 상부도 없고 중심부도 없다. 스스로 날아 앞으로 나아가는 벌떼 단위에 비행이 지속되는 특정한 시간 동안 벌들이 그 뒤를 따르게 하는 '지도자' 지위를 부여하는 것은 오직 현재의 비행 방향뿐이다.

우리는 현재 벌떼의 시대에 살고 있다.

벌떼는 '유동하는 네트워크liquid network'를 통해 만나고 소통하는 것으로 산다. 이 네트워크가 속박에서 풀려난 다양성 다음으로 우리의 두 번째 필수 도구인 이유가 바로 이 때문이다. 우리에게 필요한 것은 자유로운 네트워크다. 그것은 현실과 가상을 불문하고 '모든 것이 다시 시작된' 공간으로 스스로 지속, 유지, 확장 가능하다. 경험과 가치, 정체성의 자유로운 교환 장소. 새로운 미식과 정책의 공간. 아직 정치 문제화되지 못했지만 이미 정치적인 다양성의 기반구조. 이런 네트워크, 이런 벌떼들에게 새로운 방향을 제시함으로써 그것들이 적극적 역할을 하고 서로 도움을 주면서 상호작용하는 것이 필요하다. 세상을 바꾸고자 하는 이런 사람들과 그들의 요구사항을 이해하고 그런 이야기와 생각들이 열매를 맺게 하는 것 또한 필요하다. 내가 말하려는 요지는 우리의 특수성—다시 말해서, 슬로푸드협회—이 이러한 네트워크 안에서 용해되어 다양한 벌떼와 서로 섞이고 저마다 처한 환경에 따라 자유롭게 새로운 방향을 따를 필요가 있다는 것이다. 나는 그 과정에 대해서 전혀 두려워하지 않는다. 그것은 모든 구조로부터 해방되는 과정이기 때문이다. 어떤 구조도 세상의 복잡함을 대변할 수 없기 때문이다.

3장

자유로운 네트워크를 구성하는 1만 개의 접속점

이제 우리는 앞서 언급한 '세 가지 1만'이라는 생각의 두 번째 지점에 와 있다. 다양성을 해방시키기 위해 맛의 방주에 1만 종의 음식을 실은 뒤, 그다음 목표는 우리의 네트워크에 1만 개의 접속점을 구축하는 것이다. 그 접속점들은 서로 이어져 세상을 바꾸는 가장 큰 네트워크를 구성하고 그 네트워크가 활기차게 돌아가도록 생기를 불어넣는다. 하지만 그것은 자유로운 네트워크여야 한다.

우리는 2004년 테라마드레 창립 행사 직후 슬로푸드를 이런

'유동하는' 조직, 네트워크 형태로 만드는 것에 대해서 매우 진지하게 검토하기 시작했다. 150개 넘는 나라의 약 1,200개 음식공동체를 대표하는 6,000명이 넘는 사람들이 행사가 열리는 토리노로 몰려들었다. 우리는 스스로 부여한 첫 번째 어려운 과제를 무사히 통과했다. 대규모 회의, 여행, 복잡한 실행계획 편성 같은 문제가 모두 큰 차질 없이 순조롭게 넘어갔다. 결과는 우리가 예상했던 것보다 훨씬 훌륭했다. 다음에 무엇을 해야 할지에 대해 우리가 묻기도 전에 행사에 참여한 공동체들이 스스로 답을 내놓았다. 몇 달 뒤, 우리는 각국의 지역공동체들끼리 서로 접촉하고 의견 교환을 통해서 다양한 비공식 네트워크—토착원주민 네트워크, 유목민 네트워크, 소규모 어부 네트워크, 양치기 네트워크—를 구축했음을 알았다.

토리노에서의 만남 뒤에 전 세계 각지에서 서로 같은 문제로 고민하고 있던 사람들은 함께 모이고 계속 연락을 취하며 저마다 겪은 경험과 해법, 아이디어를 나누기 시작했다. 스칸디나비아, 브라질, 아르헨티나, 아프리카, 오스트레일리아, 발칸 지역, 한국, 그리고 원주민공동체는 지역별, 국가별, 대륙별 테라마드레 회의를 개최했다. 그래서 우리는 테라마드레의 날Terra Madre Day을 제정하고 이제 해마다 12월 10일에 그날을 기념한다. 전 세계 모든 음식공동체는 그날 각 지역에서 회원들이 모여 작은 행사를 열어 기념식을 하고 회합을 갖는다. 오늘날 해마다 거의 1,000여 군데서 동시에 슬로푸드의 날 행사가 열려 테라마드레가 적극적으로 활동하는 세계적 네트워크임을 보여주고 있다.

그러나 처음부터 내가 '감성적 지능affective intelligence'(동지애로 뭉친 네트워크의 견고함과 논리성보다 인간적인 지적 활동)과 '철저한 무정부 상태austere anarchy'(지역공동체나 접속점이 구체적으로 어떤 일을 하고 어떻게 조직되고 어떻게 운영되어야 하는지에 대해서 아무도 규정하지 않는다)라고 부르는 정서로 작동되었던 이 자유로운 네트워크는 그때까지의 슬로푸드와는 확실히 다른 모습을 보여주고 있었다. 테라마드레 공동체 대부분은 처음부터 공식적으로 슬로푸드협회의 일부가 아니었으며 지금도 마찬가지다. 다시 말해서, 테라마드레 공동체 구성원들은 예나 지금이나 슬로푸드 회원이 아니다. 그 반대도 마찬가지다. 슬로푸드는 테라마드레 모임을 조직하는, 즉 그 네트워크에 불을 붙이는 발화장치였고 지금도 그 역할을 충실히 이행하고 있다. 슬로푸드협회는 테라마드레 공동체의 복잡한 내부 구성을 제도적으로 정비하는 본보기로서 역할을 하려 한 적이 없었고 앞으로도 그럴 생각이 없다.

그러한 복잡성은 대개 그 결합 형태조차 알지 못하고 각각의 공동체마다 오랜 전통을 자랑하는 고유한 문화적 현실들을 반영하고 있기 때문이다. 또한 지난 10년 동안 역설적 상황들이 발생했지만, 다행히도 이와 관련된 모두—그들은 슬로푸드 회원이거나 음식공동체 구성원이다—의 완벽한 응집력 덕분에 우리는 그런 형식의 문제들을 극복하고 네트워크의 통합을 유지할 수 있었다. 실제로 그것은 예상치 않은 현상을 낳았다. 슬로푸드 조직이 없는 지역—아프리카, 남아메리카, 아시아의 많은 지역—에서 슬로푸드의 상징인 달팽이는 곧바로 테라마드레와 동일시되었고 그것의 상징처럼 보였다. 케냐의 라레 지역에 슬로푸드 깃발이 휘날리고, 지역의 호박 프레시디엄 소속 여성들이 운영하는 레스토랑이 슬로푸드 호텔로 불리는 이유가 바로 여기에 있다. 오늘날 수많은 다른 지역에서도 똑같은 일이 일어나고 있다. 그것은 슬로푸드만 있었다면 결코 일어날 수 없었을지도 모르는 현상이다. 예컨대 슬로푸드 국제협회의 아프리카 회원들은 모두 테라마드레 소속인데, 그들이 슬로푸드를 알게 된 것은 순전히 테라마드레를 통해서였다.

이런 불일치를 없애기 위해서, 2012년 우리는 살로네 델 구스토와 테라마드레를 하나의 행사로 통합하기로 결정했다. 이전에도 그 두 행사는 동시에 열렸지만, 서로 다른 공간에서 열렸기 때문에 서로 분리된 행사로 여겨졌다. 하지만 이제는 서로 문호를 개방해서 행사를 공유하고 저마다의 다른 특성을 융합했다. 이것은 강력한 신호였다. 동시에 열린 국제총회는 모든 장벽을 무너뜨렸다. 공식적으로 테라마드레 공동체 구성원이 슬로푸드 집행부에 참여할 수 있도록 최종 확정하기까지 했다. 하지만 전 세계 슬로푸드 네트워크의 지부 역할을 하는 콘비비움에서 테라마드레 구성원들의 회원으로서 권한 행사는 제한이 있다. 그 이유는 테라마드레 창립대회 이후 거의 10년이 흐른 지금까지도 이러한 통합 과정이 아직 완결되지 않은 채 느리게 진행되고 있기 때문이다. 여하튼, 2012년 10월, 우리는 슬로푸드 운동의 새로운 진화를 알리며 단순한 협회 이상의 훨씬 더 크고 '유동적인' 운동으로서 슬로푸드 2.0을 탄생시켰다. 이제 과거로 되돌아갈 일은 없다.

우리가 네트워크 접속점 구축 목표를 스스로 1만 개로 정함으로써 '카드 패 뒤섞기'를 결정한 이유는 바로 이 때문이다. 작은 성과에 만족하고 안주할 수 없으며 자유로워지기 위해서는 높이 날아올라야만 한다. 오늘날 슬로푸드협회는 전 세계에 회비를 내는 회원이 10만 명에 이르며, 그들은 1,500개의 콘비비움을 구성하고 있다. 하지만 협회와 관련해서 활동하고 그에 연결된 사람들을 모두 합하면 그 수는 엄청나게 불어난다. 현재 전 세계에 테라마드레 음식공동체 2,000곳, 생산자와 함께하는 프레시디아 프로젝트 400개, 어린이와 교사가 참여하는 학교 교육 프로그램 700개가 있고, 1,700명의 요리사와 그들의 레스토랑, 아프리카의 1,000개 학교와 공동체 텃밭, 슬로푸드청년네트워크가 서로 협력하고 있다. 슬로푸드청년네트워크의 청년들은 정식 회원보다는 비공식적으로 참여하는 경우가 더 많다. 게다가 원주민들도 있는데, 내가 유엔을 방문했을 때, 그들은 슬로푸드를 문명사회에서 제도권 밖에 있는 그들의 유일한 동반자로 보았다. 이렇게 슬로푸드에 연결된 사람들이 모두 60만 명에서 100만 명에 이른다고 보면 지나치지 않을 것이다.

현재 슬로푸드 네트워크의 규모는 점점 더 커지고 있다. 1만 개의 네트워크 접속점을 구축하는 목표와 더불어, 우리는 또한 정체성 확립과 규모 확대를 위한 더 좋은 방안을 찾는 것에 대해서 내부적으로 매우 구체적인 합의에 이르렀다. 테라마드레가 내뿜는 에너지는 통제하기 어려울 정도로 엄청나다. 그 에너지가 어디로 유입될지 예측할 수 없다. 우리는 이러한 과정을 위로부터 '명령'하거나 지시할 생각이 없다. 또한 네트워크에 특정한 꼬리표를 붙이거나 깃발을 꽂을 생각도 없다. 우리가 현실을 직시하고 테라마드레의 자율성을 인정한 이래로, 이 거대한 해방을 향한 변화는 내적으로 활기차게 진행되어왔다. 우리는 전 세계 170개가 넘는 나라의 음식공동체를 대표하는 새로운 중심이 될 생각도 없다. 중요한 것은 네트워크의 접속점들을 어떻게 관리하느냐의 문제가 아니라, 그것들이 뿜어내는 에너지의 흐름을 어떻게 인도하여 실제로 효력을 발휘할 수 있게 하느냐의 문제다. 슬로푸드 네트워크는 자유롭다. 그리고 앞으로도 그러해야 한다. 다만 우리는 스스로 우리의 정체성을 더 잘 이해하고 마땅히 해야 할 프로젝트를 지지하기를 바란다. 또한 우리를 세상에 널리 알리고 현재 하고 있는 것보다 더 많은 일을 다른 네트워크들과 협력하기를 바란다. 우리는 지금까지 꿈꾸지 못했던 새로운 교류에 대한 우리의 생각—'해방된' 미식—과 우리의 힘—제한 없는 극도의 다양성—을 세상 사람들에게 불어넣기를 바란다.

지금까지 이 프로젝트는 잘 작동해온 것처럼 보인다. 그 범위를 넓히는 것만이 자유를 외치며 거리로 나선 청년들의 요구사항처럼 정치가 간과하고 있는 것들을 이해할 수 있는 새로운 패러다임을 가져올 수 있다. 어쩌면 우리가 자유, 평등, 우애를 들먹일 때는 이미 지났다고 생각했을지도 모른다. 그러나 오늘날 비록 우리가 직접 실감하지는 못하지만 이 지구상에서 날마다 일어나고 있는 크고 작은 혁명들을 생각할 때, 이 세 가지 개념은 과거와 마찬가지로 지금도 유효하다.

이 자유로운 네트워크들을 믿고 그 안에서 끊임없이 실천하자. 그것은 인류의 진보와 거듭남을 가져다줄 것이다. 가상적 차원이 아니라 현실적 차원에서 행동하자. 테라마드레 사람들은 컴퓨터나 전화로 연결된 멀리 떨어진 가상의 존재들이 아님을 기억해야 한다. 그들은 날마다 활기차게 일하고 자기 지역과 현실에 관심을 가지고 있는 살아 있는 실체다. 하지만 그들의 마음은 훨씬 더 크고 행복하다. 이것이 바로 슬로푸드-테라마드레 네트워크의 힘이다. 그 힘은 실제로 존재하며 피부로 느낄 수 있다.

4장

사례
: 붉은 바탕에 초록별[*]

2001년 포르투갈 오포르토Oporto에서 열린 슬로푸드 생물다양성상 선정 심사위원단에게 제출된 문서 내용은 다음과 같다.

이름 : 아말 드 타마나르 협동조합

국적 : 모로코(에사우이라Essaouira)

활동 분야 : 농업

---

* [영역자주] 모로코 국기를 말함.

개요 : 아말 드 타미나르 협동조합은 1996년에 만들어져 1999년에 (모로코 영국대사관의 후원으로) 공식적으로 창립을 선언했다. 현재 47명의 여성 회원이 있다.

목적 : 아르간 숲 보전, 아르간 열매에서 추출한 식용유 아믈루amlou와 아르가니움arganium 같은 전통적 유기농산물 생산 증대(프랑스 국립'품질'관리소 인증 획득). 동시에 협동조합은 모로코 농촌 여성들을 지원한다.

건의 배경 : 아르간 나무(학명 : 아르가니아 스피노사Argania spinosa)는 사포테Sapotaceae과에 속하며, 신생대 제3기(약 700만 년 전에서 약 200만 년 전 사이)층에서 이미 존재했던 종이다. 모로코의 건조 및 반건조 사막지대에서 자생한다. 목재는 목공용과 장작용으로 두루 쓰인다. 열매로는 식용유를 만든다. 잎과 열매 껍질은 이 사막 지역에서 기르는 가축의 훌륭한 사료로 쓰인다.

한때 아르간 나무는 모로코 남서부 지역까지 방대하게(약 140만 헥타르) 분포되어 있었다. 그러나 지금은 83만 헥타르에도 못 미친다. 현재 아르간 나무는 건조한 기후의 심화와 인간의 개발 행위로 멸종 위기에 처해 있다.

따라서 아말 협동조합에 슬로푸드 상을 수여하는 것은

- 소농 여성들로 구성된 이 조합이 아르간 열매를 합리적으로 활용해서 수제 유기농 기름을 추출하려는 그들의 숭고한 의도를 포기하지 않도록 격려하고
- 모로코 남서부 반건조 사막지대 수Sous 계곡의 삼림을 회복시킴으로써 세계식물유산 아르간 나무를 보호하려는 협동조합의 노력을 높이 사고
- 멸종 위기에 처한 이 나무와 거기서 추출되는 (아르간오일 같은) 농산물, 그리고 그것의 미용 효과를 널리 알리기 위해서다.

추천자 : 아흐메드 엘라므라니Ahmed Elamrani 교수

국적 : 모로코

첨부 : 발표 자료와 사진 7장

해마다 우리는 전 세계의 대학교수, 미식과 요리 전문가, 슬로푸드 회원, 콘비비움 지도자를 망라하는 관찰자 집단으로부터 이 같은 종류의 추천서를 거의 200장쯤 받는다. 2001년 슬로푸드 생물다양성상 심사위원단은 최종 열다섯 후보로 간추려진 수상 후보자 가운데 이 모로코 협동조합을 수상자로 선정했다. 그해 여름, 슬로푸드 운영자와 언론인들은 이 생물다양성상을 수상한 지역을 방문하기 위해 브라를 출발했다. 방문 목적은 우선 추천 내용이 정확한지, 추천서에 기술된 활동을 실제로 수행하고

있는지 확인하는 것이고, 다음으로 그 배후에 숨겨진 비화를 찾아내어 기록해서 매우 흥미로운 소책자로 출판하는 것이었다. 지금 그 소책자는 절판된 상태다. 그때 우리는 깨닫지 못했지만, 그것이 결국 테라마드레였다.

나는 진정한 역사적 문서로서 아말 드 타마나르 추천서를 모로코에 대한 작은 프레스코화로 재현하여 자유로운 네트워크가 어떻게 올바른 에너지를 방출할 수 있는지 보여주고자 했다. 에사우이라에 있는 협동조합 이야기는 아르간 나무를 재료로 식용유와 화장품을 생산함으로써 아르간 숲을 보호하려는 협동조합의 노력이 대성공을 거두었다는 점에서 자유로운 네트워크의 전형적 사례라 말할 수 있다. 그 협동조합이 여성들로만 구성되어 있고 그들 가운데 일부는 아주 어처구니없는 이유로 가족과 인연이 끊겼다는 사실을 기억하라. 이슬람 사회에서 여성의 역할은 복잡할 수 있다. 하지만 아말 드 타마나르 협동조합의 여성조합원 47명의 사회적, 경제적 '해방'은 그 밖의 다른 지역에서도 곧 재현되고 있었다.

2011년 나의 마지막 모로코 여행 때, 나는 아르간 나무와 그 열매가 모로코 남서부 지역에서 얼마나 흔한 자원인지 다시 한번 확인할 수 있었다. 아르간오일은 이제 유럽의 모든 중요한 식탁을 비롯해서 전 세계 건강센터에서 그 모습을 볼 수 있다. 오늘날 점점 사라지고 있던 농업 경제는 이제 신기술, 특히 인터넷과 소셜네트워크의 확산이라는 현대적 맥락에서 전통 기술과 작물의 복원을 통해 다시 크게 회복되는 모습을 보이고 있다. 2001년 시상식 이후, 슬로푸드의 세계와 밀접한 관계에 있는 이탈리아 리루리아의 올리브오일 생산자들은 아말 드 타마나르 협동조합과 손을 잡고 모로코의 여성조합원들에게 오일 보관과 포장 기술, 예컨대 오일의 산화작용을 막기 위해 짙은색 유리병을 사용하는 것 같은 자신들의 노하우를 전수하기 위한 교류 여행을 계획했다. 이는 아주 사소한 이야기처럼 들릴지 모른다. 하지만 이를 계기로 현재 모로코의 에사우이라 지역에서는 170명의 여성 조합원이 아르간오일을 가공하는 일에 참여하고 있으며, 5,000명의 여성을 고용하는 효과를 거두었다. 다시 말해서 하나의 작은 혁명이 일어난 것이다.

모로코의 거대한 집단적 갱신 노력은 최근 몇 년 동안 지속되었다. 북아프리카의 다른 지역에 비하면 약간 논란은 있지만 매우 민주적이면서도 확실히 평화적인 방법으로 진행되었다. 모하메드 6세 모로코 국왕은 현재 국가 기반시설 구축에 중점을 두고 건설 부문 현대화에 기여하고 있다. 하지만 지금도 모로코 경제의 중심 역할을 하고 있는 것은 농업이다. 경제활동인구의 절반 이상이 농업에 종사하고 있다. 정부는 농업 부문도 현대화하는 것을 목표로 하고 있지만, 유감스럽게도 그 계획의 대부분은 집약적 산업농에 초점이 맞추어져 있다. 모로코의 농촌 현실은 여전히 그들의 전통에 구속되어 있는 경우가 대부분이다. 따라서 기존의 농업 질서를 와해시키기보다는 아르간오일을 생산하는 여성 중심의 협동조합이나 테라마드레 네트워크 소속의 청년들이 창업하고 있는 농업기업과 같은 제3의 길을 채택하는 것이 더 바람직할 수도 있다. 2011년, 나는 그런 청년들 가운데 3명을 우연히 만났다.

그즈음에 나는 알제리와 마주한 국경에서 10킬로미터 남짓 떨어진 사막 한구석의 소도시 모하미드 엘 기즈라네M'hamid El Ghizlane에 갔다. 거기서 압델루하브 엘 가스미Abdelouhab El Gasmi와 그의 남동생과 어머니는 수드 오아시스 협동조합Coopérative de l'Oasis du Sud을 만들었는데, 명칭에서 알 수 있듯이 그 협동조합은 오아시스에 자리 잡고 있다. 그들은 다양하고 특별한 대추야자 재래품종들을 재배해서 로브Rob라고 하는 시럽과 잼을 만드는 일을 한다. 그들은 재활용 유리병에 그들이 만든 제품을 담아 페이스북을 통해 국내외 시장에 판다. 그들은 비록 물 부족 문제와 대추야자를 절멸시킬 수도 있는 붉은야자바구미red palm weevil 구충 문제로 사투를 벌여야 하지만, 결코 포기하지 않고 지금도 꾸준히 판매망을 넓히고 있다. 그들은 또한 투자 기금을 받아 그들이 사는 지역사회를 위해 점적관수 장비를 구매하고 야자나무 과수원을 일구는 데 썼다.

같은 여행에서 나는 대서양변에 위치한 사피Safi 출신의 젊은 농학자 살라흐디네 사흐라위Salahddine Sahrawi를 만났다. 그는 그 항구 도시의 시민발의포럼Forum d'Initiative Citoyen 회원으로 지역의 포도, 무화과, 아르간 나무 재배업자들과 함께 일한다. 그는 여러 크고 작은 도시의 요리사들에게 자신들이 키운 작물들을 홍보하는 데 많은 노력을 기울이는 동시에 이곳저곳 찾아다니며 새로운 판로를 개척하느라 힘쓴다. 농민시장이든 인터넷을 통한 판매든 가리지 않는다.

끝으로 라치드 엘 히야니Rachid El Hiyani는 모로코 남부 탈리윈Taliouine에서 사프란saffron 생산자들과 함께 일한다. 그도 자신의 지역공동체에서 생산한 제품을 팔기 위해 상점을 열고 모로코 소생산자 협동조합을 결성하려고 한다. 그런 협동조합들은 오늘날 모로코에서 버섯처럼 자라나고 있다. 여기에는 몇 년 전, 이제까지 모로코의 발전을 가로막았던 각종 불필요한 관료주의를 철폐한 경제부처의 결단이 큰 기여를 했다.

앞서 언급한 사람들은 모두 페이스북과 트위터를 사용하는 청년들이다. 그러한 소셜네트워크서비스(SNS)는 2~3년 전 모로코의 이웃국가들에서 일어난 이른바 '아랍의 봄'에서 시위 청년들 사이에 널리 쓰인 주된 소통 수단이었다. 그들은 계속해서 최신 정보를 접하고, 서로 연락하고, 유용한 전문 정보를 교환하고, 프랑스나 독일 같은 먼 곳에도 직접 자신들의 제품을 팔기 위해서 SNS를 활용한다. 공정의 표준화와 산업화를 기반으로 한 '현대적' 농경과 유통 기술이 모로코를 장악하고 있음에도, 이 청년들은 그것과 다른 상업 모델, 생물다양성, 모로코의 풍요로운 전통 방식들을 신뢰한다. 그들은 어떤 기술이 '현대적'인가보다 지속가능한가를 더 중요하게 생각한다. 그렇다고 그들이 옛 모델만을 고

수한다는 것은 아니다. 그들은 자기네 공동체의 과거와 소농의 요구사항들을 존중하지만, 지금도 끊임없이 혁신을 추구하고 있다.

그들은 아르간 나무 관련 협동조합 여성들과 함께 모로코의 농업이 앞으로 '봄'을 맞이할 것임을 분명하게 보여주고 있다. 장차 이것이 오늘날 점점 익숙해지고 있는 모로코뿐 아니라 그 밖의 아프리카 국가로부터의 대량 이민을 결정하는 중요 변수가 될 수 있다고 생각하는 것은 결코 꿈같은 이야기가 아니다. 다시 말하지만 중요한 일이 이미 시작되었고, 그 중요한 일은 가장 힘들고 고립된 지역에서도, 특정 지역의 고유한 특성을 존중하면서 동시에 전 세계를 가로지르는 지속가능성, 생태, 전통 보호, 생물다양성에 대한 공동의 관심사가 불러일으킬 수 있는 대지의 부활을 알리고 보여주기 위해 그 자유로운 네트워크를 활용한다. 지역적인 것이 갑자기 세계적인 것이 되고 있는 것이다. 테라마드레의 청년인 압델루하브 엘 가스미, 살라흐디네 사흐라위, 라치드 엘 히야니가 하고 있는 일들을 보건대, 그들의 앞날은 밝다.

5장

뉴올리언스의 타종식에서
디트로이트의 크롭몹까지

1998년 나는 뉴올리언스에서 지역 농민시장의 개장을 알리는 타종의 영광을 누렸다. 뉴올리언스 슬로푸드 콘비비움 대표로 당시 슬로푸드 국제협회 위원이었던 파피 터커Poppy Tucker가 함께했다. 타종은 정말 멋진 전통이다. 종이 울리면 구매자들은 농부들이 근교에서 키워 가져온 농산물들을 사러 가판대로 몰려든다. 주로 가까운 교외에서 농사를 지은 것이지만 도심 농장에서 재배한 것들도 있다. 악단의 연주가 시작되면 장터는 축제 분위기로 바뀐다. 갓 수확한 신선한 각종 채소, 생우유 치즈, 수제

맥주, 농장에서 정육해 온 최고 품질의 고기, 빵과 케이크, 과일주스가 장터 곳곳에서 거래된다. 도심에서 반경 100킬로미터 이내의 지역에서 농부의 세심한 배려와 열정으로 생산된 농산물도 사고 간혹 지역특산물을 시식하면서 맛있는 아침시간을 갖는 것도 좋은 일이다.

1998년 이 모든 것은 유럽 여행객에게 완전히 새로운 세상이었다. 나는 거기서 프랑스와 이탈리아 전통 시장의 흔적을 보았다. 당시 유럽의 지역 시장들은 대개 "활기를 잃고" 중앙의 도매창고에서 과일과 채소를 떼다 파는 단순 소매시장으로 축소된 상태였다. 시장에서 농부나 식품 생산자를 볼 수 없는 것은 물론이고 음악도 흘러나오지 않고(브라의 시장에서는 음악이 연주되고 있는 것을 본 적이 있다) 장터 음식을 주전부리하는 사람도 없었다(노점 음식으로 유명한 유서 깊은 이탈리아 남부 시장 일부를 제외하고). 하지만 뉴올리언스에서 나는 정말 신선하고 청량감 넘치는 시장 분위기를 느낄 수 있었다. 나는 '어떻게 미국 사람들이 우리보다 시장을 더 잘 운영할 수 있을까?' 하고 의아한 생각이 들었다. '우리 시장은 오랜 전통이 있는데, 패스트푸드의 고향이 오히려 우리를 가르치다니.'

나는 그날 생산자들을 만나 바삐 돌아가는 현대 사회에 맞선 작은 혁명과 지속가능성에 대한 그들의 열정, 그들이 작물 생산에 들이는 엄청난 정성 같은 경이로운 이야기를 들으면서 아침나절을 즐겁게 보냈다. 토마토 하나도 자식 키우듯이 재배하니 품질이 우수할 수밖에 없었다. 키우기는 힘들어도 그만한 대가를 지불하는 소중한 과일이다. 뉴올리언스에서 집으로 돌아오는 길에 뉴욕시에 잠시 들렀다. 거기서 나는 앞서 말한 양조업자 개릿 올리버를 만났다. 뉴욕시 한복판에 있는 유니언스퀘어의 유서 깊은 농민시장에서도 뉴올리언스에서 느꼈던 것과 똑같은 매력적이고 느긋한 분위기를 발견할 수 있었다.

미국 농무부(USDA)에서 발표한 자료에 따르면, 내가 여행하던 시기에 미국에는 약 2,700개의 농민시장이 있었고, 그중 대부분이 대도시에 있었다고 한다. 그 농민시장들은 유기농 농부들에게 작은 유통 혁명이자 새로운 기회를 보장했다. 그것들은 또한 로컬푸드를 사랑하는 사람들에게는 하늘이 내려준 양식이었다. 농민시장 고객 수는 꾸준히 증가했다. 2013년에 농민시장 수는 8,100개에 이르렀는데, 지금도 해마다 수백 개의 시장이 늘어나고 있다. 1994년에 처음으로 농민시장 수를 조사했을 때에는 1,700개에 불과했는데 말이다. 농민시장 수가 많은 주를 순서대로 나열하면, 캘리포니아(슬로푸드 국제협회 부회장을 오랫동안 맡은 내 친구 앨리스 워터스는 그곳에서 유기농과 로컬푸드를 촉진하는 일을 40년 동안 해왔다), 뉴욕, 미시간, 일리노이, 오하이오, 펜실베이니아다. 그러나 최근 들어서는 대개 미국의 문화 엘리트 집단이 선도적으로 강력한 영향력을 발휘하는 해안 지역보다는 그 영향력이 훨씬 약할 수 있는 알래스카, 텍사스, 콜로라도, 뉴멕시코 같은 주들에서 연 30퍼센트까지 높은 성장세를 보였다. 비록 농민시장의 농작물 가격이 지나치게 비싸다고 비난하는 사람들이 있기는 하지만, 그렇다고 시장이 엘리트 중심적인 것은 전혀 아니다. 상당수 농민시장에서는 가난한 사람들의 식량 보조를 위해 정부가 지급하는 식료품 할인 구매권food stamp을 받는다. 많은 농민시장이 도시 근교에 자리 잡고 모든 인종 집단과 사회계층의 생산자와 소비자를 차별 없이 수용한다. 뉴욕시 퀸스Queens에서 열리는 직매장에서 나는 인디언원주민 공동체와 히스패닉 공동체가 어떤 방식으로 농민시장을 '도입'했는지, 소농들이 자신들이 아끼는 품종을 재배하고 전통 식품을 보전하는 법을 배움으로써 시장의 요구에 어떻게 부응하는지를 주목했다.

무엇보다 좋았던 일은 퀸스 농민시장에서 시장연합회의 지원을 받아 도심 외곽에 농장을 마련한 한 멕시코 이민자 가족을 만난 일이었다. 그들은 고향에서 했던 일을 미국에 와서도 다시 할 수 있었다. 미국 본토인들이 더 이상 하고 싶어하지 않는 고된 농장일은 이민자들 사이에서 일반적인 일자리다. 따라서 그들은 여기서 그들에게 더 적합한 새로운 삶의 기회를 포착할 수 있었다.

이런 종류의 시장은 곧바로 유럽으로 퍼져나갔다. 슬로푸드는 자체적으로 미국의 농민시장 모델과 생산자가 자신이 생산한 작물만 파는 이탈리아 전통에서 착안한, 체계화된 주요 국제 프로젝트의 일환으로 이른바 '어스마켓Earth Market'을 조직하기 시작했다. 밀라노와 볼로냐는 어스마켓이 가장 성공한 도시로 양식 있는 소비자 네트워크를 끌어들여 시장에 활력을 불어넣고 다양한 사업을 진행함으로써 일부 청년층에서 귀농 운동이 불붙게 만들기도 했다. 그 뒤를 이어서 다양한 시장 네트워크가 생겨났는데, 그 가운데 가장 중요한 것으로 이탈리아전국농민연합 콜디레티 Coldiretti가 후원하는 캄파냐 아미카Campagna Amica[이탈리아어로 '전원의 친구'라는 뜻]를 들 수 있다. 그것은 비록 슬로푸드가 운영하는 시장들보다 준수 규정이 덜 엄격하지만 이탈리아의 크고 작은 주요 도시에서 큰 성공을 거두고 있다. 그럼에도 불구하고 그런 네트워크가 다양성을 제공한다는 점에서 문제될 것은 없다. 좋은 아이디어는 번져나가기 마련이다. 그 아이디어를 실행에 옮기는 사람이 누구인지는 중요하지 않다. 이것은 네트워크를 지배하는 원칙이다. 우리는 이 원칙을 반드시 준수해야 할 뿐 아니라 널리 전파할 필요가 있다.

미국의 농민시장에 참여하는 사람들 가운데 상당수는 말할 것도 없이 테라마드레 네트워크 회원이며 적어도 한 번은 토리노에 다녀온 적이 있다. 나는 이 운동이 미국에서 놀라운 수준으로 성장하는 모습을 몇 년 동안 지켜보았다. 오늘날 그것은 시장의 문제일 뿐 아니라 농민 자신의 문제이기도 하다. 나는 2010년 조지아주 애선스Athens에서 열린 조지아유기농협회 총회에 참석하고 나서 그것이 옳다는 것을 완전히 확신했다. 나는 그 회의에 기조연설자로 초청을 받아 이 매력적인 미국 남부 주의 농민 1,000명 앞에서 연설을 했다. 그들은 모두 유기농으로 농사를 지어 자기 지역민들에게 농산물을 파는 생산자들이었다. 나는 그들에게 이렇게 질문을 던졌다. "여러분 가운데 적어도 한 번 이상 테라마드레 행사에 가본 적이 있는 분은 손을 들어주시겠어요?" 놀랍게도 청중 가운데 절반 정도가 손을 들었다. 이 농부들이 진짜 공동체라는 사실은 멋진 일이다. 그들은 서로 밀접하게 연결되어 있을 뿐아니라 도시 소비자들과도 직접적인 관계를 맺고 있다. 최고의 레스토랑에 식재료를 공급하고 예술계, 정치계, 교육계 같은 외부 단체들과도 긴밀한 관계를 구축하고 있다.

공동체지원농업Community Supported Agriculture*에 대해서는 과거에 여러 차례 언급한 적이 있는데 어느새 그것은 일반화되었다. 특정 농부와 협약을 맺은 한 무리의 소비자 집단은 해당 농부에게 한 해 농사 소득으로 얼마를 예상하는지 묻는다. 전체 금액이 정해지면, 그 소비자 집단은 농부에게 선불로 그 돈을 지불한다. 그러면 계약을 맺은 농부는 계절별로 유기농으로 재배한 농산물을 신청한 분량만큼씩 소비자의 집으로 직접 배달하거나 집화지로 배송한다. 오늘날에는 대개 농민시장이 집화지 역할을 한다. 따라서 소비자들은 농부가 안심하고 농사를 지을 수 있게 해주는 대가로 한 해 동안 해당 농산물을 고정된 가격으로 사 먹을 수 있도록 보장받는다. 그들은 생산자와 위험을 공유한다. 그들이 손에 흙을 묻히지 않음에도 내가 그들을 "공동생산자"라고 부르는

---

* [옮긴이주] 대안적 농업 생산·유통의 하나로 한국에서는 '꾸러미'라는 이름으로 운영되는 곳이 많다.

것은 바로 그 때문이다. 그들은 어떤 것도 직접 생산하지 않지만 결과적으로는 생산 과정에 적극적으로 개입한다. 그들은 먹거리 소비를 생산과 분리해서 보지 않고, '좋고 깨끗하고 공정한' 선순환 공급망의 마지막 연결고리로서 본다. 이것이 네트워크, 다시 말해서 여러 요소가 서로 연결된 네트워크의 구축이 아니라면 도대체 무엇이란 말인가? 그것은 바로 자유시장으로부터 먹거리의 해방을 의미한다.

미국에서 가상세계든 현실세계든 그런 네트워크와 관련해서 내게 특별히 깊은 인상을 남긴 일이 있다. 최근에 콜로라도 덴버를 여행했을 때의 일이다. 덴버 지역 콘비비움 회원이자 슬로푸드 국제협회 이사로 새로 선임된 맷 존스Matt Jones는 자기만의 독특한 방식으로 오랫동안 먹거리활동가로 활약해왔다. 그는 지역 네트워크를 구축하고 덴버의 많은 도시농업 공동체가 테라마드레에 참여하도록 독려했다. 나는 이들 공동체 가운데 한 곳을 방문하면서 그날 밭에서 잡초를 뽑는 일에 정말 많은 사람—주로 청년들—이 함께하고 있다는 사실을 금방 알아차렸다. 나는 의아해서 그들 중 한 사람에게 거기서 지금 무얼 하고 있는지 물었다. 그는 "전 자원봉사자예요"라고 대답했다. 맷은 내게 그들이 '크롭몹crop mob'이라고 설명해주었다. 당시 내 영어 실력으로는 플래시몹flash mob의 개념도 친숙하지 않았다. 플래시몹은 인터넷이나 전화로 호출된 일단의 사람들이 공공장소에 모여 미리 약속된 어떤 행동이나 공연을 하고 흩어지는 것을 말한다. 맷의 설명에 따르면, 크롭몹은 플래시몹과 원리는 비슷하지만 농사일을 도울 자원봉사자들에게 전화를 거는 것이 다른 점이다. 그것은 농사를 짓고 싶지만 농사지을 땅이 없는 사람들의 네트워크다. 그들 가운데에는 과거에 농부였거나 지금도 남의 땅을 일구는 농부도 있고 그저 자신의 먹거리에 대해서 더 많이 알고 싶어하는 사람들도 있다. 남의 도움이 필요할 정도로 할 일이 많을 때, 이를테면 유기농 농지에서 잡초를 뽑을 때 혹은 과일이나 채소를 수확할 때 크롭몹에 연락을 취하면 수십 명, 때로는 수백 명이 그 일을 하기 위해 모인다. 그러면 농부들은 크롭몹에게 식사와 마실 것을 제공하고 일이 끝나면 음악을 틀고 잔치를 열어 대접한다.

크롭몹은 2008년 노스캐롤라이나주의 롤리Raleigh, 더럼Durham, 채플힐Chapel Hill 세 곳을 잇는 삼각형 모양의 트라이앵글Triangle 지역에서 처음 시작되었다. 나는 2007년에 《슬로푸드 제국》 영역본 홍보를 위해 거기에 있었다. 당시에도 '트라이앵글 로컬푸드를 먹어라Eat Local Triangle'는 매우 적극적으로 활동 중인 요리사, 농부, 먹거리활동가들의 집단이었다. 내가 그때 참석했던 '갈퀴에서 식탁까지From Fork To Table'라는 소풍 행사는 농민시장과 각종 전통 놀이, 추첨 행사, 미국식 초대형 바비큐가 있는 마을 축제를 뒤섞은 풍물장이었지만, 또한 거의 완성 단계에 있고 이미 수많은 회원을 확보한 새로운 네트워크의 탄생을 자랑하는 중요한 사전 축하 자리이기도 했다. 사람들은 매우 중요한 일이 새롭게 시작되고 있으며 미국 남부의 고전적 농촌 전통이 신기술 및 미디어와 결합되는 것을 목격할 수 있었다. 거기에 참석한 청년들의 수에 나는 다시 한 번 놀랐다.

미국의 남부 농촌 지역에서 크롭몹이 탄생한 것은 우연이 아니다. 그들은 기본적으로 수년 전 이탈리아 농촌 지역에서 볼 수 있었던 공동체 풍습을 재현한다. 이러한 사회적 관습에 대한 기억이 남부 여러 주에서 더욱 생생한 것은 그곳의 농경문화가 위기에 빠진 것이 최근 일이기 때문인지도 모른다. 농사철에 일손이 많이 필요할 때 공동체 전체가 농사일에 참여하는데, 타작이나 수확을 먼저 끝낸 사람들은 아무 대가도 바라지 않고 이웃의 농사를 돕는다. 그러나 그러한 관습은 산업농과 집약적 기계화가 농촌 사회 전반에 퍼져나가면서 사라졌다. 유기농과 지속가능한 농산물 가공은 사람의 손을 필요로 하기 때문에 공동체의 역할이 더욱 절실하다.

그런데 덴버의 도시 농장에서 크롭몹을 조직하는 일은 그보다 훨씬 더 중요한 의미가 있다. 도심 근교의 밭에서 잡초를 뽑으며 주말을 보내는 젊은 경영자들을 보는 것은 매우 감동적이다. 그들의 모습에는 대지로 돌아가 자기가 먹는 것을 직접 키우고 자신이 중요한 어떤 것, 즉 공동체의 한 부분임을 느끼고 싶어하는 열망이 숨어 있다. 그들은 평소에는 대개 트위터나 페이스북으로 서로 소통하며 인터넷에서 만난다. 그러다 이런 특별한 순간이 오면 실제로 밭에서 모인다. 그것은 '(농업) 현대화' 이전, 즉 농사가 여전히 인간 영역에 있었던 시절에 농촌에서 일반적인 현상이었던 것의 새로운 변형이다. 그것은 '저개발국가' 같은 전 세계 많은 지역에 여전히 존재한다. 그러나 그것이 덴버 정도의 대도시에 이런 형태로 재생되는 것을 보는 것은 우리가 흔히 이야기하는 과거에 대한 향수를 느끼는 것과는 다른 차원이다. 그것은 오히려 새로운 패러다임, 먹거리를 생산하고 나누는 새로운 방식에 대한 이야기이며, 그동안 우리가 잊고 살았던 가치들을 되살리는 문제에 대한 이야기이다.

이 크롭몹이 이탈리아에서 어떤 형태로 나타날지 누가 알겠는가? 자유로운 네트워크는 창조력을 발휘하는 데 제한이 없고, 앞으로 나아갈 때 결코 뒤돌아보지 않는다. 여기서 한 가지는 확실하다. 미국은 이러한 새로운 경험의 엄청난 실험장이다. 그러한 경험들은 이미 유럽에 유입되어 그곳의 농경 방식을 바꾸었다. 다행히도 테라마드레 공동체의 존재와 영향력은 이들 세계와 네트워크로 널리 확산되며 긍정적 메시지를 전파하고 다양성을 기반으로 하는 자유를 통해 진보와 혁신을 만들어내고 있다. 하지만 그것은 진정한 혁신인가? 나는 그날 덴버에서 크롭몹에 참여한 사람들이 일이 끝난 뒤 도시 농부의 아내가 차려준, 밭에서 금방 딴 신선한 채소로 만든 음식을 먹고 컨트리 음악에 맞춰 춤추며 만족스럽고 행복한 표정을 짓는 것을 보면서 '그렇다'고 생각했다. 그것은 새로운 행복이다.

6장

살로네 델 구스토
―테라마드레 2012년 행사 날 밤

2012년 10월 27일 토요일, 우리는 살로네 델 구스토와 테라마
드레 통합 행사를 진행하고 있었다. 슬로푸드 국제협회 회장으로
그 행사에 참여하는 것은 아주 신나는 동시에 진이 다 빠지는 일
이다. 우리 네트워크의 모든 사람이 거기에 모이기 때문에 수많
은 사람과 만나 이야기를 나누고 의견을 교환할 기회가 많지만,
박람회 공간이 엄청나게 넓어서 우리는 계속해서 여기저기 가판
대를 옮겨 다니고 개인 약속에서 공식 회의, 각종 대회 및 시식회
에 이르기까지 끊임없이 이어지는 일정 때문에 수 마일을 걸어다

닐 수밖에 없다. 거기서 일하는 실무자들에게 그 행사는—슬로푸드협회 직원들 사이에 은밀하게 이야기되는 것처럼—한 해 중 '먹을 기회'가 가장 적은 때라는 사실은 아주 사소하지만 역설적인 일이 아닐 수 없다. 그들은 대개 점심을 건너뛰어야 하고 때로는 먹는 것을 거의 잊어버리고 일하거나 식사시간을 놓칠 때도 있다. 늘 느린 속도를 역설하는 우리가 그렇게 바빠 사는 것이 때로는 모순적이지만, 그것은 큰 문제가 아니다. 전 세계 먹거리 생산자, 테라마드레 공동체, 수많은 슬로푸드 회원과 콘비비움 대표들과 서로 얼굴을 맞대고 있는 우리 자신을 발견하는 것만으로도 배부르기 때문이다. 우리는 자기들이 사는 지역에서 스스로 발 벗고 나서서 애를 쓰고 있는 그들에게 온 마음을 다해 고마워해야 하며, 그들 모두 자원봉사자라는 사실을 꼭 기억해야 한다. 이 자유로운 네트워크가 바로 우리 눈앞에 있다는 사실만으로도 그밖의 다른 여유가 없다고 한들 그리 나쁘지 않다.

사람들이 편안히 앉아 쉴 수 있는 유일한 시간은 만찬 이후 저녁시간이다. 공식적인 일정이 모두 끝나고 자기 시간을 가질 수 있기 때문이다. 이때 대개—나중에 공식적 계약보다 더 건설적인 것으로 밝혀지는—비공식적인 '뜻밖의' 계약들이 논의되기 시작한다. 비록 다음 날 일정이 꽉 차 있고 행사 준비도 해야 해서 이른 아침에 깨야 한다고 해도 늦은 밤까지 담소를 나누지 않을 수 없다. 이 행사는 2년에 한 번 열리므로 소중한 기회를 하나라도 놓칠 수 없기 때문이다.

그날 토요일 저녁 상황을 다시 떠올려보겠다. 나는 그날 토리노에서 본행사가 열릴 때마다 박람회장으로 꾸며지는, 넓이가 8만 평방미터에 이르는 링고토 피에레Lingotto Fiere와 링고토 오발Lingotto Oval을 정신없이 휘젓고 다녔다. 그날은 앞서 내가 몇 차례 언급한 적 있는 국제슬로푸드총회 첫날이기도 했다. 저녁에는 전 세계에서 온 각국 대표단을 위해 마련된 환영 만찬도 있었다. 만찬이 끝나고 토리노의 링고토 지역에 있는 호텔로 돌아와 대개 이런 행사 때 내 주변에 항상 있는 가장 가까운 동료들과 함께 편히 앉아 한잔하며 하루 일을 정리하고 다음 날 계획을 짰다. 이런 경우 친구, 박람회 참가자, 동료, 요리사, 주요 하객들과 1시간 정도 함께 남은 이야기를 나누다 잠자리에 들곤 했다.

그런데 그날 밤에는 당시 이탈리아 농림부장관 마리오 카타니아Mario Catania가 지나갔다. 장관에 임명된 지는 얼마 되지 않은 상태였지만 농림부 관리로 오랫동안 근무한 그는 살로네 델 구스토-테라마드레 행사에 참여하는 것에 진심으로 만족스러워했다. 주요 행사의 개회식에만 잠시 참석하고 가는 그의 많은 동료와 달리, 그는 더 좋은 아이디어를 얻기 위해 하루 더 행사에 참여하기로 했다. 내가 이 이야기를 하는 이유는 그날 밤 나는 네트워크들이 어떻게 작동할 수 있고 그것들이 아래로부터 위로 어떻게 영향력을 끼칠 수 있는지에 대해서 명확히 느끼게 되었기 때문이다.

살로네 델 구스토 행사에 대해서 농림부 장관이 인상적으로 느낀다는 말을 들은 뒤, 나는 그가 이탈리아에서 처음으로 농지 파괴를 억제하기 위해 의회에 제출한 이른바 '토지 보호' 법안에 대해서 그와 의견을 나누었다. 그가 발의한 내용은 지난 이틀 동안 큰 반향을 일으켰다. 그의 법안 초안에 담긴 몇 가지 결함이 이탈리아 환경운동가들로부터 분노를 자아내기는 했지만, 여기서 나는 그 법안을 자세하게 다룰 생각이 없다. 하지만 이후에 발생한 잘 알려진 정치적 사건과 정권 교체*로 인해 그 법안은 결국 장관의 책상 서랍 안에 먼지를 뒤집어쓴 채로 방치되어 있을 판이었다. 그 법안의 의미를 굳이 따진다면 이탈리아 역사에 그런 법안이 발의된 적이 있다는 정도로 말할 수 있을 것이다. 그것을 승리라고는 말할 수 없지만, 적어도 요지부동한 것처럼 보였던 것을 뒤흔들어놓은 것은 분명했다. 2012년 12월 《라 레푸블리카》에 기고한 글에서 나는 이탈리아의 농지 파괴 실태를 보여주는 충격적인 통계 수치들을 나열했다. 이탈리아 농림부가 공개한 한 보고서에 따르면, 1971년부터 2010년까지 우리 농지의 28퍼센트가 사라졌다. 롬바르디아Lombardia주, 리구리아Liguria주, 그리고 에밀리아로마냐Emilia-Romagna주를 합한 크기만큼 넓은 지역이 사라진 것이다. 반면에 날마다 100헥타르의 토지에 건물이 세워지고 있었다.

---

* [영역자주] 마리오 카타니아는 2011년 이탈리아 부채 위기를 처리하기 위해 조직된 마리오 몬티Mario Monti 총리의 테크노크라트 정부의 일원이었다. 그러나 2013년 3월 총선에서 실각함으로써 엔리코 레타Enrico Letta가 이끈 연합 정부가 그 뒤를 이었다.

이 글은 최근 수십 년간 이탈리아가 무기력하게 목격했던 가장 거대한 환경 및 문화 재앙인 온갖 형태의 지역과 농지 파괴에 반대하는 고통의 울부짖음으로 쓴 것이다. 농지가 사라진다면, 그 뒤를 이어 식량, 수리지질, 환경, 조경 부문에서 재앙이 발생할 것이기 때문이다. 그것은 우리의 삶에 부채를 안겨주는 것이고 우리 후손들의 미래를 발로 걷어차는 행위와 같다.

그 문제는 현재 농업 부문 전반에 걸친 힘든 상황을 볼 때, 지난 수년 동안 이탈리아 농업에 큰 피해를 입혀온 총체적 위기와 딱 들어맞는다. …… 우리가 농업을 보호한다고 할 때, 그것은 아름다웠던 (또는 황량한) 과거의 세계를 지킨다는 것이 아니라 우리의 전원, 지역 차원에서 공동체를 만들 기회, 진정한 행복을 만끽하고 위대한 아름다움을 목격하기를 기대할 수 있는 미래를 지킨다는 의미임을 잊지 말자.

따라서 이제는 충분히 말할 때가 되었다. 나는 정부가 식량 생산이 가능한 땅을 개발하지 못하도록 하는 국가적 모라토리엄을 선언할 것을 제안한다. 나는 그것이 실현되기를 간절히 바란다. …… 농지를 파괴해서 우리를 비인간화하고 고립되고 천박한 로봇 같은 소비자로 만드는 흉측하고 쓸모없는 건물인 쇼핑센터를 영원히 짓지 못하도록 하기 위해 집단 청원이나 단호한 선언 같은 강력한 행동이 필요하다.

우리가 현재의 끔찍한 정치 상황을 아무 탈 없이 잘 끝내려고 한다면, 농림부, 환경부, 문화유산부가 합동으로 그 모라토리엄을 공식화해야 한다. 우리의 영토는 국토 통일 150주년을 기념하는 이 나라의 첫 번째 문화적 자산이기 때문이다. 이 방향에서 일하고 있는 많은 조직, 예컨대 내가 속한 슬로푸드협회나 농지 파괴 반대 네트워크, 이탈리아환경기금, 다양한 환경단체, 농민조합, 그리고 전국에 산재한 수많은 시민단체는 내 의견에 동의하고 서로 힘을 합칠 준비가 되어 있을 것이다. 토지 사용을 광범위하게 감시하고 지역 차원에서 자신들이 사랑하는 풍경과 공간이 파괴되는 모습을 바라보며 아파하고 힘들어하는 수백만 이탈리아인의 울부짖음을 증폭시키기 위해 공동으로 캠페인을 벌일 순간이 무르익었다. 우리에게 아주 소중한 것들을 무상으로 제공하는 대지의 아름다움이 갈가리 찢기는 모습을 무기력하게 지켜보는 것은 우리에게 가해지는 또 다른 형태의 억압이다. 주위를 돌아보라. 아름다움은 모든 곳에 있다. 특히 우리 바로 앞에 있는 작은 것들 안에 담긴 아름다움을 보라. 모든 것이 시다. 우리는 그것을 빼앗길 수 없다. 그것은 우리의 존중과 헌신을 받을 만한 가치가 있다. 그것은 날마다 우리의 영혼을 구원한다.

그 고통의 울부짖음은 무시되지 않았다. 우리의 땅과 전원을 지키는 일과 관련된 이탈리아의 모든 세력이 힘을 합치기 위해 내가 구축의 필요성을 주장했던 네트워크 조직은 2011년 10월에 공식적으로 결성되었다. 그 네트워크는 1년도 채 지나기 전에 토지와 풍경을 위한 이탈리아 포럼이 되어 '풍경을 살리고 지역을 지키자' 캠페인을 지속적으로 펼치며 전국으로 뻗어나갔다. 오늘날 그 네트워크에 참여한 전국과 지역 단위의 단체 수는 800개가 넘는다. 또한 지역의 토지를 감시하기 위해 다양한 협회와 단체 대표들로 구성된 위원회도 100개가 넘는다. 여러 지방에서 일어나고 있는 토지의 훼손과 파괴 사례, 특히 현재 진행 중에 있는 부동산 개발에 대한 내용을 끊임없이 고발하는 그 캠페인의 웹사이트는 그 문제와 관련된 소식의 가장 믿을 만한 정보 출처가 되었다.

'시멘트에 반대하는 인구조사'라는 도발적 캠페인은 이탈리아 부동산 실태에 대한 최신 정보를 정확하게 알리기 위해 시작되었다. 이에 따르면 현재 빈집이 1,000만 채에 이르는 것으로 나타나지만, 건물 신축과 부동산 투기는 (경제 위기로 약간 주춤하기는 했지만) 여전히 활기를 띠고 있다. 시민단체는 이탈리아의 모든 지자체에 그들의 부동산 실태 자료 제출을 요구했지만 1년이 지난 지금까지도 그에 응답한 지자체는 소수에 불과하다. 그럼에도 불구하고 캠페인은 계속되고 있다. 포럼의 목적은 처음부터 토지 개발 유예에 대한 민중의 요구를 통해 관련 법안을 기초하는 것이었다. 포럼은 느리지만 확실하게 그 목적을 달성하기 위해 열심히 애쓰고 있고 누구든 그 일을 할 만한 준비가 된 사람이면 기꺼이 받아들인다. 포럼의 압박 활동과 여론 매체를 통한 캠페인이 효과적이었다는 사실은 카타니아 장관의 첫 번째 약속 가운데 하나가 바로 그 법안이었다는 것으로 알 수 있다. 포럼도 그러한 조치에 놀랐지만 어쨌든 민중의 절박한 요구에 정부가 처음으로 공식적 응답을 했다는 것은 명백한 사실이다.

앞서 말했지만, 나는 여기서 법안의 가치에 대해 논할 생각이 전혀 없다. 하지만 토리노에서 그날 밤 마리오 카타니아는 내게 그 법안 기초에 참여해서 잘못된 내용들을 바로잡고, 포럼을 대신해서 거기서 비판하고 있는 내용과 제안 사항들을 전달해줄 것을 강력하게 요청했다. 나중에 다시 이야기하겠지만, 비록 여러 우여곡절과 '자주권' 문제가 있었음에도 포럼이 이제까지 누구도 제기하지 않았던 중요한 문제를 역사상 처음으로 제기함으로써 이탈리아 정부가 그것을 의제로 삼게 한 공로에 대해서는 인정하지 않을 수 없다. 많은 단체가 서로 약간의 차이는 있지만 지역 차원에서 민초들을 참여시키고 전국 차원에서 서로 매우 긴밀하게 소통하고 협력해서 저마다 주장하는 바를 하나의 공동 목표로 설정하는 데 성공했다.

그 법안은 마리오 몬티 정부의 실각 이후 폐기되기 전에, 두말할 나위 없이 포럼이 제출한 모든 검토사항을 반영하여 이탈리아 중앙지방정부협의회State-Regions Conference에 의해 대폭 수정되었다. 매우 훌륭한 성과였다. 하지만 싸움이 끝난 것은 아니며 지금도 그 효과는 피부로 느껴지지 않는다. 새로운 정부의 출현과 어두운 정치 현실에도 불구하고 그 문제와 관련해서 수많은 여러 법안이 서로 다른 정치 성향을 띤 다양한 의회 집단의 지지 속에 제출되었다. 적어도 이제 우리는 그 상황이 과거처럼 더 이상 정체되어 있지 않다는 것을 자신 있게 말할 수 있다. 무관심은 사라졌고 토지 파괴 문제는 정치적 의제가 되었다. 앞으로 어떻게 결론이 날지 지켜보자.

살로네 델 구스토-테라마드레 행사가 있었던 날 토요일 밤으로 다시 돌아가자. 내가 마리오 카타니아에게 잘 자라고 인사를 하고 헤어지고 10초 뒤에 유럽연합 농업농촌개발위원인 다치안 치올로스Dacian Cioloş가 동료들 가운데 한 수행원과 함께 우연히 마주쳤다. 그는 그날 아침 총회의 개회 축사를 했다. 그는 행사가 끝나고 토리노의 한 최고급 식당에서 저녁식사를 마친 뒤 자기 호텔방으로 돌아가는 길이었다. 그는 내게 정중히 인사한 뒤 나와 한잔 더 하기 위해 기꺼이 자리에 앉았다.

7장

유럽의
공동농업정책

치올로스가 유럽연합의 농업농촌개발위원으로 선출된 직후 그와 서신 교환을 한 것과는 별개로, 내가 그를 개인적으로 처음 만난 것은 2010년 토리노에서 열린 살로네 델 구스토-테라마드레 행사에서였다. 그는 우리의 초청을 즉각 받아들였다. 그는 매우 비공식적인 인사치례부터 테라마드레 총회 개회사에 이르기까지 슬로푸드의 견해와 일치하는 견해를 갖고 있다는 점에서 행사에 참석한 모든 사람에게 깊은 인상을 남겼다. 우리는 모두 그가 유럽연합의 공동농업정책Common Agricultural Policy(CAP)을 개혁

할 수 있기를 크게 기대했다. 그것은 산업적 농업 생산에 반대하는 모든 이가 오랫동안 바랐던 평등, 정의, 지속가능성의 확대를 위해 나아가야 할 방향이었다.

2012년 토리노에서의 그날 밤, 우리가 이야기한 것도 바로 CAP 개혁에 대한 것이었다. 유럽연합 농업농촌개발위원회는 첫 번째 자체 개혁안을 정확히 1년 전인 2011년 11월에 발표했다. 우리가 만난 날 밤은 개혁안을 둘러싼 논쟁이 달아오르고 있던 때로, 만족스럽지 않고 불완전하지만 최종 개혁안이 마침내 통과된 때는 2013년 6월이었다. 그 개혁안은 한편으로 각종 참신한 요소를 도입하고 청년들에게 생태에 대한 관심을 보여주고 관료적 요식 절차의 합리화를 제시한 측면이 있었지만, 결과적으로는 현 상태를 유지하는 방향으로 나아갔다. 그것은 소수의 대농, 거대 지주, 그리고 지속 불가능한 농사를 짓는 농장주들이 지금도 여전히 국가보조금의 가장 큰 몫(유럽연합 전체 예산의 40퍼센트 이상)을 차지하고 있음을 의미한다. 비록 치올로스가 그러한 추세를 약간 누그러뜨렸다 해도, 공정성 결여와 그에 따른 개혁의 지속성 부족은 그 법안의 뚜렷한 한계였다. 농사일을 자연에 의존해야 하는 농부들에게 가장 중요한 의무 가운데 하나인 환경 보호 문제는 가까스로 개혁의 문턱을 넘었다. 전반적으로 개혁의 진행 과정은 여전히 불완전하고 불만족스럽지만('공동'정책이라는 말이 무색할 정도로 많은 문제에 대한 결정권이 회원국 자체에 맡겨져 있는 상황이다), 이른바 각종 '녹화' 조치들이 개혁안에 포함되어 있다. 그것들은 비록 후속 검토 과정에서 농민들이 받아야 하는 직접 보조금 실태에서 보듯이 제도가 불충분하고 약화된 내용으로 바뀌었지만, 그 문제에 대해 역사상 처음으로 관심을 보인 것이라는 측면에서 의미가 있다.

그날 밤 내가 치올로스에게 앞으로 상황이 어떻게 전개될 거라고 생각하는지 물었을 때, 그는 "서로 완전히 다른 방향으로 움직이는 세력들이 있다는 것을 잘 알고 있습니다. 그러나 우리가 위원회에서 추가해 말한 요점 가운데 하나는 개혁안 통과였습니다. 그것은 이미 제게 커다란 승리라고 생각합니다"라고 대답했다. 그는 특정 수준에서 정치가 의미하는 것이 무엇인지에 대한 훌륭한 교훈을 주었다. 즉 정치는 중재의 기술이며 가능한 한 양자가 만족하는 수준에서 협상을 추구하는 것이다. 나는 벌써 환멸감을 느끼기 시작하고 있었지만 그의 이야기를 듣는 것은 나름대로 의미 있었다. 그러나 여기서 우리의 책무가 끝나는 것은 아니다. 사실 내가 지금 말하고 싶은 것은 바로 자유로운 네트워크에 관한 것이다.

앞서 설명한 개혁안이 통과되기 전인 2010년, 슬로푸드는 권력의 전당인 유럽연합 본부가 있는 브뤼셀에서 그들이 성명서라고 부르는 것, CAP가 우선적으로 처리해야 한다고 생각하는 정책들을 열거한 긴 문서를 작성하기 시작했다. 주요 내용을 요약하면, 중소 규모 농업 보호, 청년 고용 우대, 생물다양성 보호, 자유주의 경제 축소와 새로운 패러다임 추구, 총체적 관점에서 '농업과 먹거리' 문제를 다루는 정책 접근, 국가보조금 분배의 불공정성 해소, '환경 친화' 문제에 대한 전면적 주목 등을 들 수 있다. 그 성명서는 유럽의회 의원과 농업농촌개발위원회 소속 위원 모두에게 전달되었다. 우리는 일부 의원들로부터 그에 대한 응답을 받았고, 전에는 부차적으로 여겼지만 실제로 유럽연합의 가용 공적 자금—우리와 관련된 자금을 포함해서—의 거의 절반에 해당하는 기금의 분배에 결정적인 문제들의 중요성을 유럽 정치인들이 인식하게 만드는 데 성공했다. '공공재를 위한 공적 자금'은 곧바로 우리가 외치는 구호들 가운데 하나가 되었다. 다만, 여기서 '우리'란 단순히 슬로푸드와 테라마드레만을 지칭하는 것은 아니다.

실제로 2010년 이래로 우리는 농업농촌협의회2020Agricultural and Rural Convention 2020(ARC2020) 플랫폼에 참여해왔다. ARC2020은 유럽의 각종 기관에 압력을 넣고 CAP 개혁 캠페인을 뒷받침하기 위해 유럽연합 소속 22개국 150여 개 단체로 구성된 네트워크 조직이다. 그 이력은 매우 중요했다. 우리의 요구를 유럽 대륙과 전 세계로 확대시킴으로써 우리가 의도하는 바를 광범위하게 공유할 수 있었기 때문이다. ARC2020은 결코 회원 단체의 이익만을 대변하지 않았으며, 오히려 회원들의 목소리를 하나로 모아 복잡한 유럽의회의 절차와 관료주의를 감시하고 각종 캠페인과 적극적인 로비활동을 통해 유럽의회 의원들에게 압박을 가하고 유럽의 농업과 먹거리의 운명에 결정적 영향을 끼치는 매우 골치 아픈 사안에 대해서 공식적으로 문제를 제기하려는 사람들에게 자료를 제공하는 힘든 작업을 수행한다. 또한 가능한 한 많은 시민을 이 작업에 참여시킴으로써 그들에게 정보를 제공하고 적극적 역할을 하도록 촉구한다. 시민들이 유럽연합 의회 의원들을 직접 접촉해서 그들이 어떤 개혁 과제에 투표할 것이고 그 이유가 무엇인지 물을 수 있는 수단을 제공하기 위해 벌이는 캠페인인 '고 매드Go M.a.D' 운동이 바로 그런 작업의 일환이었다.

우리는 ARC2020과 함께 유럽 전역에서 온 농부들이 그들의 요구사항을 주장하기 위해 유럽연합 본부 앞에서 브뤼셀 거리를 행진하는 흥미진진한 행사인 '좋은 먹거리 행진Good Food March' 같은 대중시위도 조직했다. 나는 여러 공식적인 자리에서 다양한 위원회 위원과 실제로 개혁안을 작성한 사람들인 조사위원들에게 ARC2020을 대표해서 말했다. 우리는 늘 현실과 괴리된 저들만의 다국적 관료주의 언어로 말하는 권력의 회랑에 시민사회의 목소리가 처음으로 크게 울려 퍼지게 하는 데 성공했다. 일반 시민들이 이런 세계의 표피에 흠집을 내는 것도 힘든 판국에 그것을 뚫고 들어가는 것은 더더욱 불가능한 일이다. ARC2020과의 네트워크 구성은 우리가 최근 몇 년 동안 경험했던 것 가운데 최고로 잘한 일이었다. 그것은 우리 자신뿐 아니라 다른 네트워크에 대해서도 말할 수 있는 기쁨을 내게 주었다. 그 플랫폼에 결합한 모든 단체—환경단체, 유기농 및 미생물 농민 단체, 소비자 단체—는 긴급한 공동 목표를 추구하기 위해 자신들의 특정한 목표와 자주권의 일부를 희생했다.

우리는 갈 길이 멀다. CAP 개혁은 아직 우리 기대에 미치지 못했다. 그럼에도 불구하고 개별 회원국에 결정권이 있는 규정들의 이행과 관련해서 여전히 할 일이 있다. 그동안 우리는 유럽연합 집행위원회, 특히 농업총국의 농업 생산성과 지속가능성에 관한 유럽혁신연합 고위급 운영위원회High-Level Steering Board of the European Innovation Partnership on Agricultural Productivity and Sustainability의 최근 회의에 참석한 2013년 7월에 중대한 성공을 거두었다. 당시 6개월 동안 애쓴 결과, CAP 혁신과 함께 2014~20년 농업 연구와 혁신 관련 자원 할당 기준을 수립하는 전략적 혁신 계획안을 통과시켰다. 폴렌초의 미식과학대학에서 로마고대법을 가르치는 교수로 내 셰르파Sherpa*(개인적으로 이 용어를 싫어하지만, 유럽연합에서는 기술적 보좌관을 이렇게 부른다) 역할을 한 미켈레 안토니오 피노Michele Antonio Fino와 나는 생물다양성, 지력 향상, 전통 농법, 비상업적 농업을 보호하는 일에 전력을 다하며 ARC2020 동료 회원인 비정부기구들과 열심히 노력했다. 우리는 단순한 수익성 이상의 것을 추구하는 소농을 보호하는 데 중요한 요소들이 들어간 개혁안을 가까스로 통과시켰다. 매우 지난한 싸움이었지만, 우리는 하나의 네트워크로 협력하면서 마침내 승리를 거두었다. 그것은 필연적인 결론이었다. 그리고 오늘날 이 개혁안은 향후 여러 해에 걸쳐 유럽

---

* [옮긴이주] 네팔 히말라야 지대에 사는 티베트계 종족을 일컫는 말로, 히말라야 산맥을 등반하는 이들의 짐을 나르거나 길을 안내하는 인부로서 유명하다.

의 상당한 자원을 공정하게 분배하는 데 결정적 요소임이 확인되고 있다.

CAP 개혁 과정에서 성장한 ARC2020 네트워크는 지금도 활발하게 활동하고 있다. ARC2020과의 활동 경험은 매우 유익한 것이었다. 그러면서 우리는 다양한 사람과 관계를 맺고 역량을 강화하면서 기념비적인 성과를 함께 이루어냈다. 당연히 여기서 멈추지 않을 것이다. 플랫폼의 명칭이 말해주듯이 우리의 목표는 2020년이다.

2012년 10월 27일 밤, 호텔 밖에서 우리가 창조해낸 두 네트워크인 살로네 델 구스토와 테라마드레 사람들은 잠을 자기 위해 자리를 뜨고 있었지만, 나를 지지하는 측근들 덕분에 이탈리아와 세계 농업 정책을 주도하는 두 조직의 수장과 이야기를 나눌 기회를 잡을 수 있었다. 자유로운 네트워크의 사람들은 지식과 정보를 교환하고 필요할 때 조직력을 동원할 수 있다. 어느 조직이든 단독으로는 아무리 구성원이 많아도 정작 필요할 때 별 쓸모가 없다. 그것은 대개 기준을 정하고 프로젝트에 그 기준을 적용하는 문제이기 때문에 누구나 다 이해할 수 있는 것이 아니다. 자식만큼 소중하게 생각하는 좋은 아이디어가 받아들여지지 않으면, 사람들은 어느 시점부터 다른 이들과 함께 시위에 나서야 한다. 만일 이것을 받아들일 준비가 되어 있지 않다면, 세상을 절대 바꾸지 못할 것이다. 따라서 우리는 더 큰 전체를 창조하기 위해 중요한 무언가를 희생할 준비가 되어 있어야 한다.

8장

자유로운,
정말 자유로운

지금까지 이야기한 것이 모두 나 자신에게 한 말인 것처럼 비칠지도 모른다고 생각한다. 하지만 사실 나는 지난 30년간 내가 보고 겪은 것, 어쩌면 내 생각뿐일지도 모르지만 이제 미식의 세계와 먹거리의 중심 역할이 바뀌었음을 이야기하고 싶었다. 내가 한 말은 모두 슬로푸드와 테라마드레라는 특별한 관찰 공간을 통해서 얻은 내 견해다. 역사적 관점에서 좀 더 폭넓게 보면 내가 열거하는 사실들은 최근 수년 동안 변화가 얼마나 급격하게 중첩해서 발생했는지를 보여준다. 지난 몇 달 동안 여행을 끝낸 뒤 늘 느끼는 것이지만, 슬로푸드-테라마드레 네트워크를 구성하고 있는 사람들을 발견하는 일은 내가 살아 있음을 느끼게 하는, 다른 사람들과 공유하고 싶은 매우 행복한 경험이다.

1980년대 다소 모험적이며 무모한 장난처럼 보였던 일을 벌인 이후로 먹거리에 대한 우리의 생각이 바뀐 것처럼 세계는 크게 변화했다. 당시 우리 같은 미식가들이 생각할 수 없었던 것, 즉 그들이 주장하는 미식의 즐거움을 누릴 권리와 미식학에 대한 새로운 권위 인정이 마침내 실현된 것은 바로 세상이 그만큼 발전한 덕분이다. 전 세계의 농부들이 테라마드레에 모였다. 네트워크 내부의 새로운 관계와 다양한 역학 흐름—새로운 벌떼 집단—이 떠오르며 인터넷과 현실 공간을 불문하고 온갖 종류의 협회, 비공식 집단, 먹거리와 지역공동체가 생겨났다. 세계의 다른 지역, 다른 네트워크와의 연결은 나무의 뿌리와 가지처럼 예상치 못한 방향으로 이리저리 뻗어나가고 분기하면서 20년 전에는 기대하거나 꿈꿀 수 없었던 열매를 맺는 성과를 올리고 있다.

우리의 네트워크는 가장 혁신적인 흐름과 민초들의 운동과 결합하여 현 시대를 규정하는 결정적 순간에 중요한 역할을 많이 했다. 오늘날 세계 경제학자들이 경제 개발의 새로운 두 축으로 평가하는 이른바 브릭스BRICs(브라질, 러시아, 인도, 중국)와 시베츠CIVETS(콜롬비아, 인도네시아, 베트남, 이집트, 터키, 남아프리카공화국) 국가들에서 우리의 네트워크가 외부 지원 없이 내재적으로 확산되고 있는 것은 결코 우연이 아니다. 현재 그 변화가 얼마나 큰 규모로 이루어지고 있는지는 아무도 알지 못한다. 그럼에도 불구하고 우리는 노력을 멈추지 말아야 한다. 네트워크는 우리가 그런 일을 하도록 돕는다. 지금까지 나는 브라질, 인도, 인도네시아, 터키처럼 세계에서 가장 급속하게 경제 개발이 이루어지고 있는 나라들의 사례에 대해서 이야기했다. 그러나 그 네트워크는 지금 세계 어디든 있다. 유럽, 북아메리카, 심지어 발전이 더딘 것처럼 보이는 나라들에도 있다. 다음 장에서 그런 나라들에 대해서 이야기할 것이다.

내가 여기서 말하고 싶은 것은 명확한데, 내가 왜 자유로운 네트워크를 역설하는지 그 이유를 사람들에게 납득시키는 것이다. 나는 이미 슬로푸드가 어떻게 테라마드레 공동체들과 합쳐질 수밖에 없었고, 그것이 최근의 국제총회에서 어떻게 공식적으로 확인되었는지에 대해서 설명했다. 이는 다분히 전략적이고 어느 정도 강제적인 융합이었던 것이 분명하지만, 그것이 슬로푸드나 테라마드레, 그리고 조직 자체의 성장을 위해서 이루어진 것은 전혀 아님을 강조하고자 한다. 요컨대, 내가 주도해서 설립했고 사실상 내 삶의 전부라 할 수 있기에 매우 애착이 갈 수밖에 없는 그 단체가 언젠가 '유동적' 형태의 자유로운 네트워크, 즉 테라마드레 같은, 그리고 무엇보다 테라마드레가 세계와 접촉하는 모든 네트워크와 벌떼 집단들로 해체될 수도 있다는 사실을 두려워하지 않는다. 음식공동체들이 하는 일의 가치는 슬로푸드 때문에 생겨난 것이 아니다. 그 가치는 본디 그 공동체 자체의 속성이다.

음식공동체는 여태껏 늘 그렇게 해왔고 또 그렇게 하는 것이 그들의 할 일이기 때문이다. 내가 "철저한 무정부 상태"라는 말을 즐겨 쓰는 것은 바로 이 때문이다. 비록 상호 지식 공유, 민주적 토론, 경험의 교환을 통해 배울 것이 많다고 하더라도 누구도 남에게 무엇을 가르칠 위치에 있지 않다는 의미다.

슬로푸드에 한 가지 장점이 있다면, 그것은 접속점들을 연결하는, 적어도 그렇게 하려고 노력한다는 점이다. 나는 언젠가 "슬로푸드는 이제 수명이 다 됐어. 슬로푸드여 부디 만수무강하길!"이라고 말하는 날이 온다 해도 안타까워하지 않을 것이다. 그것은 슬로푸드가 이제 단일 구조로 지탱할 수 없을 정도로 크게 성장했고, 전 세계로 확산되어 경험을 공유할 수 있을 정도로 그 가치와 영역이 글로벌화되었음을 의미하는 것이기 때문이다. 그것은 슬로푸드가 앞서 말한 가치와 사명을 상실하지 않고 자유로운 네트워크 내부로 흡수되었음을 의미하는 것이기도 하다. 무엇보다 나는 그 네트워크의 '감성적 지능', 다시 말해서 동지애로 뭉친 인간적인 지적 활동이 결코 사라지지 않기를 바란다. 분명히 말하지만, 2년에 한 번씩 모이는 토리노의 회의부터 아주 외딴 공동체를 방문하는 것에 이르기까지 우리는 어디를 가든 이런 정서를 숨 쉬고 느낄 수 있다.

나는 지금보다 더 많은 부문이 구속에서 벗어나 다양성의 폭이 더 넓어지는 것을 두려워하지 않는다. 나는 '해방된 미식'이 우리 삶을 바라보는 하나의 과학으로, 그리고 삶에 대한 접근 방식으로 발전해나가는 것에 대해서 두려워하지 않는다. 내가 그것을 두려워하지 않는 이유는 아주 뜻밖의 공간과 외딴 지역에서 실제로 변화가 일어나는 것을 보기 시작하고 있기 때문이다. 나는 또한 새로운 관점을 볼 수 있다. 그것은 처음에 예상하지 못했고 지금도 여전히 많은 사람이 인식하지 못하는 관점이다. 그것은 앞으로 이 세상의 역사를 새롭게 만들어나갈 것이다. 좋은 생각은 멀리 간다. 전 세계 어디든 좋은 생각을 가진 사람들은 많다. 중요한 점은 세력을 규합하는 것이다. 현재 우리 네트워크의 조직 형태가 완벽하지 못해도 걱정하지 않는다. 테라마드레는 앞으로 계속해서 나아갈 수 있음을 이미 보여주었기 때문이다. 나는 그것을 믿는다. 심지어 그것이 더 이상 어떤 조직 형태를 띠지 않는다고 해도 걱정하지 않을 것이다.

이 자유롭게 유동하는 네트워크는 단지 하나의 현상적 도구일 뿐이다. 이 네트워크는 세계화를 통해 누구에게도 어디에도 구속되지 않고 모두에게 매우 높은 목표를 부여함으로써 동등한 조건에서 서로 새로운 관계를 맺고 교환하는 조직 방식이다. 2005년 초, 나는《슬로푸드 제국》에서 그런 네트워크에 대해서 말하고 있었다.

한 가지 분명히 짚고 넘어가자. 그 계획은 이념적 꼬리표에 집착할 수 있는 네트워크를 구축하는 것이 아니라(기존의 것이든 새로운 것이든 낙인찍기 같은 것은 더더욱 아니다), '강도와 범위'를 확실하게 늘릴 수 있는 네트워크의 기초를 놓는 것이다. 네트워크의 확장은 그것이 다양성을 어느 정도까지 수용할 수 있느냐에 달려 있다. 네트워크의 민주성은 소속된 모든 주체, 고려 대상이 되는 모든 사람에게 동등한 지위가 부여될 때 보장된다. 그들은 스스로 그렇게 동등하게 미식가라고 생각하기 때문이다 …… 이른바 미식가의 전 세계 네트워크는 지역적이면서 세계적이고 다양하면서 통일되어 있고 특정적이면서 동시에 전체적이다. 그 중심에 먹거리가 있다. 그것은 고결하다. 다시 말해서 그것은 창조를 위해 작동하지 파괴를 위해 작동하지 않는다. 그것은 공유의 영역을 넓혀가기를 바라고 새로운 분열을 발생시키지 않을 것이다. 그것은 다른 모든 고결한 네트워크와 연결될 수 있는 네트워크다.

이념적 꼬리표와 특정한 주의 주장에 반대한다. 달팽이를 상징으로 하는 기존의 슬로푸드 운동 방식에 안주하는 것은 더더욱 안 된다. 우리의 먹거리를 구속에서 자유롭게 해방시켜준 이 에너지의 흐름을 어떤 식으로든 막을 수는 없다. 우리가 할 수 있는 것은 오로지 그 힘에 기대는 것뿐이다. 그 이유 가운데 하나는 역사가 보여주는 것처럼 들판에 서면 우리는 늘 이 힘에 압도당하기 때문이다. 우리는 거기서 씨앗이 어떻게 훌륭한 열매를 맺는지, 그리고 오늘날 우리의 주된 프로젝트이자 우리 사회가 스스로 정할 수 있는 유일한 진정한 목표가 성취될 수 있도록 다양한 에너지를 더욱 효과적으로 나르기 위해 그 씨앗이 어떻게 작용하는지 볼 수 있다. 이것은 세계적인 미식가 운동이 목표로 삼아야 하는 새로운 관점이다. 우리는 기아와 영양실조의 예속 상태로부터 스스로 자유로워져야 한다.

우리 미식가들은 날마다 신이 우리에게 가하는 보복 때문에 울부짖는 전 지구적 불평등 상황에 무관심한 채로 방관할 수 없다. 음식을 인류의 생존뿐 아니라 그들의 가치와 정체성, 문화의 핵심 부분으로 무엇보다 중요하게 생각하며 먹거리를 우리 삶의 중심에 두는 사람들은 아무리 사소한 것일지라도—예컨대, 쓰레기를 만들어내지 않는 것 같은—자신이 해야 할 일을 해야 한다. 다행히도 이런 지구적 재앙에 시달리는 많은 지역사회는 완전히 주체적으로 자기 지역의 특수성에 맞게 스스로 그 문제를 극복할 수 있음을 보여주기 위해 최선을 다하고 있다. 그들이 사용하는 수단과 수용하고 있는 개념이 우리 자신의 해방된 미식의 특수성과 여러 부분에서 일치하는 것은 결코 우연이 아니다. 이러한 생각들은 가까운 미래에 '해방을 위한 미식'으로 전환될 수 있다. 그것은 이미 많은 지역에서 현실이 되었다. 그 해방을 위한 미식은 우리가 지지하고 장려하고 확산시키고 지키고 감시해야 하는 장기적 변화에 대한 약속이다.

1만 개의 접속점이 연결된 네트워크는 무엇보다 슬로푸드와 테라마드레에 속한 사람들에 대한 우리의 사명을 상징한다. 2013년 5월 15일, FAO 사무총장 조제 그라지아노 다 시우바José Graziano da Silva는 우리와 역사적인 공식 협약을 맺기 위해 나를 로마로 초청했다. 그 협약서는 앞으로 수년 동안 공동으로 전개될 활동에 대한 세부 규약이다. 그것은 대개 인식 제고를 위한 캠페인 개발, 경제적 위기에 처한 나라들의 생산과 판매망 강화, 2014년 국제 가족농업의 해 기념, 무엇보다 '기아 퇴치' 프로그램 참여에 초점을 맞춘다. 이것은 우리에게도 하나의 도전과제다. 우리는 그 문제를 '해방을 위한 미식' 문제와 함께 다루고자 한다.

4부

해방을 위한 미식

1장

해방에
관하여

2013년 5월 15일 FAO와 슬로푸드 간의 협약 서명은 내게 정말로 일생일대의 중요한 사건이었다. 내가 주도해서 설립한 운동의 역사에서 그날은 한 획을 긋는 전환점으로 기록될 만하다. 그 협약은 우리가 테라마드레와 함께 시작한 여행 속에서 성숙해진 인식의 도착점이자 또 다른 출발점이었다. 우리는 그 네트워크에서 기아 및 영양실조와 싸우기 위해 '좋고 깨끗하고 공정한' 기준을 따르며 '해방된 미식'이 감당할 수 있는 역할에 대해서 진지하게 생각하기 시작했다.

슬로푸드가 이 복잡하고 야심만만한 문명화 작업에 헌신할
수 있고 또 그래야 한다는 생각이 적어도 많은 전통적인 미식가
의 귀에 거슬리는 말일 거라는 사실은 분명하다. 하지만 우리는
사람들이 저마다의 고유한 음식문화를 지키고 먹거리를 자급자
족할 수 있는 인류의 보편적 권리를 미식가들이 간과해서는 안
된다고 생각한다. 이는 전 세계적인 문제다. 이 문제를 해결하지
못하는 것은 진정한 미식가라면 모른 체하고 넘길 수 없는 아주
수치스러운 일이다. 다행히도 오늘날 우리는 농촌개발자금을 지
원하는 유엔기구인 FAO와 국제농업개발기금(IFAD) 같은 국제
단체들로부터 점점 더 많은 지원을 받고 있다. 두 단체는 최근 몇
년 동안 우리를 방문하며 생산적이고 유익한 협력 관계에 생기를
불어넣어주었다.

　그들의 선택은 지난날 이른바 '개발도상국'에서 수행된 농업 정
책들이 이제 근본적으로 재고될 필요가 있다는 주요 국제기구들
의 생각을 잘 보여준다. 1960년대와 1970년대에 본격적으로 시
작되어 유전자조작 종자 생산, 화학비료와 살충제의 광범위한 사
용, 용수 대량 소비, 막대한 기반설비 투자를 바탕으로 세계 일부
지역에서 농민들의 생활조건을 크게 향상시킨 녹색혁명과 집약
적 농업에 대한 추구는 새천년 들어 생태계와 경제, 사회적 환경
파괴라는 한계점을 여실히 드러냈다. 산업농업의 관점에서 화학
물질과 표준화된 생산 시스템을 폭넓게 수용했음에도 기대한 식
량 증대 및 분배 효과는 거두지 못했다. 최근 수십 년 동안 기아

와 영양실조는 여전히 기승을 부린 반면 예상치 못한 심각한 문제들이 새롭게 부상했다.

FAO와 IFAD 같은 국제기구들도 이제 다양한 토종 채소와 가축 종자의 소규모 생산, 가족농, 농촌 여성의 역할, 전통 농법과 조리법, 생업 경제의 중요성에 대해서 다시 생각하기 시작했다. 이 모든 요소는 상대적으로 큰 노력 없이 그것들이 중시하는 다양성 덕분에 세계에서 가장 취약하고 외부의 영향력에 민감한 농촌 공동체가 현실적으로나 상징적으로 계속해서 명맥을 이어갈 수 있게 하는 구실을 한다. 나는 오늘날 세계를 지배하는 권력의 회랑에서 무언가 중대한 변화가 일어나고 있음을 느낄 수 있다. 전임 FAO 사무총장 자크 디우프Jacques Diouf 체제 아래서 우리가 테라마드레에 참석해서 함께 협력 방안을 논의하자고 FAO에게 보낸 모든 초청장이 무시되었다면, 이제 일부 국제단체들은 우리 네트워크의 음식공동체들과의 만남을 즐거워하고 우리의 농업 사례를 배울 준비가 되어 있을 뿐 아니라 우리 네트워크를 면밀하게 연구하기 위해 찾아오기도 한다. FAO와 협약을 맺기 전, 현 FAO 사무총장 조제 그라지아노 다 시우바는 폴렌초 방문을 적극적으로 추진했다. 그는 폴렌초를 방문했을 때 미식과학대학 학생들을 대상으로 오늘날 전 세계 기아 및 영양실조와 싸우기 위한 정치, 경제, 기술의 패러다임이 마침내 바뀌기 시작하고 있음을 강조하는 강연을 했다.

앞서 설명한 것처럼, 슬로푸드는 테라마드레 네트워크 소속 공동체들과의 접촉을 통해서 이 광범위한 변화의 선두주자로 우뚝 섰다. 우리는 이 새로운 시작을 주도하는 사람들을 관찰하기 매우 좋은 위치에 있었기 때문에, 당시 변화 과정의 대부분을 곧바로 목격할 수 있었다. 우리가 주목한 가장 흥미진진하고 획기적인 것은 우리의 '해방된 미식'이 동시에 상호 영향을 끼치는 과정을 통해서 해방의 도구, 다시 말해서 가난과 자유시장, 식민지와 탈식민지 문화 환경, 글로벌 먹거리체계의 각종 강압과 제약, 그리고 심각한 결함으로부터 해방시키기 위한 도구가 되었다는 사실이었다. 우리는 또한 실제로 기아와 영양실조로부터 자유로워진 사례들을 보기 시작하고 있다. 이것은 이 중요한 싸움의 중심에 미식 문제를 두고, 먹거리와 수십 억 인구의 미래를 결정할 투전판(카드 패 뒤섞기)에 미식과 관련된 모든 것을 올리는 의미가 무엇인지 잘 보여준다.

기묘하게도—잘 생각해보면 실제로는 그다지 이상한 것이 아닐지 모르지만—전통적 미식가들이 강조하는 미식의 가장 중요한 요소(맛, 외양, 섬세한 조리법과 생산 과정)는 어떤 맥락에서 전혀 문제가 되지 않는다. 우리는 먹거리 세계에 대한 모든 정치적·사회적·생태적·윤리적 암시들을 발견하기 위해 그런 요소들로부터 어느 정도 자유로워야 했다. 하지만 그 요소들은 최근까지 저급한 것으로 간주되거나 완전히 무시되었던 전통음식문화의 복원을 위해 유용한 것임이 밝혀지고 있다. 어떤 사회와 지역, 심지어 전혀 기대하지 않았던 장소에서 그곳을 해방시키는 가장 중요한 도구는 오로지 미식에 대한 재평가나 생물다양성과 지역의 요리 전통을 재발견하는 것이다. 세계 최고의 음식점도 부러워할 것이 하나도 없는 전통이기 때문이다.

그것은 거의 전례 없는 '고급' 미식과 '저급' 미식 사이의 긴밀한 상호작용이다. 서양은 어쩌면 미식의 역사에 관한 책을 통해서가 아니라면 그러한 현상을 목격하지 못했을지도 모른다. 그것은 일종의 문화의 용광로다. 다시 말해서 그것은 다양한 문화가 동등한 입장에서 교류됨으로써 마침내 새로운 정체성이 탄생하는 것을 의미한다. 그 변화를 주도하는 사람들은 그 모든 사회적·경제적·생태적 암시와 함께 현재 상황이 어떻게 진행되고 있는지 완벽하게 이해하고 있다. 그것은 북반구와 남반구, 부자와 빈자, 전통과 새로운 풍습, 신비한 고대 기술과 초현대 기술, 한때 기억에서 사라졌지만 지금은 새로운 방식으로 재발견되고 전수되는 다양한 미식 요소와 농촌문화 사이의 대화다. 그것은 또한 매우 복잡하고 끊임없이 진화하는 대화를 통해 그 범주를 재정립하는 쪽으로 나아가고─비록 결국에는 기존의 범주체계를 모두 폐기해야 하지만─무엇보다 사람들의 삶을 변화시키며 진정한 미식가가 무엇인지 생각하도록 관점을 전환시킨다. 그들은 이제 더 이상 단순히 음식의 맛을 즐기는 것에 스스로를 한정시키지 않고 자신의 감각을 세상의 실상을 해석하는 도구로 사용한다.

2008년 슬로푸드생물다양성재단은 아프리카 전통 조리법을 소개하는 일련의 소책자들을 발간했다. 수많은 슬로푸드 공동체와 해당 전통 조리법의 원산지 국가들이 그 책을 활용해서 로컬푸드의 소비를 증진할 수 있도록 하기 위한 작업이었다. 제1권은 모로코의 아르간오일, 제2권은 말리의 전통 조리법을 다루었다. 오늘날 그 프로젝트는 FAO의 후원을 받아 말리, 시에라리온, 기니비사우, 세네갈 4개국의 조리법이 각각 담긴 네 권의 조리법 책자를 발간한 '대지에서 식탁까지From Earth To Table'라는 전집 기획물로 발전했다. 모두 온라인에서 내려받을 수 있다. 이것은 사라질 위기에 처한 전통 조리법과 지역 농산물 소비 습관을 지역 공동체들을 통해 되살리고 전파할 수 있는, 이전에 아무도 생각해본 적이 없는 단순하면서도 독창적인 방법이다. 그동안 다국적 식품산업이 생산한 식품과 양념은 우리의 지역 농산물을 대체했다. 예컨대, 수프용 건조식품의 등장은 지금까지 건강하고 다양한 식사를 제공했던 수많은 대표적 요리에 대한 기억을 최근 세대들의 뇌리에서 지워버렸다.

테라마드레 모임과 음식공동체 내에서 이 소책자들의 성공은 매우 고무적이고 우리의 논의를 발전시키는 데 유익하다. 그러나 내가 여기서 가장 강조하고자 하는 것은 구조적으로나 문자적으로 전통적 미식 관점으로 인식된 조리법을 가난한 나라 사람들에게 재평가하도록 하는 일이 어떻게 그들에게 자존감을 높이고, 무엇보다 그것이 어떻게 그들에게 위대한 미래를 약속하는 새로운 기제를 작동시키는가 하는 점이다. 그동안 아무도 눈여겨보지 않았던 아프리카 여성의 가사노동이 처음으로 문자로 기록되고 설명되고 있는 것이다. 그동안 이유 불문하고 다양한 방식으로 전통 기술을 무시하고 돌이킬 수 없을 정도로 파괴하는 데만 몰두해온 사람들도 이제 아프리카의 요리를 "강력한" "산업화된" 서양 요리의 침입에 맞서기에는 경쟁력이 "약한" 지역 음식이라고 말하지 않는다. 이 기존의 지배적인 요리 기준을 계속해서 사용한다면, 가난한 나라들의 미래는 전혀 없을 것이다. 그러나 반대로 전 세계 모든 요리가 저마다 자기 지역과 농업, 공동체 문화를 표현하기 때문에 미식과 관련된 감성과 관심 측면에서 동등한 대접을 받아야 마땅하다면, 브리야사바랭 시대부터 프랑스와 유럽이 누렸던 고전적 미식의 모든 것이 이제는 아프리카와 라틴아메리카에도 똑같이 적용되어야 한다.

이 생각은 멕시코 남쪽으로 라틴아메리카 지역에서 싹터서 믿기 어려울 만큼 빠른 속도로 무르익어갔다. 무엇보다 남미의 모든 나라, 모든 차원에서 실제로 일어나고 있는 모습을 직접 확인하면서 나는 놀라움을 금치 못했다. 음식 요금이 비싸고 명성이 자자한 고급 레스토랑 같은 '수준 높은' 영역이든, 농민들이 먹는 대중적인 음식 같은 '수준 낮은' 영역이든, 두 부문 모두 전통 농업을 전면에 내세우고 있다는 사실은 중요한 현상이 아닐 수 없다. 수준이 높든 낮든 이 두 '영혼'은 분리되지 않는다. 반대로 그들은 음식점과 농부 사이의 동맹을 통해 서로 협력하고 뒷받침한다. 그것이 실제로 사회에 끼치는 영향은 전 세계 다른 어디에서도 거의 유례를 찾을 수 없다고 해도 과언이 아니다.

비록 이 나라들이 장구한 미식의 역사를 자랑하기는 하지만, 얼마 전까지만 해도 지역의 미식 전통을 검열하는 요소가 하나 있었다. 이것은 먼저 스페인과 포르투갈 '식민지 침략자'들의 영향 때문이었다. 그들은 프랑스 미식 모델을 따랐다. 그것은 오랫동안 '세계적' 모델로 여겨졌다. 그 뒤로도 전보다 평화로운 방식으로 수많은 작은 '침략'이 지속되었다. 한 놀라운 통계에 따르면, 20세기 전환기에 2,400만 명에 이르는 많은 이탈리아인이 남아메리카로 건너왔다. 이 사실만으로도 남아메리카에서는 여러 측면에서 일종의 음식 혁명이 일어났다. 남아메리카 원주민과 토착 음식은 처음에는 이베리아 반도에서 온 최초의 진짜 침략자들과 노예로 끌려온 아프리카인의 후손들에 의해, 그다음에는 이탈리아인, 독일인, 일본인 같은 특정 지역민들의 유입에 의해 여러 나라의 음식들과 서로 뒤섞였다. 따라서 그런 음식의 혼합 과정은 특히 역사적 관점에서 유럽의 전통, 특히 지배적인 프랑스 전통과의 연결이라는 측면에서 동떨어진 매우 독특하고 복잡한 융합적 미식을 낳았다.

오늘날 국제적 경험을 두루 섭렵한 훌륭한 요리사와 주방장이 많다. 특정 지역의 토착 음식, 특히 그곳의 농업과 주요 식재료들의 복합적 특성에 대한 그들의 인식 수준은 점점 더 높아지고 있다. 그들은 그 지역의 전원과 거기 사는 사람들과 결합되어 독창적이면서 동시에 전통에 기반을 둔 양식을 낳는 복합적 뿌리를 활용하고자 애쓰고 있다. 이런 노력을 기울이는 요리사와 주방장들 가운데 일부가 오늘날 전 세계 음식과 와인 비평가로부터 받고 있는 칭송은 유명한 누벨 퀴진Nouvelle cuisine* 요리사들부터 스페인의 엘불리 레스토랑의 주인 페란 아드리아와 노르딕 퀴진Nordic cuisine**의 선두주자 레네 레세피에 이르기까지 최근의 요리 거장들에게 주어졌던 명성과 다를 바 없다. 비평가들은 이들의 천재적인 조리 실력을 완벽하게 칭찬할 줄 알지만, 그 배후에 있는 것의 중요성에 대해서는 그만큼 주목하지 않는다. 그들은 또한 우리가 진정 기아와 영양실조를 지구상에서 몰아내고자 한다면, 그 배후에 대해서 경멸하는 것은 잘못된 행동이라는 사실을 깨닫지 못하고 있다. 실제로 이미 유명인사가 된 이 새로운 요리사와 주방장들의 작품 뒤에 숨겨져 있는 것은 대개 내가 "해방을 위한 미식"이라고 즐겨 부르는 것의 완벽한 원형을 보여준다. 그것은 이미 페루, 멕시코, 브라질, 콜롬비아, 아르헨티나, 베네수엘라, 에콰도르, 볼리비아에 존재한다. 바라건대 그것이 온 세계를 정복해서—우리의 역사가 보여주듯이, 우리는 그것을 전 세계에 적용할 수 있다—가난한 일반 대중이 처해 있는 비극의 드라마를 해소시켜주기를. 나는 이런 요리사와 주방장이 있는 식당에 가서 식사함으로써 그것을 실감하고, 그들이 함께

---

* [옮긴이주] 1970년대 프랑스 고전 요리에 반발하여 등장한, 향신료와 허브를 써서 재료의 본래 맛을 최대한 살린 채소 중심의 저칼로리 식단.
** [옮긴이주] 씨앗에서 식탁에 이르기까지 가공 없이 천연 식재료를 그대로 조리하는 방식의 북유럽 스타일 요리.

힘을 모아 훌륭한 사회적 책임의식을 보여줌으로써, 식재료를 생산하는 지역공동체들을 알아감으로써 그 중요성에 대해서 훨씬 더 많은 것을 깨달았다.

2장

새로운 패러다임의 전형, 페루

2011년 남아메리카를 여행하는 동안, 테라마드레 공동체와 슬로푸드 회원들 가운데 일부가 해마다 페루 리마에서 열린 국제미식대회인 미스투라에서 모임을 가질 생각이라고 내게 말했을 때, 나는 그 행사에 대해서 더 많은 것을 알아보기로 마음먹었다. 최근 수년간 페루의 많은 지역공동체가 살로네 델 구스토와 토리노의 테라마드레 행사에 참가했지만, 내가 미스투라에서 그들과 교류한 적은 한 번도 없었다.

이 미식대회는 무엇보다 세계 최고급 요리의 유명인사들이 정기적으로 참석하는 것으로 유명하다. 페란 아드리아는—오늘날 음식 전문 채널에서 점점 더 많이 다루기 시작한—새로운 라틴 아메리카 음식의 흐름을 소개하기 위해 거기에 오는 첫 번째 주요 인물 가운데 한 명이다. 오늘날 미스투라는 전 세계의 수많은 언론 매체가 호기심에 가득 차서 벌떼처럼 한꺼번에 몰려드는 행사가 되었다. 그러나 이 엄청난 성공은 적지 않은 모순을 무심코 노출시키기 시작하고 있다. 예컨대, 그 의도가 충분히 '의심'되는 다국적기업들이 행사 후원업체에 포함되어 있는데도 주최 측은 그 같은 행사의 환경적 지속가능성에 대해서 거의 주의를 기울이지 않는다. 특히 강경한 환경주의자들로부터 비판이 고조되고 있음에도, 미스투라는 (페루뿐 아니라 남아메리카와 함께) 전 세계에서 예외적으로 그러한 비판을 굳건히 견뎌내고 있다. 미스투라에 참석했을 때, 나는 비로소 이 행사가 농부와 생산자, 축산업자, 어부, 장인들이 함께 모여 미식과 농업, 음식의 미래에 대해서 이야기하는 자리라는 사실, 그것이 우리의 테라마드레 행사와 유사하다는 사실을 금방 알아챘다. 나는 그 현상 뒤에 숨겨진 이야기에 대해서 더 많이 알고 싶은 호기심이 발동했다. 페루라는 나라가 이루어낸 점진적인 발전 과정의 규모와 중요성을 완전히 이해하기는 그때나 지금이나 쉽지 않다. 지금도 여전히 미스투라는 점점 더 범위를 넓혀가고 있지만, 영양실조 및 식량 보장과 관련된 다양한 문제는 아직도 부분적으로—특히 일부 농촌 지역에서— 길을 찾지 못하고 진창을 허우적대고 있다.

2007년, 페루요리협회Sociedad Peruana de Gastronomía(APEGA)가 만들어졌다. 협회 정관에 기술된 목표는 다음과 같다.

페루요리협회는 페루 요리를 통해 지속가능한 개발과 포용, 우리의 문화적 정체성 확립을 촉진하기 위해 국가의 미식 부문을 이끄는 주역들을 하나로 모으는 것을 목적으로 한다. 그것이 추구하는 목표는 다음과 같다.
- 페루 요리를 문화적 정체성의 기반으로 촉진하고 경제 개발과 발전, 모든 페루인의 행복을 위한 한 요소로서 홍보한다.
- 식재료의 우수성을 널리 알리고 페루의 생물다양성을 안전하게 지킨다.
- 낙농 관련 미식 공급망 구축을 촉진한다.
- 우리의 미래와 가치를 널리 전파할 신세대 전문가 육성을 지원한다.
- 미식 공급망에서 소생산자 역할의 중요성과 지역 요리와 노점음식이 미식에 기여하는 가치를 복원한다.

나는 이 원칙들이 해방된 미식이 전 세계에 생기를 불어넣는 해방의 도구가 될 수 있는, 새로운 패러다임으로의 전환이라고 확신한다. 페루요리협회의 정관은 오늘날 세계 먹거리체계가 전 세계에 요구하는 요리에 스스로 도전하고 있는 한 단체, 한 미식가 집단(요리사, 주방장, 대학에서 미식학을 가르치는 사람, 열렬한 미식주의자, 언론인)의 선언서다.

페루요리협회는 미식과 정치의 불모지에 있지 않다. 오히려 그 것은 페루 요식계의 주역으로 확실하게 자리 잡은 한 인물의 노력과 카리스마 덕분에 최근 15년 동안 두드러지게 성장한 총체적 미식 감수성을 전형적으로 보여준다. 그의 이름은 가스톤 아쿠리오다.

가스톤과 그의 아내 아스트리드Astrid는 리마에 있는 그들 소유의 음식점 아스트리드 이 가스톤의 요리사들이다. 가스톤은 '노보안데안 요리Novo-Andean cuisine'[새로운 안데스 요리라는 뜻]의 창시자로 세상에 널리 알려져 있다. 그의 미식 철학이 깔려 있는 그 개념은 가히 혁명적이라고 할 만큼 소박하다. 오늘날 세계에서 생물다양성이 가장 풍성한 나라 가운데 한 곳인 페루에서 당시 최고급 요리는 여전히 프랑스와 이탈리아, 심지어—남아메리카, 특히 페루에 이민 온 일본인들의 영향을 받아—일본 요리라고 인식되고 있었다.

세계적으로 유명한 페루의 대표적 해산물 요리인 세비체ceviche를 제외하고, 미식의 평가 기준은 모두 구대륙의 것을 중심으로 이루어져 있었다. 아쿠리오가 페루 농산물과 식민지 시대 혼혈원주민 메스티소의 전통음식을 중심으로 요리하면 어떨까 하는 대담한 발상을 하도록 패러다임의 전면적 전환에 불을 붙인 것은 바로 그러한 상황이었다. 따라서 그는 아마존 밀림에서 나는 과일과 페루의 녹지대 시에라Sierra 지역의 채소, 원주민 전통 조리법을 식당 차림표에 포함시키기 시작했다. 질적으로나 형식적으로나 모두 흠잡을 데 없는 식단이었다. 그는 또한 소생산자들과 관계를 맺고 그들을 직접적으로 지원하기 시작했다. 그렇게 페루의 미식은 스스로 해방의 길을 열어젖혔다. 그동안 중요치 않은 존재로 인식되며 그릇된 미식의 '새장'에 갇혔던 페루 요리에 역사를 되찾아주고 민족 정체성과 사회적 구원의 창조자로서 미식의 역할을 회복시켰다.

아쿠리오는 세계 먹거리체계에서 요리사의 중심 역할이 매우 중요하다는 사실을 페루에서 처음 깨달은 사람이었다고 볼 수 있다. 지금은 젊은 동료 요리사들이 그를 든든하게 지원하고 있다. '세계 최고의 음식점 50곳' 순위표(다국적기업의 후원을 받음)에 따르면, 라틴아메리카 최고의 요리사 15명 가운데 7명이 리마에서 일하고 있다. 아스트리드 이 가스톤 음식점은 사실 일반 대중은 접근하기 어려운 식당이다. 음식 가격이 '서양' 시세로 매우 비싸기 때문이다. 하지만 아쿠리오의 요리가 생산 현장, 거기서 일하는 사람들과 매우 밀접하게 연결되어 있고, 그러한 식당 운영이 교육 효과를 노리고 있다는 사실을 알고 나면, 표면적으로 모순된 행태처럼 보였던 것이 금세 이해된다. 이런 요소들은 아스크리드 이 가스톤 음식점에 가는 것이 나도 그런 곳에서 밥을 먹는 행운을 누렸다는 만족감을 느끼는 것 말고는 별다른 것이 없다는 전 세계 음식 비평가들의 비아냥거림을 훌쩍 뛰어넘게 한다. 아쿠리오는 최고의 요리사에서 가난한 소농에 이르기까지 모두가 동일한 목적으로 연결된 아주 단단하게 잘 짜인 페루인의 네트워크를 앞에서 이끌고 있다.

이들 요리사의 거의 대대수가 현재 만장일치로 즉각 수용한 합의는 물론 파탄에 이를 가능성이 있다. 그러한 합의에 대한 초기의 진정성을 왜곡시킬 위험성은 늘 사방에 도사리고 있고, 그 합의를 주도한 세력이 '역량이 소진되거나' '초심을 저버리는' 상황을 피하기 위해서는 향후 그들이 가려고 하는 방향에 대해 늘 스스로에게 물어보아야 할 것이다. 하지만 지금까지는 그러한 합의의 영향이 가히 혁명적이었음을 부인할 수 없다.

지금도 계속해서 조상들이 전해준 토종 종자를 재배하고 있는 페루 소농들의 노력을 높이 평가한다는 것은 그들을 국가 정체성을 확립하는 중요한 인물로 내세운다는 것을 의미한다. 그리고 수세기 동안 이어온 민족문화의 근간인 전통 기술과 종자, 지식의 계승자로서 그들의 역할을 인정하는 것이다. 노보안데안 요리는 경이로운 조리법과 요리로 구성되어 있다. 그러나 무엇보다 중요한 점은 그것이 유럽의 고전적 미식 규칙에서 해방된 요리라는 사실이다. 음식에 담긴 정치적 중요성, 즉 그것이 어떻게 생산되고 가공되는지에 대한 의미를 이해하는 것은 매우 중요한 일이다.

페루요리협회가 행동에 나서도록 한 것은 바로 이러한 반성이었다. 이 과정에서 미스투라가 탄생했다. 그러나 그 이야기는 여기서 끝나지 않는다. 1부 마지막 부분에서 인용한 이른바 리마 선언으로 알려진 '미래의 요리사에게 보내는 공개서한'이 페루의 수도에서 발표된 것은 우연이 아니다. 페루 독립 200주년이 되는 2021년에 라틴아메리카 미식의 수도 후보지 중 하나로 리마가 선정된 것 또한 우연이 아니다.

여기서 한 걸음 더 나아가 생각할 것이 있다. 페루에서 로컬 푸드 식품과 소농에 대해 이야기하는 것은 이탈리아에서 그것에 대해 이야기하는 것과 같지 않다. 식민지 수탈의 300년 역사가 있는 페루와 그런 경험이 없는 이탈리아가 같을 수 없기 때문이다. 모든 원산지의 정복자들은 늘 그곳의 지역 종교와 식사 풍습, 사회 관습을 없애야 할 대상, 즉 구세계의, 자민족 중심 관점에서 열등하고 무시해도 될 정도로 낙후되고 무지한 세계의 구습으로 간주했다. 지역의 미식을 재평가하는 것이 매우 중요한 이유가 바로 여기에 있다. 우리는 지금 민족 정체성에 대한 자긍심을 고양시키기 위한 국수주의나 민족주의에 대해서 말하고 있는 것이 아니다. 그것은 논점을 흐리게 만드는 허접한 주장일 뿐이다. 최근 몇 년 동안 페루는 자각과 구원의 특별한 여행을 했다. 자각이라 한 것은 음식과 환경, 사회 정의, 경제적 지속가능성 사이의 연관성이 아주 분명하게 드러났기 때문이며, 구원이라 한 것은 지역 요리를 다시 중시하는 것이 여태껏 극빈의 상황으로 내몰렸던 대다수 민중에게 경제적 전망을 보여주었기 때문이다.

이러한 교차 과정 속에서 정치인들도 미식을 해방시키는 것이 얼마나 중요한 일인지 깨닫기 시작하고 있다는 사실은 다행이 아닐 수 없다. 2013년 6월 16일, FAO 사무총장 조제 그라지아노 다

시우바가 2015년에 기아에 굶주리는 사람 수를 절반으로 줄이기로 한 첫 번째 새천년개발목표를 조기 달성했다는 증명서를 아르메니아, 아제르바이잔, 쿠바, 지부티, 조지아, 가나, 가이아나, 쿠웨이트, 키르기스스탄, 니카라과, 세인트빈센트그레나딘, 사모아, 상투메프린시페, 태국, 투르크메니스탄, 베네수엘라, 베트남과 함께 페루에 수여했지만 아직도 일부 농촌 지역에서는 영양실조 문제를 해결하지 못하고 있다.

로마에 본부를 둔 유엔기구 세 곳—FAO, IFAD, 세계식량계획(WFP)—이 공동으로 발표한 〈2014년 세계 식량 불안 상황 State of Food Insecurity in the World(SOFI) 2014〉 보고서에 따르면, 전 세계 8억 500만 명이 여전히 영양실조와 기아로 고통받고 있었다. 전보다 약간 하락했지만, 여전히 엄청나게 많은 수였다. 라틴아메리카와 카리브 지역은 그 수가 1990~92년에 6,840만 명에서 2012~14년에 3,700만 명으로 전체 인구의 15.3퍼센트에서 6.1퍼센트로 크게 줄어드는 획기적인 성과를 거두었다. 그러나 동시에 그 보고서는 전 세계적 차원에서 첫 번째 새천년개발목표의 진전 속도가 둔화되었음을 보여주었다. 페루에서는 빈곤 상황이 빠르게 개선되었지만, 전체 인구의 8.7퍼센트(1990~92년에는 31.6퍼센트)가 여전히 영양실조 상태에 처해 있는 것으로 나타났다. 그들은 앞서 말한 것처럼 대개 농촌 지역에 산다. 그곳의 열악한 환경 조건은 상황을 더욱 악화시킨다.

그러나 보고서에 나온 수치를 주의해서 볼 필요가 있다. 그것은 세계 각국의 식품 가격 등귀에 따른 기아와 영양실조 문제가 당연히 세계 원유 가격 변동과 아주 밀접하게 관련되어 있다는 사실을 명백하게 보여주기 때문이다. 이것은 무엇을 의미하는가? 만일 지역공동체들이 글로벌 자유시장에서 거래하기 위해 단일 재배와 상업용 교잡종에 대한 강요를 못 이겨 그들의 식량 주권을 포기한다면, 그들은 결국 국제적 식품 가격 변동과 투기 세력에게 스스로 발목을 잡히는 꼴이 된다. 앞서 말한 공동보고서에서 식량 문제와 기아 퇴치에 노력하는 주요 국제기구 세 곳이 지속적인 기아 퇴치를 위해서는 농업 부문의 개혁 완성을 통한 총체적 경제 성장이 필요하다고 명시한 것은 결코 우연이 아니다.

그렇다면, 우리는 정확하게 어떤 종류의 성장에 대해서 말하고 있는 것일까? 이 2014년 보고서는 식량 주권을 고취하는 과정에서 자급농업이 갖는 가치와 중요성을 강조한다. 이것은 비록 속도는 느리지만 "소농, 특히 여성을 포함하는 농업 성장이 노동의 대가를 증대하고 가난한 사람들의 고용을 창출함으로써 극단적 가난과 기아를 퇴치하는 데 가장 효과적"이라고 인정하는 최초의 공식 문서다. 소농과 여성은 그들의 공동체를 먹여 살리기 위해 수세기 동안 그 지역에 이어져온 전통적인 농사 기술과 지식의 관리자로서 중요한 위치에 있다. 이는 어쩌면 사소한 것으로 보일지 모른다. 하지만 국제적인 주요 기구들이 공식 문서에서 이러한 측면을 인정할 준비가 되어 있다는 사실은 지난 30년 동안 우리 네트워크가 들인 노력이 마침내 결실을 맺기 시작하고 있음을 의미한다.

2013년, 페루 정부는 학교 급식을 개선하기 위해 사회통합개발부Ministry of Development and Social Inclusion 주도로 '칼리 와르마Qali Warma'[케추아 원주민어로 '건강한 아이'라는 뜻] 프로그램을 시작했다. 학교 급식이 페루의 많은 아이에게 날마다 영양을 공급하는 주요 원천이라는 점을 감안할 때, 페루 정부는 그 제도를 체계화하는 방식을 획기적으로 바꾸기로 결정한 것이었다. 처음에 몇몇 학교에서 시범적으로 실시하다 나중에 전국적으로 확대할 계획인 이 프로그램은 학교 식당에 공급되는 음식을 앞으로 가능한 한 지역의 납품업체로부터 받고, 조리되는 음식은 반드시 저마다의 지역사회를 대표하는 전통 조리법을 고수해야 한다. 이는 여태껏 전국의 모든 학교 식당에 식재료를 단독 입찰로 공급할수 있는 거대 다국적기업이 생산하거나 대개 해외에서 수입한 산업식품이 지배해온 학교 급식체계를 전면 수정함으로써 그동안 정제설탕과 화학첨가물이 많이 가미된 이른바 정크푸드에 익숙해진 아이들의 미각을 해방시키는 작업이기도 하다.

수많은 직업 요리사와 여러 공동체의 사람들이 이 프로젝트를 수행하기 위해 부름을 받았다. 해당 지역에 적합한 일련의 조리법을 개발하고 가능한 한 지역 농산물을 식재료로 사용하기 위해서였다. 이 프로젝트의 핵심이 되는 또 한 가지 작업은 모든 학교에서 텃밭을 가꾸는 것이다. 학생들은 각종 채소를 재배하는 일을 돕고 텃밭은 학교 구내식당에 식재료를 제공하는 주요 공급

처가 될 것이다.

2013년 4월, 나는 당시 사회통합개발부 장관이었던 캐롤리나 트리벨리Carolina Trivelli로부터 그 프로젝트의 최초 시범학교 여섯 곳 가운데 한 곳이 있는 페루 서남부의 아야쿠초Ayacucho를 방문해달라는 초청을 받았다. 그래서 때마침 막 슬로푸드 국제협회 위원이 된 사브리나 차베스Sabrina Chavez와 함께 그곳에 갔다. 해방된 미식이 자부심과 정체성, 기쁨, 열정과 어떻게 서로 엮일 수 있는지 목격하는 것은 정말 멋진 일이었고, 엄마가 해준 것 같은 음식을 맛보는 일은 뜻밖이었다. 아이들은 특정한 덩이줄기가 보통 사람이 접근하기 어려운 지역에서만 자란다는 것을 우리에게 설명하고 그냥 먹으면 써서 먹기 어려운 뿌리채소를 먹을 수 있게 만드는 방법을 보여주었다. 무엇보다 중요한 점은, 지역공동체의 가치를 되살리는 것은 곧 수백 년 동안 공동체가 스스로 먹거리를 만들어 먹으면서 자급자족한 방식의 중요성을 되살리는 것이라는 사실이다.

따라서 해방된 미식이 해방을 위한 미식, 즉 지역과 공동체를 해방시키고 가치를 회복하기 위한 도구가 되는 순간, 우리는 비로소 변화에 성공한 것이다. 페루만 그런 것이 아니다.

3장

다시
브라질로

앞서 언급한 것처럼, 오늘날 전 세계에 흩어져 있는 라틴아메리카 요리사들의 새로운 물결에 국제적 관심이 집중되고 있는 것이 리마의 미스투라 덕분만은 아니다. 이를테면 브라질에 대해서 말하지 않고 넘어갈 수는 없는 일이다. 브라질은 두 차례에 걸친 룰라 정부 치하에서 현재 FAO 사무총장이자 포미 제루(기아 퇴치) 프로그램에 온 힘을 기울이고 있는 브라질 정부부처의 수장인 조제 그라지아노 다 시우바의 주도 아래 몇 년간 영양실조와 기아를 몰아내고자 애썼다. 미식의 전선에서 나는 2012년 9월

5일부터 9일까지 상파울루에서 신나는 경험을 했다. 그 기간 동안 음식과 와인 전문 잡지인 《프라제레스 다 메자Prazeres da Mesa》['식탁의 즐거움'이라는 뜻]가 해마다 주최하는 제9회 '세마나 메자Semana Mesa'[일주일간의 식탁'이라는 뜻] 행사가 열렸다. 그 행사는 새로운 물결을 일으키는 선 세계 요리사들이 만나 숙고하는 중요한 기회로서, 라틴아메리카 최고의 살아 있는 미식의 신세계를 보여주는 또 하나의 기폭제가 되고 있다.

나는 그 잡지사에서 일하며 수많은 미식 정보 관련 프로젝트에 열심히 참여하는 슬로푸드 국제협회 새로운 위원과 함께 그 행사에 갔다. 그는 행사 기간 동안 내게 잊지 못할 경험을 안겨준 안내인이었다. 내가 참가한 주간 테마는 '아메리카 대륙 발견하기: 식재료와 문화'였다. 그것은 한편으로 최고 수준의 북아메리카 요리사들을 특별 손님으로 초대(이전까지는 대개 유럽 요리사들만 초대했다)하는 일에, 또 다른 한편으로는 특정 지역 및 지역민과 밀접하게 연결된 농작물과 야생 작물의 활용과 가치 복원에 초점을 맞추었다. 슬로푸드는 상파울루에 많이 있었다. 내가 네트워크를 구축하는 문제와 우리의 국제 음식공동체 네트워크에 내재된 가치들 간의 조화가 의미하는 것에 대한 연설을 마친 뒤, 슬로푸드 국제협회 부회장인 앨리스 워터스가 연설을 이어갔다. 청중들의 많은 찬사를 받은 이 연설에서 그녀는 슬로푸드의 설립 원칙들, 특히 자신의 학교 텃밭(먹을 수 있는 운동장Edible Schoolyard) 운동을 통한 교육과 깨끗한 근교 농업의 중요성을 강조했다. 날마다 거의 700명의 청중들이 회의장을 가득 채웠고, 야외 공간에는 각종 전시장과 소규모 시장이 자리 잡아 활기를 띠었다.

행사에 참석한 요리사들은 회의에서 논의된 주제들에 대해서 만장일치로 합의했다. 북아메리카에서 온 요리사들이 길잡이라는 자신들의 의도나 목적에 비추어 앨리스 워터스와 많은 부분에서 의견이 일치했다면, 라틴아메리카에서 온 요리사들은 보다 정치적이고 선명성 측면에서 오히려 훨씬 더 강력한 견해를 표명했다. 그들 중에서도 단연 돋보인 인물은 당연히 가스톤 아쿠리오였다. 그 위대한 요리사가 학교 텃밭 운동에 참여하게 된 것은 세마나 메자 회의 참석을 통해 새로이 각성했었기 때문이 틀림없었다. 그는 말만 번지르르하게 하는 것에서 벗어나 구체적인 프로젝트를 실천에 옮김으로써 사회적 책임을 행동으로 보여주었다. 이것은 그동안 음식 공급과 관련해서 일반인은 접근할 수 없는 영역이었지만 이제는 누구나 자기가 먹는 음식을 스스로 조달할 수 있는, 그렇다고 '형편없거나' 흥미롭지 못한 방식이 전혀 아닌 새로운 대중적 음식 공급 방식이 나타나기 시작하고 있음을 보여주는 하나의 신호에 불과하다. 오늘날 브라질 요식업계를 이끌어가고 있는 두 젊은 요리사, 호드리구 올리베이라Rodrigo Oliveira와 완데르순 메데이루스Wanderson Medeiros는 대중적인 레스토랑을 운영하고 있다. 그들은 상파울루에서 열린 세마나 메자 연설에서 자신들이 외부에서 수입된, 즉 구대륙으로부터 강요된 미식 방식을 뛰어넘음으로써 민중에게 새로운 정체성의 요소들을 가져다

주는 개척자임을 자랑스럽게 생각한다고 말했다.

라틴아메리카 요식업계의 새로운 물결을 주도하는 가장 중요한 인물 가운데 한 명인 알렉스 아탈라Alex Atala도 국내산 주요 식재료 사용을 칭송하고 그 중요성을 설명하면서 목축업자 및 농민과의 협업에 대해서 역설했다. 아르헨티나, 칠레, 멕시코 요리사들도 똑같은 주장을 되풀이했다. 이들 지역에서 우리는 슬로푸드의 생각들이 함께 발을 맞춰 행진하며 진화해가는 모습을 목격하고 있다. 그리고 슬로푸드 덕분에 우리는 사회적으로 훨씬 더 긴밀하게 서로 연결되고 있다. 예컨대, 플로리아노폴리스Florianopolis[브라질 남부 해안 섬의 도시] 콘비비움과 슬로푸드청년네트워크는 상파울루 행사에서 생산자와 요리사, 빈민가 청년들과 연대해서 미식을 가난한 사람의 삶에 흥미를 더하고 미래에 대한 희망을 주는 것으로 전환시키려는 그들의 노력을 보여주었다. 그 새로운 운동의 가장 대중적이고 효과적인 측면이 부각되는 곳은 바로 빈민가다.

상파울루의 세마나 메자 회의 마지막 날, 거의 모든 연사가 리우데자네이루의 알레망Alemão으로 이동했다. 그곳은 13개의 빈민가가 밀집되어 있는 지역으로 20만 명이 거주하고 있다. 그들이 알레망에 간 목적은 그 지역 사람들이 마음대로 이용할 수 있는 새로운 간이식당 개관식에 참석하는 것이었다.

그 프로젝트는 리우의 유명 요리사들—누구보다 먼저 아쿤셰구 카리우카Aconchego Carioca(음식이 뛰어나게 훌륭한 전통 선술집)의 카티아 바르부자Kátia Barbosa, 프랑스 미슐랭 스타 요리사 미셸 트루아그로Michel Troisgros의 동생으로 20여 년 전 이곳에 음식점을 열어 크게 성공한 클로드 트루아그로Claude Troisgros—의 지원을 받아 지역 축제에 양질의 음식을 공급할 것이다. 우리는 알레망에서 오후시간을 보내면서 뉴욕에서 온 요리사 대니얼 험Daniel Humm과 브라질 요식업계의 또 다른 스타 요리사 로베르타 수드브라크Roberta Sudbrack가 생기를 불어넣은 잊지 못할 축제를 만끽했다. 리오에서 편리하게 이용할 수 있는 획기적 이동수단인 새 케이블카는 높은 언덕배기에 위치한 이 빈민가의 미로처럼 꼬불꼬불한 골목들을 헤매지 않고도 정상까지 손쉽게 올라갈 수 있게 해주었다. 우리는 새로 지어진 흥미진진한 간이식당에서 그곳 청년들이 미식과 요리 공부에 몰두하도록 만드는 것이 어떻게 가능한지 자세히 관찰할 수 있었다. 그들은 어쩌면 요리 공부를 통해 미래를 위한 자신의 재능을 발견해서 좀 더 번듯한 직업을 갖고자 애쓰고 있는지도 모른다.

알레망에서 진행 중인 프로젝트는 2010년 브라질리아에서 열린 브라질 테라마드레 대회에서 내게 매우 깊은 인상을 남겼던 행사를 떠올리게 만들었다. 각국 대표단 500명이 참석한 그 행사의 주인공은 우리가 슬로푸드와 테라마드레(그는 2008년 토리노 대회에 처음 참가했다)와 동일시하게 된 요리사 데이비드 헤르츠David Hertz였다. 그는 이스라엘 키부츠에 살면서 중국, 베트남, 인도, 영국, 캐나다를 방문하며 수년 동안 세계를 여행한 뒤, 상파울루로 돌아와 음식을 공급하고 요리를 가르치고 지역에서 생산한 식품을 파는 '사회적 사업'을 하는 업체 가스트로모티바 Gastromotiva를 설립했다. 가스트로모티바는 또한 궁핍하거나 가정에 문제가 있는 청년들에게 요리 공부를 하고 일자리를 찾고 가게를 차릴 수 있는 기회를 제공하기도 한다. 거기서 발생하는 모든 수익은 요리사 양성학교나 빈민가에 무료 급식소를 여는 데 재투자되어, 가난한 이웃의 낙후된 식생활 여건을 개선하는 데 쓰인다. 2004년, 데이비드는 브라질에서 가장 중요한 대학 가운데 하나인 안엠비 모룸비 대학교Anhembi Morumbi University에서 자구아레Jaguaré 빈민가에 간이식당을 여는 프로젝트에 대한 설명회를 가졌다. 그는 일반 시민과 비영리기관들로부터 지속적으로 기금을 모아 사회적 포용과 교육, 훈련을 지침으로 하는 하나의 어엿한 사업체로서 요리학교를 설립했다. 가스트로모티바 식당은 노숙자들에게 음식을 제공하는데, 식재료는 지역 생산자와 생태 농업을 실천하는 가족농들과 유기적 관계를 맺고 지속가능한 방식으로 공급받는다. 그렇다. 오늘날 브라질의 새로운 미식 사업가들은 빈민가에서 나오고 있다.

알렉스 아탈라, 로베르타 수드브라크, 비르힐리오 마르티네스 Virgilio Martínez(2012년 살로네 델 구스토-테라마드레 대회에 참석한 또 한 명의 떠오르는 페루 요리사), 가스톤 아쿠리오, 엔리케 올리베라 Enrique Olivera(멕시코)를 비롯해 세계 무대를 휘어잡고 있는 많은 요리사들의 요리에 푹 빠진 브라질 밖의 사람들은, 대개 그들이 주역으로 화려하게 전개하고 있는 문화 운동이 '해방된 미식'의 원칙들을 전적으로 옹호하며 새롭고 지속적인 해방을 성취하기 위해 그 원칙들을 실천에 옮기고 있다는 사실을 알지 못한다. 내 말을 오해하지 말길. 이것은 그들이 현재 받고 있는 칭송이 전부 충분히 받을 만한 가치가 있음을 부인하는 말이 아니다. 소생산 자와의 연계, 토착 생물다양성의 보호, 지속적 교류의 성과로서 전통과 정체성 확립, 사회적 책임을 실천하는 다양한 프로젝트 같은 이 모든 노력은 라틴아메리카의 해방을 위한 미식의 탄생을 그렇게 혁명적인 것으로 만드는 요소들이다.

그들이 내놓는 접시에 담긴 결과물은 놀랍다. 대개 미식가의 까다로운 미각으로도 경탄을 금치 못할 정도다. 브라질의 마타 아 틀란티카Mata Atlantica,* 아르헨티나의 팜파스pampas,** 페루의 안데스 산맥, 칠레의 코르디글리에라cordigliera[중남미의 산맥을 지칭], 그리고 아마존 지역에서 생산된 농작물로 조리된 음식은 새로운 맛과 감 각을 제공한다. 그것은 우리뿐 아니라 라틴아메리카의 도시민들도 아직까지 경험해보지 못한 경우가 많지만 그 단호함과 창조성에 대해서 세계가 주목하는 문화유산에 대한 자부심이다. 하지만 이 제 시작일 뿐이다. 모든 형태의 오만함을 버리고 매우 세심하게 운 동을 전개할 시점이 되었다. 요컨대, 우리는 그 운동의 주창자들이 그랬던 것처럼, 우리의 상상력을 자유롭게 해방시켜야 한다.

---

* [옮긴이주] 대서양 연안을 따라 남북으로 길게 펼쳐진 열대우림지역으로 대서양림으로도 불린다.
** [옮긴이주] 남미 중위도 대서양 연안에서 안데스 산지에 펼쳐진 대초원지대.

4장

멕시코와
옥수수

나는 2013년 멕시코를 방문하는 동안 멕시코 중앙에 있는 도
시, 인구 80만 명의 모렐리아에서 해마다 열리는 미식 축제, 모렐
리아 엔 보카Morelia en Boca*에 초대받아 갔다. 미초아칸Michoacán주
의 주지사는 우리를 열렬히 환영하고 축제 현장으로 안내했다.
잘 차려진 가판대, 와인 시음장, 초대된 요리사의 조리 시연 무
대, 임시변통으로 만든 레스토랑 사이를 단지 25분 동안 둘러봤

---

* [옮긴이주] '입 안의 모렐리아'라는 뜻으로 모렐리아 음식을 먹는다는 의미다.

을 뿐인데 솔직히 너무 지루하다는 생각이 들기 시작했다. 과거 유사한 미식 축제들에서 흔히 보았던 구태에 '갇힌' 행사 방식, 여전히 미식학의 복합적인 의미를 이해하지 못한 그런 행사들 가운데 하나에 참석한 느낌이었다. 그것은 사회적 책임감을 인식하지 않고 그저 감각적 즐거움만을 생각한 데서 나오는 행태였다. 행사 장소인 클라비헤로 궁전Palacio Clavijero을 둘러본 뒤 끝으로 멕시코의 미식 전통을 계승하며 지켜오는 여성 요리사들이 모여 있는 미초아칸의 전통 요리사들cocineras tradicionales de Michoacán이라는 부속 코너에 들렀다.

내 앞에는 옛날식으로 장작으로 불을 지피는 화로에서 조리하고 있는 여성들이 있었다. 피에몬테에서는 그 화로를 푸타제putagé라고 부르는데, 역사상 가장 뛰어나게 설계된 장치 가운데 하나였다(그 여성들이 사용하고 있었던 화로가 푸타제와 유일하게 다른 점은 연통이 없다는 것이었다). 그들은 방문객들에게 조리하는 모습을 보여주기 위해 불을 지피느라 하루 종일 연기를 들이마셔 눈이 따갑고 숨 쉬기 어려운 고통을 참아야 했다. 유네스코가 2010년 인류무형문화유산Intangible Cultural Heritage of Humanity으로 지정한 멕시코 미식은 이런 여성들이 전승해온 전통 조리법과 노하우에 뿌리가 있으며, 그들의 섬세한 손재주와 지식 덕분에 이어져왔다. 진정한 인류 유산은 사실 그들이었다. 그들이 모렐리아에서 바삐 손을 놀리고 있던 그 생색나지 않는 일을 지켜보는 것은 나와 동료의 마음속에 갈등을 일으켰다.

2010년의 인류무형문화유산 지정은 한편으로 그들의 역사에 특별히 중요한 일보를 내딛은 사건이었다. 스페인 정복 이전의 원주민의 취사법과 정복자들이 가져온 전통 조리법의 특이한 융합이 세계에서 독특하고 모방할 수 없는 이곳만의 특징임을 그 분야에서 세계적인 주요 기관이 공식적으로 분명하게 선언했다는 점에서 그렇다. 그러나 다른 한편으로는 이 세계의 주인공인 전통 요리사들이 마땅히 보호받고 존중받아야 할 중요한 존재가 아닌, 그와 정반대로 축제 참관자나 여행객들을 끌어들이기 위한 호객용 미끼로서 관광 마케팅 자원으로 활용되기 시작했다. 그 결과는 대개 환경 파괴로 이어질 수밖에 없다.

미식을 해방시키는 것은 또한 이런 종류의 위험을 무릅쓴다는 것을 의미한다. 어떤 나라나 문화도 이를 피할 수 없다. 전 세계 미디어가 음식으로 도배되다시피 하고 음식에 대해 어리석기 그지없는 천박함으로 이야기하는 온갖 텔레비전 예능 프로그램들을 떠올리면 이게 무슨 말인지 금방 이해할 수 있을 것이다.

멕시코의 미식이 인류유산으로 인정받은 것은 단순히 멕시코와의 관련성을 넘어서는 또 다른 문제를 제기한다. 멕시코의 식사는 몇 가지 주식을 기반으로 한다. 그중에서 국가 정체성을 나타내는 가장 대표적인 음식은 다름 아닌 옥수수다. 멕시코가 원산지인 옥수수는 뛰어난 환경 적응성과 폭넓은 유용성 덕분에 전 세계로 전파되었다. 이러한 우수한 특성을 지닌 작물을 그 나라에 정착한 스페인 정복자들이 그냥 놔둘 리 만무했다. 그들은 곧바로 옥수수 종자를 유럽으로 가져갔다. 그러나 옥수수가 종자의 전파 및 활용 측면에서 세계에서 가장 성공한 작물이라고 해도(오늘날 상업식품 가운데 옥수수 부산물이 없는 경우는 찾아보기 힘들다), 그 원산지는 지금 커다란 모순에 직면해 있다.

현재 곡물의 34.2퍼센트를 수입에 의존(출처: SOFI 2012)하고 있는 멕시코는 1994년 북미자유무역협정NAFTA이 발효되기 전까지만 해도 옥수수 생산으로 자급자족이 가능했다. 협정 체결 이후 국내 생산량이 크게 줄어든 것은 아니지만, 미국으로부터의 수입이 기하급수적으로 증가했다. 보조금 지급으로 인해 과잉 생산된 옥수수는 2006년까지 시장에서 생산 원가보다 20퍼센트 낮은 염가에 팔렸다. 사실 그동안 옥수수의 국내 생산량과 수입량의 실질적 증대가 있었지만, 가축 사료와 산업식품 재료, 바이오연료의 원료로서 점점 수요가 늘어나면서 사람들이 섭취하기 위한 식용 옥수수의 자급자족은 더 이상 보장되지 않는다. 2006년까지 일부러 싸게 유지되었던 멕시코에서의 미국산 옥수수 가격은 2007년 국제 곡물가 인상에 따른 수입 옥수수 가격의 상승 때문에 급격하게 높아졌다.

이것은 곧바로 멕시코 빈민의 주식인 토르티야의 가격 인상을 야기했다. 특히 도시에 거주하는 빈민들의 저항은 그 어느 곳보다 격렬했다. 멕시코 정부가 옥수수 가격에 대한 투기 세력의 조작 여부를 확인하기 위해 지시한 조사 결과에 따르면, 카길과 빔보 같은 다국적기업들은 세계 시장에서 가격이 최고로 올랐을 때 내다 팔기 위해 전국에 산재된 곡물 창고에 옥수수를 '숨겨'놓기까지 했다. 멕시코 정부가 취할 수 있었던 유일한 대응책은 세계적으로 널리 알려진 종자인 노란옥수수 생산을 늘리기 위해 군대를 동원하는 것이었다. 그러나 그것이 가축 사료와 바이오연료의 원료를 원활하게 공급하기 위한 조치였다는 사실을 솔직하게 밝히지는 않았다. 끊임없는 옥수수 가격 상승은 특히 가계 경제 사정이 어려운 멕시코 빈민들의 식비 증가로 이어지면서 그들에게 큰 타격을 입혔다. 이러한 타격은 점점 더 많은 국민에게 영향을 주면서 지나치게 가격이 오른 전통 주식인 옥수수를 먹는 대신 수입산 상업식품(유전자조작 콩이나 옥수수 부산물로 제조된)을 먹는 것으로 멕시코인의 식습관을 바꾸어놓고 말았다.

그것은 멕시코인의 건강을 해치는 데 엄청나게 큰 역할을 했다. 멕시코는 200만 명의 국민이 영양실조로 고통받고 있는 상황에서도(출처: SOFI) 비만에 걸린 성인과 아이들의 수가 경고 수준에 이를 정도로 크게 증가했다. 지난해에는 역사적이고 서글픈 일이 있었다. 멕시코의 비만율이 32.8퍼센트로 미국을 추월한 것이다. FAO 자료에 따르면, 멕시코 어린이 10명 중 7명이 과체중이다. 불공정한 세계 먹거리체계 때문에 초래된 결과다.

다행히도 시민사회의 반발은 정부기관의 대응보다 훨씬 더 강력했다. 그런 움직임 가운데 하나가 그린피스를 포함해서 여러 비정부기구가 연대한 멕시코 사회단체 네트워크인 '신성한 씨앗Sin Maíz No Hay País'이다. 그들의 목표는 토종 옥수수 종자를 상업용 교잡종 종자로부터 보호하는 일이다. 슬로푸드도 이 네트워크에 참가하고 있는데, 멕시코 푸에블라Puebla 국내 시장과 이 프로젝트에 연대하고 있는 미국의 슬로푸드 필라델피아 콘비비움에 팔기 위해 청색옥수수(맛의 방주에 등재된 식품)를 재배하고 가공하는 협동조합인 산 마테오 오솔코San Mateo Ozolco를 여기에 끌어들였다. 이 네트워크는 멕시코 농산업의 과도한 지배력 행사를 막기 위해 싸우고 있다. 비록 갈 길은 아직 멀고 어려움이 산재해 있지만 미래의 더 큰 희망을 약속하는 다양한 연대 활동이 이루어지고 있다. 멕시코의 가장 영향력 있는 요리사들—특히, 엔리케 올리베라와 호르헤 발레호Jorge Vallejo—이 주도하는 단체인 멕시코요리집단Colectivo Mexicano de Cocina은 라틴아메리카 요리의 새 물결을 일으키고 있는 그들이 일하는 최고급 레스토랑 주방에서 멕시코 토종 옥수수를 식재료로 쓰고 홍보함으로써 토종 옥수수 보호의 필요성을 널리 알렸다.

그 밖에도 토종 옥수수 종자를 지키고 전파하기 위한 많은 다양한 프로젝트가 진행 중에 있다. 따라서 그 문제는 현재 일반 대중의 관심이 매우 높은 공적 현안이 되었다. 매우 넓은 의미에서 또 다른 요리와 미식 관련 주요 행사인 메사메리카Mesamerica는 소농 생산 농작물과 밀파milpa라고 부르는 전통 농경기술의 보호 문제를 부각시키기 위해 점점 더 많은 공간을 배정하고 있다. 밀파는 서로 다른 작물을 한 밭에 심어 저마다 다른 작물 생장에 서로 도움을 주고 한 작물이 병에 걸리더라도 다른 작물을 수

확해서 먹을 것을 걱정하지 않아도 되는 섞어짓기 농경 방식이다. 멕시코시티의 푸욜Puyol 레스토랑에서 일하는 세계적인 일류 요리사인 올리베라는 최근에 열린 살로네 델 구스토와 테라마드레 행사장에서《슬로》잡지의 시모네 보비오Simone Bobbio와 가진 인터뷰를 통해 이렇게 말했다.

중앙아메리카의 농업 생산은 여전히 전통적인 밀파 농법을 사용합니다. 옥수수, 콩, 호박, 토마토, 고추가 한 밭에서 동시에 자랍니다. 서로 다른 종이 같은 밭에 단순히 공존함으로써 서로 영양소, 특히 질소를 주고받아 균형을 잡아주기 때문에 따로 비료나 살충제가 필요하지 않아요. 밭에서처럼 주방에서도 이 방식을 똑같이 적용해 여러 식재료를 섞어서 조리할 수 있습니다. 저는 밀파 방식이 우리 삶에 대한 은유이며 단순성과 통합의 한 예를 보여준다고 생각합니다. 예컨대 메뚜기의 일종인 차플린chapulín은 살충제로 박멸할 게 아니라 잡아서 조리해 먹으면 됩니다. 그 맛이 일품입니다. 이는 자원을 버리지 않고 최적화하는 방식입니다.

멕시코 요리는 대개 미국의 텍사스식 멕시코 요리로 정형화되어 해외에 널리 알려져 있다. 하지만 옛 경작 방식과 전통 조리법에서 영감을 받은 올리베라의 요리와 실험은 그것과 정반대 방향이다. 위의 인터뷰에서 그는 자신이 만드는 요리의 가장 중요한 점이 다음과 같다고 말했다.

외국인들은 멕시코 요리를 특징짓는 요소가 옥수수와 콩이라고 생각합니다. 하지만 그들은 데치거나 튀기거나 굽는 조리법을 통해서 식전이나 식후에 먹거나 밥과 설탕, 토르티야와 함께 먹는 바나나의 일종인 플라타노platano는 잘 기억하지 못합니다. 지금은 잊어버렸지만 어릴 적 그 맛을 되살리고 싶습니다. 할머니 집에서 먹곤 했던 그 '부식시킨' 플라타노 맛 말입니다. 이탈로 칼비노Italo Calvino가 오악사카Oaxaca 여행 뒤 영감을 받아 쓴 그의 단편선집《재규어 선 아래서Under the Jaguar Sun》에서 인용한 그 발효된 풍미는 멕시코 요리의 중요한 요소입니다. 우리는 20일 정도 숙성시킨 플라타노를 버터로 튀깁니다. 그러면 푸아그라와 같은 농도를 가진 아주 물렁물렁한 크림이 되는데, 사워크림이나 향신료, 카카오, 강판에 간 마카다미아 견과와 아주 잘 어울립니다. 과일의 당분이 알코올로 바뀌기 때문에 달콤하지는 않습니다. 산과 지방의 결합은 그 음식을 완벽한 주요리로 만들어줍니다.

창조적이고 감수성이 뛰어난 요리사가 보여줄 수 있는 가능성이 얼마나 무한한지 이해하려면, 원주민의 전통 조리법을 폭넓게 수집하고 연구한 훌륭한 역사가이자 경제학자인 호세 이투리아가 데 라 푸엔테José Iturriaga de la Fuente의 기념비적 전작을 그냥 훑어보기만 하면 된다. 예컨대 멕시코만 원주민들은 사슴, 멧돼지, 다람쥐, 이구아나, 오리 같은 수많은 야생동물을 요리의 재료로 쓴다. 우리가 잘 알지 못하는 또 한 가지 사실은 멕시코인들이 고

구마 같은 뿌리와 덩이줄기를 식재료로 자주 사용한다는 것이다. 비스나가biznaga[야생 당근], 아가베agave[선인장의 일종], 우아우손틀레huauzontle[명아주의 일종]를 비롯해 알라체alache, 우에이나카스틀레hueynacastle 같은 20종에 가까운 식용 꽃은 음식에 풍미를 내기 위해 사용된다. 또한 멕시코에는 지금도 곤충을 잡아 돈을 버는 사람이 있을 정도로 식재료로 곤충이 널리 쓰이고 있다는 것을 상상하기는 쉽지 않다. 예컨대 치아파스나 베라크루스주에서는 날개 달린 개미인 치카타나chicatana를 잡는 것이 지역공동체의 단체 행사 가운데 하나다. 아가베 뿌리에 기생하는 애벌레인 구사노 데 마게이gusano de maguey는 메스칼mescal[선인장 술]이 담긴 술병 바닥에서 종종 볼 수 있다. 감히 말하건대 그것을 튀겨 먹으면 정말 맛있다.

미식은 멕시코의 기원, 농업, 식품에 대해서 암시하고 앞으로의 새로운 발전상을 보여주면서 멕시코인의 해방 과정에 일정한 역할을 하고 있다. 그것은 시장의 과도한 권력으로부터 자유로워지는 해방을 촉진한다. 따라서 멕시코인들은 그것을 정치적 요구로 만들고 있다. 수많은 사회·정치 운동이 환경, 지속가능한 농업, 힘없는 민중에 대한 더 큰 각성을 정부에 촉구하면서 전개되었다.

청년들도 매우 활기차게 그 영역에 뛰어들었다. 2012년 5월 11일, 당시 대통령 후보였던 엔리케 페냐 니에토Enrique Peña Nieto는 이베로아메리카대학교 캠퍼스의 한 유세장에서, 2007년 멕시코주 주지사였을 당시 화훼업자들의 시위대를 향해 자신의 보안

요원들이 폭력을 행사한 것 때문에 비난을 받았다. 그의 대응은 학생들을 격분시켜 결국 그는 학교 뒷문으로 도망칠 수밖에 없었다.

멕시코의 유력 텔레비전 방송국과 신문들은 그 시위를 학생들이 아니라 야당인 민주혁명당이 일으킨 것이라고 주장하면서 학생들의 반발을 불순한 정쟁으로 폄하하기에 바빴다.

이러한 대중매체의 조작에 맞서, 대학생 131명은 자신들의 학생증을 공개하고 시위에 그들이 참가했음을 인정하는 동영상을 유튜브에 게재했다. 그 동영상은 SNS를 통해 급속하게 전파되었다. 이를 본 다른 대학생과 시민들은 그 시위를 지지하는 마음으로 자신이 132번째 시위 참가 학생임을 알리고 앞으로 시위에 동참하겠다는 의지를 보여준다는 의미에서 #YoSoy132['내가 132번이다'라는 뜻]라는 해시태그를 달기 시작했다.

2012년 5월 23일에 발표된 YoSoy132 선언은 이렇게 시작된다.

멕시코의 현 상황은 청년들이 현재의 문제에 뛰어들 것을 요구한다. 지금은 우리 청년들이 우리나라를 변화시키기 위해 싸울 때다. 이제 멕시코가 더 많은 자유와 번영, 정의를 구가하기 위해 분투할 때다. 우리는 빈곤과 불평등, 폭력의 현 상황이 해소되기를 바란다. 우리 멕시코 청년들은 현재의 정치, 경제 체제가 모든 멕시코인의 요구에 부응하지 못하고 있다고 본다.

이 선언문은 요구사항을 길게 늘어놓는데, 맨 첫 번째 요구사항은 현존하는 신자유주의 경제체제의 방향을 급격하게 바꾸라는 것이다. 멕시코 국민은 스스로 현 상황을 통제함으로써 변화의 방향으로 물꼬를 틀고 싶어한다. 미식가들도 그 과정에서 예외일 수 없다. 먹거리체계 또한 이미 그러한 신자유주의 경제체제의 일부이기 때문이다. 음식은 그 중심에 있다.

5장

콜롬비아,
땅의 중요성

미식, 특히 해방을 위한 미식에 대해서 이야기하는 것은 땅에 대해서 말하는 것을 의미한다. 음식 장만의 출발점이 언제나 땅에서 나는 생산물이라는 사실 때문만은 아니다. 앞서 다른 장에서 지적한 것처럼, 먹거리가 '좋고 깨끗하고 공정한'이라는 원칙을 견지하려면, 무엇보다 올바른 토양 관리가 필요하고 그 땅에서 일하는 사람을 존중할 줄 알아야 한다.

지역공동체 농업이 계속 유지되기 위해서는 지역공동체의 구성원들이 토지를 이용할 수 있는 권한과 거기서 자유롭게 민주적으로 존중받으며 일할 수 있는 기회를 보장받아야 한다. 나는 지금 말장난을 하고 있는 것이 아니다. 그 문제를 해결할 구체적 방안은 어느 때보다도 시급하고 간절하다.

많은 나라에서 땅 문제는 지금도 여전히 피 튀기는 해묵은 분쟁의 중심에 있다. 그 문제를 해결할 방안 역시 여전히 요원해 보인다. 앞서 봤듯이 라틴아메리카에서 그 문제를 훌륭하게 극복한 사례가 없는 것은 아니다. 하지만 그 과정이 아직 완결되지 못한 나라도 많다. 이는 문제 해결의 성패가 무엇에 달려 있는지 보다 정확하게 이해하는 데 도움을 준다. 그런 나라 가운데 하나가 콜롬비아다. 정부군과 콜롬비아무장혁명군(FARC)이 충돌하고 있는 콜롬비아는 거의 60년 동안 그 같은 분쟁 상태를 지속해왔다. 수십 년 동안 점점 커진 서로에 대한 적대감의 뿌리는 바로 토지 분배에 대한 근본적인 문제 제기에 있다. 갈등이 토지에서 시작되었기 때문에 평화 정착을 위해서는 무엇보다도 토지 문제가 해결되어야 한다.

역사적으로 스페인 식민지 시대가 끝난 뒤, 콜롬비아의 토지는 서서히 소수, 그야말로 극소수의 차지가 되었다. 처음에는 대농장 소유주(대개 무장 사병 조직을 보유한)에 의해서, 나중에는 마약범죄조직에 의해서 무력으로 땅을 빼앗긴 많은 원주민과 아프리카계 남미인들의 농촌공동체는 그들이 태어나서 농사지으며 살아왔던 곳을 떠나서 이른바 데스플라사도desplazado, 즉 강제추방자의 삶을 살아야 했다.

게릴라부대가 불필요한 폭력을 휘두르고 마약 밀매에 나서기에 앞서 농민들의 요구사항을 자신들의 주요 목표에 올린 것은 우연이 아니다.

콜롬비아 농촌에서는 서서히 그러나 거침없이 단일경작이 대세가 되었다. 특히, 그동안 다양한 토종 작물들을 재배하던 것에서 기름야자나무만을 단독 재배하는 것으로 농사 방식이 바뀌었다. 이는 대개 세계은행과 유엔개발계획의 지원을 받는 대가로 콜롬비아의 식량 주권을 포기하고 농민공동체를 지도에서 완전히 지워버리는 행태였다.

끊임없는 내전 상황이 50년을 넘어서던 2012년에 평화협상이 토지 문제와 소작농의 권리를 주요 의제로 해서 여러 차례 열렸다. 지속되는 불안정 상황에도 불구하고 남아메리카에서 세 번째 경제대국인 콜롬비아의 미래는 토지와 농업개혁의 성공 여부에 달려 있다.

2013년 초, 콜롬비아 최대 게릴라집단이자 정부의 협상 대상인 콜롬비아무장혁명군은 정부 측에 농촌 문제에 대한 관심을 촉구하기 위해 10대 요구사항을 담은 문서를 작성했다. 그 요구사항은 토지 재분배를 위한 농업 개혁의 이행에서 토지 이용권에 대한 법안 마련, 기아 퇴치에서 불평등 반대 투쟁과 역사적으로 정부가 농촌에 대해 부당하게 강요한 정치적·경제적·사회적·문화적 부채 인정에 이르기까지 매우 광범위하다. 이 협상 문서에서 주장하는 바에 따르면, 이러한 부채는 "폭력과 배제, 불평등,

가난, 차별, 그리고 영토 분리를 낳았다." 국립역사기억센터Centro Nacional de Memoria Histórica의 기록이 뒷받침하는 한 수치를 인용하면, 지난 50년 동안의 내전 기간에 사망자는 17만 7,307명, 실종자는 2만 5,077명에 이르렀다. 그들 대다수는 소농이었다.

우리는 오늘날 세계적으로 토지 문제가 그 중요성을 잃었다고 생각하는 경향이 있다. 하지만 그것은 사실이 아니다. 콜롬비아의 현 상황이 분명하게 보여주듯이, 수치스러운 토지 수탈은 아프리카에 악영향을 끼치고 있으며, 유럽에서는 파괴적이고 멈출 수 없는 통제 불능의 농지 개발과 주택 과잉 건설이 진행되고 있다. 토지와 토지 활용 문제는 지금도 여전히 사회 구성과 시민 공동체 구축에 관련된 핵심적인 사안이자 미식과 관련된 모든 논쟁에서 빠질 수 없는 기본 쟁점이다.

그것은 단순히 토지 소유권을 재분배하고 토지 이용권을 법적으로 조정하는 문제가 아니다. 오히려 이런 논의의 기저를 이루는 토지 이용과 관련해서 근본적으로 어떤 생각을 하느냐가 더 중요한 문제다. 콜롬비아처럼 자원이 풍부한 나라에서, 예컨대 노천광산의 수가 점점 늘어나고 있는 와중에 광산 개발권을 얻기 위한 과도한 토지 개발은 지역공동체의 소멸을 지속적으로 야기해왔다. 콜롬비아의 생태계는 이익을 위한 천연자원의 개발 문제로 인해 끊임없는 위협에 시달리고 있다.

한편으로 광산업, 다른 한편으로 수출용 단일경작(기름야자, 사탕수수, 커피)을 통해 이익을 챙기는 대토지 소유주들은 1990년대 초 실질적으로 자급자족을 이루었던 콜롬비아를 오늘날 국내 식량 수요의 50퍼센트밖에 생산하지 못하는 나라로 완전히 바꿔 놓았다.

콜롬비아 농무부 산하 기관인 콜롬비아농촌개발연구소Instituto Colombiano de Desarollo Rural(INCODER)의 한 연구 결과에 따르면, 콜롬비아는 세계에서 토지 분배가 가장 불평등한 나라다. 전체 인구의 1.1퍼센트가 전체 토지의 53.2퍼센트를 소유하고 있다. 게다가 내전 과정에서 소농들이 빼앗긴 토지는 총 660만 헥타르에 이르면서 거의 500만 명에 가까운 농촌 사람들이 크고 작은 도시로 내몰릴 수밖에 없었다. 더 나아가 콜롬비아에서 농사를 지을 수 있는 경지는 2,200만 헥타르지만 그중 530만 헥타르만 농지로 사용되고 있으며, 목초지 역시 1,520만 헥타르지만 그중 실제로 사용되는 토지는 350만 헥타르에 불과하다. 끝으로 광산업자들이 개발한 토지는 580만 헥타르에 이른다. 이 수치가 의미하는 바는 아주 분명하다. 콜롬비아의 토지는 농지보다 광산 부지가 더 많으며 자원 분배가 매우 불평등하다는 사실이다.

미식과 관련해서 소모적인 논쟁을 피하려면 반드시 여기서부터 논의를 시작해야 한다. 그러지 않으면 어떤 결론에도 도달하지 못할 것이다. 이는 정치적으로 매우 중요한 문제다. 식량 주권을 박탈하는 것은 1948년 세계인권선언에 명시된 모든 인간에게 부여된 적절한 먹거리에 대한 권리를 부인하는 것이기 때문이다. 시장 투기를 위해 농촌의 기본 구조를 파괴하는 나라는 미래를 위험에 빠뜨리는 나라다. 앞서 인용한 콜롬비아무장혁명군의 연구 결과가 콜롬비아에서 생산, 소비되는 식량의 70퍼센트가 평균 300헥타르의 토지를 가진 80만 농가에서 나온다고 밝힌 것은 결코 우연한 결과가 아니다. 한 국가에 충분한 식량 자원을 공급할 수 있는 사람들이 소농밖에 없다는 사실을 이해하기 위해 이보다 더 많은 증거 자료가 필요할까? 유감스럽지만 그러해 보인다.

2012년 5월 15일, 우리는 미국과 콜롬비아 간에 자유무역협정이 강제로 체결되는 모습을 보았다. 양국 정부의 주장에 따르면, 그 협정은 관세 같은 복잡한 세금 문제가 철폐됨으로써 콜롬비아 생산물이 방대한 미국 시장에 손쉽게 진입할 기회를 제공한다. 그러나 그 협정의 실상은 곧바로 백일하에 밝혀졌다. 그것은 대지주와 산업농(대규모로 산업화된 농사를 짓는 사람들을 가리키기 위해 내가 자주 사용하는 모순어법의 명칭이다)의 배를 불리기 위해 소농을 기만하는 것이었다. 대개 정부 보조금을 받는 미국 농산업 제품이 콜롬비아 시장에 진입한다는 사실은 결국 가격 경쟁력이 취약한 콜롬비아 소농의 무릎을 꿇리는 것을 의미한다. 그 현상이 얼마나 중요한지 이해를 돕기 위해 특별히 통계 수치 하나를 인용하고자 한다. 2006년 콜롬비아의 낙농제품 수입량은 9,727톤이었는데, 자유무역협정을 맺은 2012년에는 그 규모가 무려 3만 3,728톤으로 증가했다. 이 때문에 큰 타격을 입은 사람은 물론 콜롬비아 낙농업자들이었다.

2013년 여름, 콜롬비아의 크고 작은 도시 여러 곳에서 소농들의 항쟁을 지지하는 학생, 노동자, 학자를 비롯한 모든 사회계층의 시민들이 가두시위에 나섰다. 농사일이 정당한 대가를 받지 못한다면, 농업과 미식, 식량 주권의 미래는 없다.

오늘날 콜롬비아에서도 미식은 해방의 길로 나아가고 있다. 하지만 이 나라에서의 해방은 다른 어떤 곳보다 토지 문제가 그 사활을 결정할 것이다. 콜롬비아 국민들이 소농들에게 보내고 있는 지지는 더욱 정의로운 미래를 낳기 위한 가장 위대한 씨앗이다. 미식가로서 우리는 현재 진행되고 있는 논의에서 우리가 선택한 원칙이 요구하는 역할을 인식하고 입장을 정할 수밖에 달리 도리가 없다. 우리는 정당한 노동의 대가와 자기 가족의 밝은 미래를 요구하는 소농의 편에 서 있다. 우리는 땅을 가까이하는 모든 이의 편이다.

6장

대서양을 가로지르는
새로운 해방에 대한 전망

아주 폭넓은 의미에서 미식 전선을 둘러볼 때 현재 라틴아메리카에서 벌어지고 있는 일은 예사롭지 않다. 역사상 처음으로 오늘날 유럽이 아닌 지역에서 신기원을 이루는 변화의 주인공으로 우뚝 서고 있는 것이 바로 미식 분야이기 때문이다. 이미 앞서 언급한 모든 관련자—그들이 요리사든, 가난한 소농이든, 생산자협회나 교육자든, 대중매체든, 학생이든, 투사든—와 내가 아직까지 만날 행운을 갖지 못한 그 밖의 모든 사람은 그들이 현재 무엇을 하고 있는지 설명할 때 언제나 미식이라는 단어를 사용한다. 그들은 자신들이 무슨 활동을 하든지, 광범위하고 틀에 얽매이지 않은 '유동적인' 운동의 일부라는 사실을 완벽하게 인식하고 있기 때문에, 그들의 행동과 실천은 복잡하고 예측할 수 없는 관계들로 구성된 더 커다란 어떤 것, 하지만 단 한 가지 목표, 즉 강력한 구원을 추구하는 거대한 네트워크의 일부로 작동한다.

지금까지 나는 콜롬비아의 상황에 대해서만 이야기했지만, 그밖의 라틴아메리카 여러 지역에도 다국적기업들은 유전자조작 콩 생산, 다양한 종자에 대한 특허권과 수많은 채소 품종에서의 의료용 유효성분 추출과 특허 등록, 소농에 대한 폭력, 삼림 파괴, 돌이킬 수 없는 생태계 파괴 같은 엄청난 재앙을 몰고 왔다.

그 상황을 어떻게 보든 정말이지 우울한 장면이다. 내가 라틴아메리카에서 일어나고 있는 일과 소요 사태에서 긍정적인 측면에 집중하고 싶어했던 것이 바로 그런 이유 때문이다. 현재 이들 지역에서 작용하고 있는 사악한 세력의 힘은 전통 조리 기술과 음식을 복원하고 자신들의 미래와 땅에 대한 이야기를 쓰기 위해 다양한 뿌리를 재발견하고자 애쓰고 있는 지역공동체와 사람들의 네트워크가 가진 힘에 비해 압도적으로 세다. 그러나 오늘날 우리가 새로운 패러다임, 무엇보다 총체적 개념의 미식적 이해를 바탕으로 이러한 세력에 맞서는 에너지들이 만들어지고 방출되기 시작하면서 라틴아메리카가 재탄생—아니, 어쩌면 새로운 탄생이라고 말하는 것이 더 올바른 표현일지 모른다—하고 있는 현실을 목격하고 있음은 부인할 수 없다.

이런 견지에서, 아무도 계획하지 않았지만 다양한 야망과 이상들이 점점 더 널리 퍼지고 서로 가로지르며 수렴하는 모습을 지켜보는 것은 여간 흥미로운 일이 아닐 수 없다. 이런 공동의 감수성은 미래를 위한 많은 것을 약속한다. 서로 다른 생각들이 끊임없이 충돌하며 공존하겠지만, 우리는 다국적기업과 지속불가능한 생산 및 소비 체계가 결국 승리하는 모습을 그냥 손놓고 지켜보고 있지는 않을 것이다. 세계적으로 독특한 생물다양성의 다채로운 요소들과 풍부한 물질문화는 다양한 강도로, 그러나 늘 긍정적으로 라틴아메리카 전반에 영향을 끼치는 경제 개발 과정의 일부로서 새로운 전망을 보여주었다. 앞서 네트워크에 대해 이야기할 때 이미 언급했고, 오늘날 브릭과 시베츠 국가들에서 발생하고 있는 다양한 에너지의 분출은 또한 일반 대중이 엄두도 낼 수 없는―그러나 변화를 몰아가는 데 필수적인―고급 음식점의 출현 가능성을 예상케 하지만, 그와 함께 어느 경우든 미식 분야에서 새로운 형태의 기업가정신과 전망을 가능케 하는 전반적인 행복 또한 창조해낼 수 있다.

그러나 그 현상이 중남미에서 슬로푸드 및 테라마드레의 생각들과 완벽하게 조화를 이루며 성취해내고 있는 '이데올로기적' 결과는 그것이 빈곤으로부터 구제되고자 애쓰는 세계의 모든 지역으로 확대될 수 있다고 나는 진정 믿는다. 그리고 그것은 다른 지역에서도 끊임없는 해방으로 이어질 수 있다. 그럼으로써 미식을 기아와 영양실조의 고통을 근절하기 위한 도구 가운데 하나로 생각하는 모든 곳에서 그 목표를 달성하고자 하는 우리의 투철한 소명의식은 정당성을 얻게 된다. 우리 네트워크는 늘 모두에게 힘을 준다. 예컨대 아프리카의 어느 지역공동체에서 똑같은 종류의 변화의 씨앗을 발견할 때 나는 조만간 아프리카에도 해방을 위한 미식이 도래할 거라고 확신하게 된다.

아프리카도 다른 지역과 똑같은 과정을 밟을 준비가 완벽하게 갖춰져 있다는 사실은 이 이야기의 가장 긍정적인 측면이다. 왜냐하면 아프리카에서도 미식이 아주 특별한 열쇠임이 입증되고 있기 때문이다. 특히 운 좋게 그곳의 슬로푸드 및 테라마드레 공동체와 현실들을 알게 되면 그 말이 무슨 의미인지 이해하게 될 것이다. 나는 앞서 케냐 라레의 프레시디엄과 그들이 운영하는 레스토랑 같은 몇몇 사례에 대해서 말했다. 그러나 아프리카의 테라마드레는 다른 지역보다 훨씬 더 큰 것을 해방시켰다. 아주 작은 계기를 통해 자력으로 완벽하게 성장하고 확장할 수 있는 새로운 네트워크가 탄생한 것이다. 나는 이것을 2012년 우간다 여행에서 발견했다. 우리는 거기서 앞서 정한 목표를 훨씬 뛰어넘었다. 매우 기름진 토양은 우리가 라틴아메리카에서 이룬 것과 같은 미식 혁명을 아프리카에서도 아주 다양하게 이룰 수 있을 거라는 기대를 갖게 했다.

2012년 4월, 케냐와 우간다를 가르는 국경선이 있는 말라바Malaba에서 나는 프레디Freddy로 더 잘 알려진 지역 텔레비전 방송국 스텝 TV 네트워크STEP TV Network의 인기 방송진행자 프레더

릭 와부시마Frederick Wabusima의 환대를 받았다. 그의 라디오 프로 그램 덕분에 우간다 동부의 학교와 기관들은 슬로푸드의 존재와 '천 개의 아프리카 농장Thousand Gardens in Africa' 같은 다양한 농촌 프로젝트들에 대해서 잘 알고 있었다. 프레디는 또한 콘비비움 대표이자 테라마드레 위원으로 순수하게 자원봉사하면서 음발레 Mbale 도시에서 슬로푸드 운동을 발전시켰다. 그와 함께 슬로푸드 회원인 베이커 센욘드와Baker Ssenyondwa는 친절하게도 내가 우간다 곳곳을 돌아보는 동안 나를 차에 태우고 다니며 운전사 역할을 자청했다.

그들은 가장 먼저 나를 천 개의 아프리카 농장 프로젝트의 일부인 학교 농장 두 곳—한 곳은 부포토Bupoto에 있는 세인트스티븐 중등학교이고 다른 한 곳은 부나니미Bunanimi에 있는 유치원이었다—으로 데리고 갔다. 세인트스티븐 중등학교에서 나는 작지만 완벽한 해당 지역 특유의 생물다양성이 갖춰진 농장을 볼 수 있었다. 그 광경은 정말 놀라웠다. 수십 종의 과일, 채소, 곡물, 덩이줄기가 학교 안마당에 조성된 텃밭에 심어져 있었다. 주로 야생식물이 많았는데, 학교 농장이나 마을 농부들이 경작한 것도 있었다. 엄청나게 풍성한 모습이었다. 그들은 유럽인 방문객들에게는 낯선 이 품종들을 보호하는 것이 최소한의 식량 보장을 확보하는 것 말고도 해당 지역의 미식 정체성을 계속해서 유지하는 데 왜 불가피한지를 설명하면서 지역 전통음식의 가공 및 조리법을 소개했다.

우간다의 첫인상이 매우 충격적이었다고 말하는 것은 너무 완곡한 표현일지 모른다. 곧이어 방문한 부나니미의 유치원은 훨씬 충격적인 모습이었다. 하지만 나는 먼저 그 여행을 전체적으로 되짚어본 뒤에 그 이유를 밝히려 한다. 그때의 경험을 통해 얻은 가능성은 미식이 아프리카를 위한 올바른 선택 방향이며 자유로운 네트워크가 경이를 안겨줄 수 있고 기아와 영양실조에 맞서 싸우는 것이 유토피아가 아닌 실현 가능성 있는, 믿을 만한 것이라는 내 신념을 뒷받침하는 요소들 가운데 하나다. 그 뜻을 이루기 위해서는 전 세계의 다양한 세력이 초심을 버리지 않고 하나로 단결하는 것이 필요하다. 우리는 지역 주민의 능력과 미식학에 대한 그들의 이해 방식을 신뢰해야 한다. 그들이 저마다의 방식으로 이미 진행하고 있는 그 일을 잘할 수 있도록 지지해야 한다.

7장

우간다, 미래를 바라보는 관점

우간다에 도착한 다음 날 음발레에서 수도 캄팔라Kampala까지 여행하면서 나는 그 나라의 다양한 측면을 많이 볼 수 있었다. 일찍 출발한 우리는 아침나절에 진자Jinja에 도착했다. 그곳은 빅토리아 호수 연안에 있는 옛 식민지 도시로 영국 식민지 지배자들이 케냐-우간다 간 철도를 놓기 위해 아프리카 동부로 강제 이주시킨 인도인 수천 명이 살고 있다. 오늘날 이 진자 지방의 식탁에 주식으로 오르는 빵 차파티를 이곳에 접목시킨 사람들이 바로 이 인도인들이다. 우리는 여기서 혼합주의와 새로운 정체성 형성의 영향력을 확인할 수 있다. 진자는 나일강이 5개 나라를 관통하며 흐르는 6,000킬로미터 긴 강줄기의 출발점에 위치해 있다. 캄팔라 시내를 벗어나자마자 도로는 울창한 마비라 숲Mabira Forest을 사이에 두고 마치 칼로 자른 것처럼 두 쪽으로 나뉜다. 그 숲은 거대한 녹지로 우간다의 자랑이다. 수백 년 동안 먹을 것을 제공해온 다양한 자원과 공생관계를 맺어온 그 지역 고유의 수많은 생물종과 농촌공동체들에게는 고향과 같은 곳이다. 이들 공동체를 대표하는 일부 사람들은 테라마드레 공동체 일을 해왔고 지금도 그 네트워크에 속해 있다.

유감스럽게도, 우리가 느낀 경이감은 깎아지른 듯한 녹색 장벽 두 곳과 그 위를 기어오르는 원숭이들을 볼 때 빼고는 금방 사라졌다. 거기서 몇 킬로미터 떨어진 곳에서 그 숲은 갑자기 끝나고 풍경은 완전히 바뀌었다. 저지대에는 설탕과 차 플랜테이션 농장들이 시야가 닿는 데까지 길게 펼쳐져 있었다. 우간다 정부는 그 숲의 상당 부분을 인도 대기업들에게 팔아 경작지로 바꾸게 했다. 이것은 가장 일반적인 토지 수탈 방식 가운데 하나다. 아프리카 국가의 정부들은 대개 그것을 개발 기회라고 잘못 생각한다. 그 결과는 충격적이다. 날마다 아침식사 때 소비되는 차와 설탕을 생산하는 산업적 단일경작에 길을 내주기 위해 아프리카의 숲은 그야말로 완전히 사라져가고 있다. 나는 울창한 밀림이 베여나간 이 황량한 공간에 사는 지역공동체 사람들이 그동안 어떤 일을 겪었을지 상상조차 할 수 없다. 그들은 아마 아무런 선택의 여지도 없이 심지어 위협과 협박 속에 속수무책으로 쫓겨났을 것이다. 그 사이에 그들의 생존에 필수적인 생태계는 완전히 파괴되었다. 그들에게 무슨 일이 일어났는지 누가 아는가? 유감스럽게도 아프리카에는 토지대장이 없다. 법적 지원을 받을 가능성이 전혀 없는 일반 민중은 조상 대대로 쟁기질하고 사냥하고 야생식물을 채집하며 살았던 장소에서 뿌리 뽑힌 채 떠날 수밖에 없다. 이것이 바로 토지 수탈이다. 그것은 또한 민중의 삶을 앗아가는 것이기도 하다.

빅토리아호 연안에 있는 우간다 수도 캄팔라에 도착한 그날 오후, 나는 유명한 마케레레대학교Makerere University에서 강연을 했다. 우간다 슬로푸드 콘비비움의 모든 지도자와 많은 회원이 참석했다. 그 대학 농학과 교수인 모세스 마쿠마테니와Moses Makooma-Tenywa의 초빙으로 이루어진 강연이었다. 그의 연구팀은 개방형 원격학습망Open Distance Learning Network으로 알려진 획기적인 프로그램을 개발했다. 농산물 가격과 농업기술 관련 정보가 중앙 서버 역할을 하는 컴퓨터에 오디오 형태로 저장되어 있는 시스템이다. 현재 소규모 자작농들이 수년째 이용 중인데, 휴대폰에서 번호를 누르면 슬로푸드의 '천 개의 아프리카 농장'에 어떻게 참여하는지를 포함해서 다양한 소식을 들을 수 있다. 휴대폰은 간단한 문자 메시지로 청구서 지불, 쇼핑, 송금 같은 그동안 우리가 몰라서 사용하지 않았던 기능들을 수행하면서 단기간에 아프리카에서 가장 중요한 개인용 통신수단이 되었다. 그 덕분에 자금 순환이 훨씬 더 빨라지고 많은 나라의 경제성장률이 높아졌다. 그것은 작지만 위대한 혁신이다. 마쿠마테니와 교수가 발명한 시스템은 신기술을 활용해서 우간다에서 가장 외진 농촌 지역에도 네트워크를 깔고, 현대적인 지속가능한 농사법을 전파하며, 농산물 가격을 공표하여 생산자와 소비자를 연결하고 더 공정한 거래를 촉진할 수 있게 한다. 메시지를 주고받는 것은 물론 라디오 속보도 받아볼 수 있다. 마쿠마테니와 교수가 이끄는, 대다수가 슬로푸드 회원인 연구팀 덕분에 슬로푸드 철학이 우간다 전역에 전파되었고, 농부들에게 잠재된 중요한 가능성들을 찾아냈다. 마케레레대학교 연구팀이 테라마드레를 방문했을 때, 그들은 본부가 있는 브라에서 아무도 발견하지 못한 슬로푸드의 문제점을 찾아냈고, 우간다로 돌아가서는 그 운동을 확산시키는 역할을 했다.

그 대학에서의 우리 만남은 에디Edie로 더 잘 알려진 콘비비움 대표이자 테라마드레 위원인 에드워드 무키비Edward Mukiibi라는 한 청년의 강렬한 인상을 남긴 연설을 듣고 끝마쳤다. 그날 그를 처음 만났지만, 그는 내 여행 일정 내내 나를 수행했다. 현재 에디는 슬로푸드 국제협회 신입위원이자 국제이사회 이사 가운데 한 사람이다. 단 6명으로 구성된 집행부인 국제이사회는 협회의 가장 중요한 기구다. 그가 네트워크 내부의 조직화, 다양한 프로젝트 개발, 우간다에서의 슬로푸드와 테라마드레 이념 확산에 끼친 영향력은 매우 강력해서 슬로푸드 국제협회 최우선순위 중 하나에 우간다를 올려놓았다. 이 모든 진척 상황에서 가장 인상적인 특징—특히, 아프리카에서의 협력 프로젝트들은 선진 외국과 국민의 도움을 통해서만 성공할 수 있다고 생각하는 경향이 있는 사람들에게—은 거의 모든 것을 그들의 자원만으로 자발적으로, 다시 말해서 외부 지원 자금에 의존하지 않고 전적으로 그들 자신의 창의성과 네트워크 조직의 잠재력만으로 해냈다는 사실이다. 2013년 6월, 이스탄불 대회가 열리는 동안 대륙별 대표자 회의에서 슬로푸드 국제협회의 다른 아프리카 위원들이 필요 자원을 얻기 위해 누가 어떻게 해야 하는지 질문을 던지자 에디는 자신의 경험을 예로 들면서 이렇게 대답했다.

우리는 무엇보다 대인관계를 활용합니다. 우리는 누군가에게 돈을 달라고 할 생각이 없습니다. 스스로 대안을 찾으려고 애씁니다. 나는 모세스 교수를 알고 있어요. 그래서 대학의 전화를 이용해서 문자메시지와 게시판으로 우리 계획을 널리 알리려고 합니다. …… 모든 사람이 이렇게 할 수는 없습니다. 그러려면 적어도 돈이 필요합니다. 라디오 방송을 진행하는 프레디를 알기에 나는 그를 통해서 우리가 하고 싶은 말을 방송으로 전달할 수 있어요. 우리는 텔레비전 방송국에서 일하는 일부 사람들과 우의를 다지고 협력하는 수준까지 가 있습니다. 우리는 무료로 우리의 메시지를 방송을 통해 전달합니다. 정말 돈이 한 푼도 안 듭니다. 우리는 전적으로 우리 우간다 네트워크가 지닌 잠재성을 극대화하려고 애쓸 뿐입니다.

더 이상 무슨 말이 필요한가.

내 우간다 여행은 이후 며칠 동안 계속되었다. 일정 중에는 우간다에서 최초로 슬로푸드 프레시디엄을 공식 개장하는 루웨로Luweero 지구를 방문하는 것도 있었다. 그곳은 아주 오래전부터 토종 로부스타robusta 커피를 재배해온 곳이기도 하다. 우간다는 로부스타 생산국으로 전 세계에 유명하다. 로부스타는 대개 좀 더 향미가 강한 아라비카arabica 에스프레소 커피에 감칠맛을 더하기 위한 블렌딩용으로 쓰인다. 비록 우간다 정부가 전국적으로 토종 작물을 생산성 높은 상업용 잡종 작물로 대체하는 시책을 밀어붙이고 있지만, 루웨로의 많은 농민은 질병에 강하고 맛도 좋은 토종 작물들을 보전하는 쪽을 선택했다. 우리는 그 지역 농민이자 공동체 지도자인 어네스트 키고지Ernest Kigozi의 집을 방문했다. 그 집은 매우 보기 드문 토종 커피나무들로 둘러싸여 있었다. 수령이 50년이나 되는 커피나무들도 있었는데, 거기서 자라는 모든 나무는 키가 크고 튼튼했다. 마치 키보코kiboko 프레시디엄의 새로운 탄생을 축하하는 듯했다. 키보코는 우간다어로 커피를 뜻하는데, 옛날 영국 식민지배자들이 햇볕에 말리던 커피열매를 뒤집는 일을 깜빡한 노예들을 벌주기 위해 휘두르곤 했던 작대기를 가리키는 단어에서 파생된 말이다. 새로운 프레시디엄 개장 행사에서 우리는 전통 방식으로 끓인 커피로 건배를 했다. 2개의 돌로 커피콩 껍질을 벗기고 프라이팬에 살짝 볶은 뒤 다시 테라코타 냄비에 볶은 다음 분쇄기로 갈아 커피가루를 만들었다. 그렇게 만든 커피가루로 끓인 커피는 전에 한 번도 맛보지 못한 미감을 내게 주었다. 지금까지 마셨던 어떤 에스프레소 커피보다 훨씬 더 훌륭한 맛이었다. 그 신생 프레시디엄을 가득 메운 생산자들은 모두 그 '전통 방식'을 공유하고 있었다. 그들은 또한 저마다 슬로푸드의 상징인 달팽이가 그려진 깃발들을 내걸고 행사에 참여했다. 사실 그들에게 이 사업은 자신들이 생산한 농작물의 미식적 가치를 널리 알리면서 너무 낮지 않은 적정한 대가를 받고, 국제적으로 경기 변동이 불안할 때에도 정해진 가격을 받고 팔 수 있는 창구를 마침내 발견한다는 것을 의미한다.

우간다에서의 마지막 날, 나는 다시 학교 농장으로 갔다. 이번에는 캄팔라 외곽의 무코노Mukono 지구와 카융가Kayunga 지구로 향했다. 지역 차원에서 '좋고 깨끗하고 공정한' 슬로푸드 원칙을 이해하고 있는 청년 집단인 무코노 콘비비움 회원들의 수행을 받아 학교 세 곳을 방문했다. 막판에 미각 교육 프로젝트를 진행하는 지도자들이 공동으로 잔치를 벌였다. 내 방문 때문에 특별히 급조된 행사가 아니라 최근 몇 년 동안 학년 말이 되면 늘 열리는 전통에 따른 행사였다. 부이가 선라이즈Buiga Sunrise 유치원에서는 노란색과 빨간색 제복을 입은 유치원생들이 우리를 환영해주었다. 노란색과 빨간색은 우간다 국가를 상징하는 색깔이다. 과일주스 잔치가 한창 무르익었다. 이 행사를 통해 아이들과 그 가족들은 농촌 주민들이 수확하고 가공한 지역의 신선한 과일과 그 부산물들의 소비를 홍보하며 좋은 시간을 가졌다. 과일은 달콤하고 즙이 많았다. 내 일생에 그렇게 맛있는 과일은 먹어본 적이 없었다. 나는 그 자리에서 슬로푸드 무코노 콘비비움의 또 다른 큰 동맹 세력을 만나는 기쁨을 만끽했다. 그들은 우간다 중심지구의 아이들에게 우간다 요리의 비법을 전달하는 여성 요리사 집단으로, 테라마드레 네트워크 회원이기도 한 뎀베 급식단Dembe catering group이었다. 그들은 미식과 요리를 지역의 전통음식과 조리법을 복원하고 감각 교육을 위한 훈련 도구로 활용한다. 그들은 우간다에서 시행되는 다양한 슬로푸드 프로젝트들을 떠받치는 기둥들 가운데 하나다. 아이들에게 전통 조리법을 시연—결국 그것을 잊은 지 오래된 그 아이들의 부모들에게 전달—함으로써, 미식은 마치 하늘이 주는 양식처럼 위축된 가계 경제에 작은 해방을 가져다주고 있다. 그것은 장만하기 쉽고 재배하고 조리하기 쉬운 건강하고 영양분 많은 식사를 보장한다.

내가 다시 한 번 방문하기로 약속한 곳 가운데 하나인 부나니미 유치원은 여행 첫날 방문했던 다른 학교들과 매우 다르다. 사립이 아니라 공립인 그 유치원은 우간다에서 가장 궁핍하고 문제가 많은 거주지 중에서도 가장 가난한 지역 자녀들이 다닌다. 그곳에는 천 개의 아프리카 농장 프로젝트에 속하는 또 다른 학교 농장이 있다. 그곳에 도착해서 건물 지붕에 커다란 검정 글씨로 매춘 금지라는 경고판이 걸려 있는 것을 보았을 때 온몸에 소름이 돋았다. 메마른 학교 운동장에서는 흙먼지만 날렸다. 유치원으로 가는 도중 나는 초라하기 그지없는 주거지들 사이로 드문드문 보이는 농지에서 가족들이 일하는 이런 곳에서 내가 태어났다면 내 삶은 어땠을까 하고 생각했다. 수확이 평소보다 좋을 때—거의 드문 경우지만—도 농산물을 팔기는 여전히 쉽지 않다. 돈은 거의 없고 주민들의 경제적 삶은 박탈되어 있는 상태다. 그들이 먹는 것은 자신들이 가까스로 재배한 것이 다다.

따라서 유치원에 다니는 아이들도 부모가 하는 농사일을 돕지 않으면 안 된다. 아이고 어른이고 할 것 없이 수많은 사람이 나를 기다리며 학교 운동장 바닥에 앉아 있었다. 우리는 도로 사정이 나쁘고 타고 오던 자동차에 문제가 생기는 바람에 조금 늦게 도착했다. 그 자리에 부모들이 참석한 것은 학교가 단순히 아이들을 가르치는 기능을 뛰어넘어 매우 중요한 사회적 기능을 수행하고 있음을 보여주는 증거였다. 실제로 학교 농장은 아이들을 가르치는 것뿐 아니라 그 지역 공동체 전체를 교육하는 장으로 기능한다. 유치원생 부모들은 학교 농장에서 실시하는 다양한 원예 재배 프로젝트에 충실히 참여하고 있다. 지역공동체는 종자를 생산하고 교환하고 작물 재배 기술을 서로 나누며 농장 운영에 적극적으로 역할을 하고 있다. 유치원생들은 학교 농장에서 배양한 종자들을 집으로 가져가 가정에서 재배하는 품종을 다양화하고 새로운 작물을 생산할 수 있게 한다. 따라서 학교 농장은 학교에서 배양한 재배 방식과 아프리카 농촌공동체가 지켜온 전통 농법을 연결하는 고리의 역할을 한다. 이런 지역에서 작물의 생물다양성을 강화하는 일은 식량 보장을 위협받고 있는 수많은 아프리카 가정의 취약성을 줄이는 것을 의미한다. 학교 농장에서 작물 재배 방법을 가르치는 일은 어쩌면 가난과 굶주림에 시달리는 아프리카를 구원할 수 있을지도 모른다. 부나니미는 우간다 여행 첫날 내게 중요한 장소였다. 나는 거기에 단지 몇 시간밖에 머무르지 않았다. 하지만 거기서 나는 이미 테라마드레가 해방을 위해 무엇을 할 수 있는지, 따라서 미식이 무슨 역할을 할 수 있는지 알았다. 작물의 종류, 지역, 기반 환경이 다양한 만큼 거기에 사용될 수 있는 도구도 다양하다. 민초 차원에서 그들 스스로의 힘과 전통으로 그 도구들을 잘 관리한다면, 그 효과는 매우 훌륭하고 지속적일 것이다. 이런 도구들 가운데 학교 농장은 단순한 하나의 상징이 아니라 진정한 변화의 조짐이기도 하다.

8장

천 개의
아프리카 농장

2012년 토리노의 살로네 델 구스토-테라마드레 대회에 참가한 사람들은 모두 링고토 피에레 다목적 현대복합몰에 있는 4개의 가건물을 지나서 2006년 동계올림픽 때 쇼트트랙스케이팅 경기장으로 쓰였던 구조물인 오발 전시장까지 길거리음식을 파는 노점상들이 길게 늘어선 광경을 볼 수 있었다. 옛날의 그 오발 경기장은 오늘날 전시장의 일부가 되었고 최근에 우리는 살로네 델 구스토-테라마드레 대회를 그곳에서 두 차례 열었다. 2012년에 국제슬로푸드 프레시디아와 테라마드레 공동체의 많은 생산자가 그곳에 모였다. 그곳에서 각종 행사가 열렸지만 생산자들이 가판대를 마련하고 시장을 연 것은 이번이 처음이었다.

관람객들이 오발 경기장의 뒤편, 살로네 행사장을 정상적으로 돌아보았다면 마지막 관문이 될 그곳에서 아프리카 전시관을 발견하고는 깜짝 놀랐을 것이다. 전시관 중앙 400평방미터에 이르는 바닥 공간은 흙으로 덮여 거대한 아프리카 농장이 연출되어 있었다. 우리는 거기서 온갖 종류의 식물들을 관찰하고 이탈리아에서는 전혀 볼 수 없는 기이한 콩과 가지들을 관람할 수 있었다. 다양한 종류의 잎채소(아프리카에서는 감자나 호박, 아마란스 amaranth, 마니옥manioc의 잎을 먹는다)와 해충 퇴치에 쓰이는 베티베르vetiver 같은 약초들도 볼 수 있었다. 모종판도 있고 2개의 상이한 작물이 서로 생장에 도움을 주며 자라게 하는 방법, 화학비료를 사용하지 않는 시비체계, 물을 댈 때 값비싼 장비 없이 쓰인 옛 방식(구멍을 뚫은 도기 단지를 이용)과 현대식(재활용한 플라스틱 병을 한 줄로 매달아놓는 방식)에 대한 구체적인 설명도 있었다. 울타리는 그물망이나 시멘트가 아닌 아프리카 농장에서 흔히 볼 수 있는 재료들, 즉 나뭇가지나 야자나무와 대나무 잎, 가시덤불로 만들었다. 그것은 완벽한 대규모 재생이었다. 교육적 목적으로 조성, 전시된 농장은 많은 아프리카 공동체가 자그마한 땅뙈기에서 다양한 작물과 과실수, 퇴비더미로 무슨 일을 하고 있는지 보여주었다. 그 농장은 국제적이었다. 천 개의 아프리카 농장 프로젝트에 참여한 25개국의 작물이 전시되어 있었기 때문이다.

토리노에 만들어진 농장은 위도와 계절적 이유(전시할 모든 묘목을 수입하고 피에몬테 묘목업자들의 소중한 도움 덕분에 10월 행사 일정에 맞춰 준비하는 데 몇 달이 걸렸다) 때문에 실제 자연 환경에서는 공존하지 않는, 다양한 작물과 기술이 결합된 인위적 농장이었다. 그러나 우리는 살로네 델 구스토-테라마드레 행사를 관람하러 온 사람들에게 아프리카 대륙의 풍부한 생물다양성을 보여주고 우간다의 부나니미, 부이가 선라이즈, 세인트스티븐 같은 지역공동체나 학교, 또는 케냐의 엘부르곤Elburgon 언덕배기에 있는 미친다Michinda 초등학교에 조성된 농장을 사람들에게 알리는 일이 얼마나 중요한지 알고 있었다. 매우 이례적이지만 이런 전시의 필요성을 인정하지 않을 수 없었던 것이다. 미친다 초등학교의 학교 농장은 2005년부터 운영되었다. 그 농장은 2004년 테라마드레 행사에 케냐 대표로 참가했고 지금은 케냐 슬로푸드 운동의 주역이자 슬로푸드 국제협회 위원인 사무엘 무후뉴Samuel Muhunyu의 노력 덕분에 슬로푸드가 자금을 지원한 첫 번째 프로젝트 가운데 하나였다.

이 학교 농장은 400명 재학생들이 자발적으로 경작에 참여해, 케냐에서 최고의 농장으로 선정되었다. 이 학교 학생들은 우선 자신들 부모의 회의적인 태도를 극복해야 했다. 부모들이 보기에 케냐에서 농사일이란 다른 아프리카 나라에서와 마찬가지로 제멋대로 구는 학생들에게 주는 벌로 여겨졌기 때문에 자기 자식들이 농장에서 일하는 것을 바라지 않았다. 그러나 그 프로젝트가 선풍적인 성공을 거두자 옛날에 가장 회의적이었던 부모들조차 자랑스럽게 생각하게 되었다. 나는 지금도 미친다 초등학교 학생들—모두 자랑스럽고 아주 뛰어난 농사꾼—이 내게 베푼 잔치에 대한 기억을 소중히 간직하고 있고, 그때 그들이 내게 준 목도리도 여전히 두르고 다닌다. 그 목도리는 당시에 우연히 2012년 살로네 델 구스토-테라마드레 행사의 주역이 되었다. 거기서 나는 그 목도리를 해방을 위한 미식의 새로운 프로젝트를 상징하는 표식(그때 내가 그렇게 지칭한 것은 아니었다!)으로 제시했다.

오늘날 천 개의 아프리카 농장은 실제로 존재한다. 2011년 이래로 채 2년도 안 되어 모로코, 모리타니(그중 하나는 유엔난민촌 안에 있다), 이집트, 마다가스카르, 콩고민주공화국에 20개 농장이 조성되었다. 부르키나파소와 모잠비크에 30개, 에티오피아에 35개, 탄자니아와 세네갈, 코트디부아르에 40개, 시에라리온과 말리에 60개, 기니비사우에 70개, 우간다에 75개, 남아프리카공화국에 150개, 케냐에 무려 200개, 그리고 튀니지, 소말리아, 가봉, 카메룬, 베냉, 가나, 카보베르데, 말라위에도 농장이 만들어졌다. 이 아프리카 농장들은 여느 농장들과는 다르다. 해당 지역의 공동체들이 직접 농사를 짓고 전문 농사꾼은 말할 것도 없고 노인부터 청년까지 모든 회원이 저마다의 능력을 개발한다. 농장 규모는 그다지 중요하지 않다. 작물을 재배할 수 있는 곳이면 어디든 괜찮다. 심지어 지붕 위나 좁은 길도 된다. 그 농장들은 지역의 다양한 품종들을 재배하는데 그 가운데에는 멸종위기종도 있다. 대개가 화학비료가 필요 없을 만큼 병충해에 강하고 영양분이 많은 종이다. 지역공동체는 지속가능한 농업생태기술과 수자원 절약 방식을 이용해서 이런 종자들을 배양하고 관리한다. 이 아프리카 농장들은 어린이와 지역공동체 구성원 전체를 교육하는 수단으로도 쓰인다. 무엇보다 테라마드레 네트워크와 연계해서 종자와 기술을 교환하고 서로 조언을 구하고 지식을 공유하기 위해 상호 교류를 촉진한다. 농장을 개발하는 방법을 가르치는 상세한 운영지침서는 많은 아프리카 지역공동체와 슬로푸드 운영자들로부터 큰 찬사를 받았는데 이미 여러 언어로 번역 출간되었다.

그래서 브라의 슬로푸드 본부는 무슨 일을 했나? 그 운동에 대한 지지를 결집하고 협회를 통해 자금을 모은 것이 전부다(전 세계, 특히 이탈리아의 많은 콘비비움이 아프리카 농장을 하나씩 '분양'받았다). 협회 본부는 농장에 필요한 도구를 구입하고 농장 마련 및 관리에 들어가는 자금으로 농장 한 곳당 900유로를 모금한다. 나머지 모든 작업은 해당 지역공동체가 자발적으로 수행했다. 브라의 본부에는 그 일을 담당하는 조그만 사무실이 하나 있다. 그곳의 전문 기술자들이 각국의 프로젝트 운영자들을 교육함으로써 많은 도움을 주었다. 지역공동체들을 연결하고 그들이 농장을 시작할 수 있도록 돕기 위해 해당 아프리카 지역을 여행하는 운영자 수는 현재 아프리카 전역에 모두 50명이 넘는 수준이다. 아프리카의 학교 농장과 지역공동체 농장(앞서 본 것처럼, 두 농장의 차이는 별로 없다)에서 작물을 재배하고 물을 주고 수확하는 일을 하는 사람(여성, 남성, 어린이, 농부, 교사, 요리사)은 3만 명 정도에 이르는 것으로 추정된다.

이 프로젝트는 2004년 이후로 슬로푸드가 존재하지 않았던 곳까지 우리의 네트워크를 확장시키는 뜻밖의 성과까지 이루어내며 매우 빠른 속도로 완벽하게 성공을 거둠으로써 내가 천 개의 아프리카 농장에 대한 구상을 말할 때면 마치 매번 몽상에 빠져 정신이 나간 사람인 양 나를 바라보던 사람들을 당혹스럽게 만들었다. 그래서 다음에 내가 한 일은? 앞에서 여러 차례 언급한 것처럼, 최근 토리노에서 열린 국제슬로푸드총회 기간 동안 나는 '세 가지 1만' 계획의 세 번째 구상을 실행에 옮기기로 했다. 전체 슬로푸드-테라마드레 네트워크를 통해서 2016년까지 1만 개의 아프리카 농장을 만드는 것이었다[2019년 현재도 진행 중이다]. 천 개의 아프리카 농장 조성이라는 한 가지 목표를 달성한 뒤, 다음 목표를 열 배로 높인 것이다. 이것이 바로 "카드 패를 뒤섞는다"는 의미다!

'세 가지 1만' 구상은 이제 완성 단계에 접어들었다. 맛의 방주에 등재될 1만 개의 음식과 1만 개의 네트워크 접속점, 그리고 1만 개의 아프리카 농장. 이 프로그램은 한 길로 간다. 이미 아는 바와 같이, 각각의 목표는 그것을 이루기 위한 수단인 동시에 그것이 추구하는 가치다. 그것들은 서로 연결되어 있고 서로를 뒷받침한다. 그리고 해방된 미식을 통해 자유로운 해방의 삶을 이루고자 한다. '천 개의 아프리카 농장' 프로젝트는 전체 프로그램

가운데 가장 "전략적으로 중요한" 부분이다. 내 개인과 아프리카 협회를 운영하는 모든 동료 활동가(브라 국제 본부의 프로젝트 담당 이탈리아인 활동가와 자기 나라에서 일하는 아프리카인 활동가)의 경험은 내 눈을 뜨게 하고, 다른 대륙의 슬로푸드와 테라마드레 회원들이 이 획기적인 새로운 행동을 전력을 다해 지원하게 만들었다. 아프리카는 오늘날 우리가 기울이는 모든 노력의 초점이 되고 있다. 우리의 미래를 약속하고 그 이유가 무엇인지 보여주고 있기 때문이다. 실제로 아프리카는 세계에서 가장 심각한 기아와 영양실조 문제로 고통에 시달리고 있지만, 동시에 전통과 자원, 생물다양성, 전통 기술과 문화, 대지가 그나마 어느 정도 잘 보전—식민지 지배자들의 온갖 침탈이 없었다면, 또 문제를 해결하기보다는 악화시키는 균일화나 파괴 같은 잘못된 방향의 개발이 그렇게 오랫동안 진행되지 않았다면, 더욱 완벽하게 보전되었을 테지만—되고 있는 공간이다. 하지만 현재 수준에서도 그것들은 앞으로 아프리카 대륙뿐 아니라 세계의 미래를 뒷받침할 풍요의 원천이 될 것이 틀림없다. 그러한 아프리카의 환경과 자원, 기술은 우리 문명의 수치인 기아와 영양실조의 골칫거리를 이 세상에서 근절할 수 있는 본보기와 도구가 될 수 있다. 그래서 더 이상 그러한 재앙을 퇴치하기 위해 어떤 조치를 취해야 할지 고민하지 않아도 되고 나아가 그것에 대해 더는 생각하지 않고 몰라도 되는 세상이 올지도 모른다.

농장은 우리가 먹을 음식을 제공한다. 그것은 지속가능하며 음식문화를 전달하고 전통 미식의 관습을 받아들인다. 농장은 또한 청년들에게 먹거리에 대해 생각하게 하고 그들의 창의력을 자극하여 새로운 구제 방식을 창안할 수 있게 하고 축적된 지혜를 제공하는 노인들의 위엄을 되살려준다. 오늘날 아프리카에서 이런 일이 일어나고 있다. 그러나 중남미와 유럽, 북아메리카, 아시아, 오세아니아의 도시와 학교, 농촌 지역에서도, 가난한 나라며 부자 나라며 가릴 것 없이 모든 곳에서 이런 일이 일어나고 있다. 영양실조 문제는 부자 나라에도 현존하기 때문이다. 실제로 현재 진행 중인 위기는 빈곤선 아래서 살고 있는 많은 가정과 도시 거주자들을 고꾸러뜨리고 있다. 그들은 대개 눈에 잘 띄지 않지만 많은 사람이 거기에 실재하고 있다. 따라서 미식가라면 이런 현실에 눈감고 있을 수 없다. 우리는 굶주림과 기아로부터 세상을 해방시키기 위해 아프리카에서부터 시작해야 한다. 우리는 그렇게 할 수 있다. 우리는 인류 문명의 발전을 위해 힘을 합쳐 이 싸움에서 이겨야 한다. 여기서 예외인 사람은 아무도 없다. 라틴아메리카는 이미 우리에게 그 길을 보여주었다. 따라서 아프리카 역시 자신의 길을 찾을 수 있다고 생각하는 것은 결코 망상이 아니다. 글로벌 세상에서 그것은 모든 사람에게 유익할 것이다. 우리 모두 저마다 처한 위치에서 서로 협력한다면 반드시 그런 날이 올 것이라는 말을 잊지 말자.

9장

다 함께 기아와
영양실조에 맞서자

성경에 따르면, 히브리인들에게 닥친 가장 큰 불운은 기아와 노예제였다. 성경은 그들이 이 두 가지 불운에서 어떻게 해방되었는지도 보여준다. 요셉은 자기 민족을 굶주림에서 구하기 위해서 기근을 대비해 비축해놓은 곡식을 풀었고, 모세는 노예제에서 그들을 구제했다. 1926년, 유엔의 전신인 국제연맹은 모든 회원국에서 노예 교역과 노예제를 전면 금지했다. 그것은 인류의 역사만큼이나 오래된 악행의 종식을 선언한 것이지만(공식적으로 노예제 폐지를 선언한 마지막 국가는 1980년 모리타니였다), 그럼에도 불구하고 그것은 아직도 여러 곳에서 부분적이나마 더욱 은밀하고 기만적인 방식으로 기승을 부리고 있다. 역사는 18세기 말에 일어난 정치운동, 노예제폐지운동의 위대한 승리를 이야기한다. 노예제는 남북전쟁이 끝나고 미국 수정헌법 제13조가 의회를 통과한 1865년까지 '문명화된' 미합중국에서 지속되었다. 그러나 모든 나라에서 노예제가 일상용어에서 사라지기까지 걸린 기간은 무려 300년이다. 그것은 도덕적·인도적 요구가 전 세계에 폭넓게 공유되기 시작하던 계몽주의 시대에 탄생한 광범위한 국제 운동의 결과로 위대한 역사의 승리였다.

내가 해방에 대해서 말할 때, 그것은 노예제 해방을 말하는 것이기도 하다. 노예제 폐지―그것의 이정표는 1865년 미국 수정헌법 제13조와 국제연맹의 1926년 조약이었다―는 패러다임의 변화를 완성시킨 역사적 사건이었다. 인류는 태초 이래로 이 사악한 관행을 결과적으로 단순한 경제적 목적을 위해 부당하지만 불가피한 것으로 여기며 참고 견뎌왔다. 그러나 언제부터인가 전에 참고 견뎌왔던 것이 더 이상 참을 수 없는 것이 되었다. 오늘날 다시 노예제가 나타난다면, 질겁하지 않을 사람이 없을 것이다.

성경에 나오는 두 가지 재앙은 오늘날에도 아직 끝난 것이 아님이 분명하다. 그 패러다임은 이후로도 오래도록 지속되고 있다. 그런데 오늘날 기아와 영양실조의 통계를 보고도 소스라치게 놀라는 사람이 없는 것은 왜일까? 과거 노예제처럼 지구상의 거의 모든 사람이 견뎌내야 했던 이 재앙과 싸우는 국제적인 대중운동을 조직하려면 어떻게 해야 할까? 우리는 오늘날 링컨 시대 미국과 똑같은 모순된 상황에 처해 있다. 당시 링컨 헌법의 초석이 인간 평등이었는데, 그 성패가 노예의 불평등을 기반으로 하고 있었던 것처럼, 오늘날 음식을 먹을 권리가 국제기구들의 헌장에 명시되어 있음에도 전 세계에서 거의 10억 명에 이르는 사람들이 굶주림에 허덕이고 있다. 그러한 상황은 이제 더 이상 지속될 수 없으며 보편적 권리의 이름으로 또 한 번의 역사적 승리를 위해 우리의 힘을 합치고 노력할 때가 왔다. 그 대상이 음식이라고 한다면, 미식가들은 당연히 전선의 맨 앞에 서야 한다. 우리는 기아와 영양실조의 굴레에서 반드시 벗어나야 한다.

국제슬로푸드총회를 위해 내가 (카를로 보글리오티Carlo Boglìotti, 리날도 라바Rinaldo Rava, 친치아 스카피디Cinzia Scaffidi와 공동으로) 작성한 문건은 2012년부터 2016년까지 그 운동의 지침들을 제시한다. '먹거리의 중심 역할'이라는 제목의 그 문건은 '우리는 누구인가', '우리가 하려는 이야기', '우리가 할 일' 세 부분으로 구성되어 있다. 특히 '음식을 먹을 권리'에 대한 이야기로 미식 전쟁이 어째서 문명화를 위한 전쟁인지를 보여주는 2부의 첫 번째 단락은 다음과 같이 매우 분명하게 말한다.

음식이 인간에 대해서 깊이 되새겨보는 중심 요소가 되어야 한다고 말하는 것은 매우 정치적인 발언이다. 음식을 먹는 사람을 겨냥

한 행동들이 모든 인류를 겨냥하고 있는 한, 음식을 먹는 사람으로서 인간은 '동일'하다. 그것들이 매우 탁월한 정치적 행동이라고 말하는 이유는 바로 이 때문이다.

오늘날 우리는 음식을 '사는' 사람으로서 소비자에 대해 생각한다. 하지만 우리가 음식을 사고파는 것으로서만 유의미하다고 생각한다면(따라서 식량이 정치 그 자체가 아닌 경제 정책의 한 기능이 된다면), 권리로서의 음식에 대한 관점은 놓치고 말 것이다. 우리가 음식을 먹을 권리와 물을 마실 권리에 대해서 이야기하는 이유는 바로 이 때문이다.

음식을 먹을 권리는 1966년 유엔 총회가 채택한 경제적·사회적·문화적 권리에 관한 국제규약International Covenant on Economic, Social and Cultural Rights 제11조에 수록된 이래, 기아로부터 자유로워질 권리와 늘 함께 붙어 다녔다.

제11조 1항은 "모든 사람은 자신과 그 가족이 식의주를 포함해서 적절한 생활수준과 생활조건의 지속적 향상을 누릴 권리"가 있음을 주장하는 한편, 2항은 "모든 사람은 기아로부터 자유로울 기본적인 권리"가 있음을 인정한다.

이 2항이 없다면, 제11조는 지금처럼 그런 긴박한 문제 제기가 되지 못했을 것이다. 그런 문제 제기에 쓰는 용어를 선택할 때는 사람들이 잠시 멈춰서 그것에 대해 생각해보게 만들어야 한다. 제11조 2항은 기아로부터의 자유에 대해서 이야기한다. 기아는 노예제, 무엇보다 사회적·경제적 노예제로 전환될 수 있는 모든 형태의 물질적 노예제의 한 형태이기 때문이다. 대개 국가의 정부 자체가 기아에 볼모로 잡힌 노예인 경우, 그것은 정치적 노예제가 된다.

우리 운동이 기아와의 싸움을 선언해야 하는 이유는 바로 이 때문이다. …… 우리가 유엔규약 제11조에 주목하는 것은 이것 말고도 중요한 이유가 있다. 그것이 생활조건의 "지속적 향상"에 대해 언급하고 있다는 점이다. 우리는 그 "지속적 향상"에 한계가 있는지, 그리고 그 한계의 개념이 실제로 무엇을 의미하는지 스스로에게 물어야 한다. 음식을 먹을 권리와 기아로부터의 자유를 성취한 사람들은 비록 세상에 아직 그런 권리와 자유를 누리지 못하는 사람들이 있다고 해도, 자신들의 생활조건을 지속적으로 향상시킬 권리가 있는가? 아니면, 다른 사람들이 그런 권리와 자유를 쟁취할 때까지 생활조건의 지속적 향상을 누릴 권리를 유예할 것인가? 이런 권리들에 대한 전망을 깊이 성찰하도록 지원하는 것은 우리 같은 단체가 할 일이다. 슬로푸드는 즐거움을 누릴 만인의 권리를 보호하기 때문이다. 다른 사람의 고통과 예속을 담보로 한 즐거움은 있을 수 없다. …… 계절, 더 일반적으로 말해서 시간과 변화에 무관한 삶에 대한 꿈은 2개의 거대한 기둥, 즉 기술 발전과 돈을 기반으로 하는 많은 문명이 그렸던 이상적인 자유의 모습이었다. 충분한 기술과 돈을 보유한 국가는 음식을 먹을 권리를 국민에게 보장했을 것이다. 식품산업과 시장 중심의 산업적 농업은 이러한 상상력을 옹호하는 중심 세력이었다. 그러나 인류의 존재 자체와 밀접하게 연결된 보편적 권리는 어떤 조건도 전제될 수 없다. 그렇다면 기술과 돈이 없는 사람은 어떻게 음식을 먹을 권리를 보장받을 수 있을까? …… 우리는 아사와 관련해서 혹독한 전쟁의 대가를 지불해야 한다. 따라서 우리가 극복해야 할, 이보다 더 긴급한 전쟁은 없다. 가장 우선적으로 해결해야 할 과제인 것이다. 기아에 대해서 먼저 말하지 않고, 지속가능성과 인권, 미래에 대해서 이야기하는 것은 어불성설이다. 슬로푸드는 주저 없이 그 전장에 나가 치열하게 싸울 생각을 가지고 있다. FAO의 추정에 따르면, 현 상황을 완전히 역전시키기 위해서는 1년에 340억 달러를 투입해야 한다. 그것은 유럽과 미국 은행들을 금융위기에서 구제하기 위해 쓴 돈과 비교하면 정말 터무니없이 적은 금액이다.

1년에 340억 달러는 오늘날 세계 경제대국들에게는 푼돈에 불과하다. 2012년 12월 이탈리아 일간지 《일 파토 쿠오티디아노Il Fatto Quotidiano》에 실린 한 기사는 다음과 같이 밝혔다. "이른바 '선진'국들의 경제가 깊은 수렁에 빠졌음에도 불구하고, 무기 시장은 여전히 안정된 상태를 유지하며 성장 일로에 있다. 2011년에 새로 보완된 국제 무기 이전 데이터베이스에는 이런 냉혹한 현실을 사진에 담은 스톡홀름국제평화연구소(SIPRI)의 자료가 들어 있다. 이 독립적인 기구가 공개한 자료에 따르면, 2007년부터 2011년까지 재래식 무기 이전의 규모는 이전 5년 동안(2002~06년)과 비교할 때 24퍼센트 증가했는데, 이는 화폐 가치로 300억 유로에 해당한다." 이 글을 쓰고 있는 현재 환율로 바꿔 계산하면, 거의

400억 유로에 달한다. 현재 가장 필요한 것은 말이 아니라 행동이다.

강대국들이 이러한 상황을 유지하고 싶어한다는 사실을 의심하는 이들이 있다. 강대국들이 그렇게 하는 것은 노예제가 유지된 것과 똑같은 경제적 이유 때문이다. 그러나 우리는 그러한 강대국의 양심을 흔들고, 기아와 영양실조에 저항하고, 그것들을 우리 사회에서 추방하고, 모든 사람이 그것들에 대해 깊은 수치심을 느끼게 하기에 앞서, 먼저 라틴아메리카에서 무슨 일이 벌어졌고 현재는 어떻게 진행되고 있는지 살펴보고 그것을 귀감으로 삼아 스스로 실천하는 것부터 시작할 수 있다. 우리는 농장을 만들고, 해방을 위한 과학으로서 미식의 품위를 높이고, 자기 지역에서 쓰레기를 줄이고, 선순환적이고 지속가능한 역학 관계를 만들고, 가능한 한 모든 방법으로 우리의 이웃들을 지원할 수 있다. 우리는 21세기에 존재할 이유가 전혀 없는 수치스러운 상황을 단호히 거부하기 위해 함께 나서야 한다. 이런 부도덕한 상황이 다시는 세상에 모습을 드러내지 못하게 해야 한다.

나는 이미 앞서 그러한 가증스러운 수치를 나열했다. 오늘날 세상에는 굶어 죽는 사람이 여전히 10억 명 가까이 있다. 세월이 흘러도 그 충격적인 숫자는 거의 변화가 없다. 그동안 라틴아메리카에 대해서 말해왔던 것 말고도 기본적으로 세계인의 양심을 불러내지 않고는 그 상황은 결코 바뀌지 않을 것이다. 따라서 슬로푸드-테라마드레 같은 운동은 전 세계의 다른 많은 운동, 특히 FAO 같은 국제기구가 뛰어든(유감스럽게도 지금까지 성공적인 모습을 보여주지는 못했지만 최근 들어 희망의 실마리를 던져주며 자그마한 역전 추세를 보이고 있는) 이 싸움에 적극 참여해야 한다. 문제는 이 네트워크가 모든 살아 있는 존재로 확대되어야 한다는 것이다. 이것은 헌신과 올바른 실천의 문제다.

내가 주장하는 말을 듣고 솔직히 무력감을 느끼는 사람이 있을지도 모른다. 그들은 이 모든 것이 세상을 어떻게 바꿀 수 있을지 의아해할 수도 있다. 하지만 만일 우리가 세상이라는 테이블 위에서 "카드 패를 뒤섞을" 수 있는, 다시 말해서 음식을 먹을 권리가 소규모 농업과 지역 음식에 대한 존중, 그리고 물을 마실 권리, 생물다양성 보호에 대한 존중을 기반으로 해야 한다고 주장하는 운동을 벌인다면, 그것은 가능하다고 나는 감히 말할 수 있다. 그 운동은 거대한 국제기구를 통해서만이 아니라, 다양한 사회운동과 단체, 서로 다른 종교와 정치 집단들로 구성된 네트워크 전체를 통해서 오늘날 하루하루의 생계가 절박한 이들에 대한 구호 작업이 이루어질 것을 요구한다. 우리는 이 모든 것을 통합의 정치·평화·문화적 다양성의 증대와 함께 신세대들의 놀라운 혁신적 창조력을 통해 앞당겨야 한다. 그러나 우리는 또한 매우 어려운 역사적 현실, 예컨대 전쟁이 멈출 기미를 전혀 보이지 않고 있는 현실을 받아들이지 않을 수 없다. 그럼에도 불구하고, 모든 사람(우리의 경우는 미식가들)이 최선을 다한다면, 나는 멀지 않은 미래에 우리가 의도한 바를 이룰 것이라고 확신한다. 노예제가 세상에서 사라지기까지 300년이 걸린 것처럼, 기아와 영양실조가 사라지기까지 또 그만큼의 시간이 걸린다고 해도 말이다.

야심찬 프로젝트를 수행하기 위해 반드시 거대한 조직이 필요한 것은 아니다. 중요한 것은, 자신의 한계를 인식하고 도중에 만나는 사람들이 그러한 한계를 극복하도록 허용하는 것이다. 우리의 역사, 즉 슬로푸드-테라마드레의 지나온 길을 되돌아보면, 그 운동의 내용이 질적으로 발전했음을 목격할 수 있을 뿐 아니라, 그 안에서 훌륭한 사람들도 많이 만났음을 알 수 있다. 비록 그들 가운데 일부가 지금은 다른 길을 걷고 있지만, 그들 모두가 우리 운동의 기초가 되었음을 부인할 수 없다. 나는 늘 우리와 계속해서 함께할 용기를 가진 사람들, 아니 함께 행동하지는 않더라도 우리의 입장을 지지하는 모든 사람의 끊임없는 노력에 경의를 표한다. 이 모든 것을 감안할 때, 나는 이 최종적인 생각이 처음에는 지나치게 의욕만 가득한 것처럼 보일지 몰라도 실제로는 전혀 그렇지 않다고 생각한다.

중요한 것은 혼자의 힘이 아니라 함께 단결하는 것이다. 지금부터 나는 우리 네트워크 전반에 걸쳐 "모두 함께라면 우린 할 수 있다"를 우리의 구호로 사용할 것을 제안한다. 그것은 모든 나라 말로 번역될 것이고, 개인적으로는 내 고향 피에몬테 말로 외칠 것이다. 이탈리아 말 '테라마드레'가 전 세계에 걸쳐 우리 모두의 유산이 된 것처럼, "투티 안세마 포도마 페일라Tuti ansema podoma féila"*가 전 세계에 널리 쓰는 비유적 표현이 될 수 있기를 바란다. 특히, 그것이 우리의 정서와 입장을 전달하는 비유로 쓰이길 바란다. "투티 안세마 포도마 페일라" 이 말을 잊지 말길—이제 이런 수치스러운 상황은 끝장내야 한다!

---

* [옮긴이주] 피에몬테 방언으로 '모두 함께라면 우린 할 수 있다'라는 뜻이다.

10장

음식은
자유다

"투티 안세마 포도마 페일라". 마지막으로 두 가지를 이야기하고 끝내고자 한다.

벤타니야Ventanilla는 페루의 리마 외곽에 있는 무질서하고 흙먼지 날리는 빈민촌으로 태평양이 내려다보이는 언덕 위에 황량한 시멘트 가옥들이 줄지어 서 있고 이름 없는 지저분한 도로들은 여기저기 아무렇게나 뻗어 있다. 이곳 주민이 아니라면 미아가 되기 십상이다. 따라서 특정 장소나 주소를 찾기 위해 주민들에게 길을 묻는 이방인들을 거리에서 자주 볼 수 있다. 우리는 풀과 나무가 전혀 없는(이곳은 거의 비가 내리지 않는다) 이 동네를 1시간 넘게 헤맨 뒤에야 비로소 리마 중심가 인근 복합단지 안에 있는 파차쿠텍 요리학교Instituto de Cocina de Pachacutec에 도착할 수 있었다.

4월의 어느 오후, 그 건물의 앞마당에 들어설 때 페루의 가을 햇살은 여전히 따갑게 내려쬐고 있었다. 그날 나와 함께 그곳에 간 사람은 가스톤 아쿠리오였다. 그의 아스트리드 이 가스톤 재단은 그 학교에 요리사 양성을 위한 기금을 출연하고 있다. 앞서 가스톤에 대해서 이야기한 바 있지만, 여기서 다시 그에 대해 말할 수 있어서 기쁘다. 해마다 페루 전역에서 배출되는 수천 명의 학생들이 이 프로그램에 참여하기를 바라지만, 실제로 이 요리학교에 입학하는 인원은 100명 정도에 불과할 정도로 학생 선발 기준과 입학 사정 제도가 매우 엄격하다. 입학 지원자들을 평가하는 기준에는 그들이 습득한 기술과 교과과정 말고도 그들의 사회경제적 배경도 들어간다. 파차쿠텍 요리학교는 사실상 최근 몇 년 사이에 페루에서 우후죽순처럼 늘어난 해방을 위한 미식의 또 다른 패러다임의 본보기다. 벤타니야는 가난한 동네지만 이 학교는 2007년 개교 이후로 그곳에 다니는 청년들에게 지금까지와는 완전히 다른 새로운 전망—경제적 전망을 포함해서—을 제시한 최고의 교육기관이 되었다.

유명 교수와 훌륭한 요리사들이 파차쿠텍을 정기적으로 방문해서 학생들에게 그들의 전문 기술과 미식적 상상력을 교과과정으로 편성해서 가르친다. 예컨대 가스톤은 국제 음식점업계의 거물들(그 가운데 1명이 이 학교 창립에 참여한 페란 아드리아다)을 그교육과정에 참여시켰고, 자신의 명성을 이용해서 전 세계의 요리학교들, 특히 남아메리카의 전역에 있는 음식점들과 중요한 협력관계를 맺었다. 이 덕분에 파차쿠텍 학생들은 매우 높은 수준의 전문 경험을 축적하고 사실상 이 학교가 아니라면 감히 꿈도 못꿀 미식계의 유명인사들과 친분을 쌓을 수 있었다. 동기 부여는 이 프로그램에서 중요한 역할을 한다. 라틴아메리카 해방을 위한새로운 미식이라는 가치관은 그 총체적 접근 방식의 근간을 이룬다. 이 학교는 단순히 최고 수준의 조리 기술을 가르치는 것뿐아니라 전통적인 페루 농산물에 대한 지식과 원주민의 전통 조리 방식, 지속가능한 과정, 요리사와 농부의 협력 관계를 중시하면서 그것들을 조리 기술과 접목시킨다.

학교 앞마당을 가로질러 텃밭을 통과해서 부엌과 교실들로 걸어가면서 만난 몇몇 학생들과 짧게 대화를 나눌 기회가 있었다.나는 그들에게 왜 요리사가 되려고 결심했는지를 물었다. 그들의대답은 그날 아침 일찍 강연 일정이 있었던 산 이냐시오 데 로욜라 대학교San Ignacio de Loyola University의 미식학부 학생들에게서 들었던 대답들과 완전히 상반되는 것들이었다. 그 대학에서 나온대답이 모두 세계 최고의 상을 받은 요리사들의 성공과 세계적인음식 및 와인 대회의 확산에 고무된 매우 일반적이고 모호한 관심과 관련된 내용들이었다면, 파차쿠텍 학생들의 답변은 전혀 딴

판이었다. 열두 살에서 열여섯 살 나이의 결의에 찬 파차쿠텍 학교의 어린 학생들은 "집안 살림에 보탬이 되고 싶어서", "우리나라 전통음식에 대한 열정 때문에", "우리 민족의 음식 정체성이 무엇인지 알고 싶어서"와 같은 대답을 했다. 요컨대, 해방을 위한 미식인 것이다.

조리법과 미식 문화에 대한 지식은 이 어린 학생들에게 전문가로서의 미래를 약속하고 개인적 자신감, 실질적인 자기 충족과 성취감을 주고 경제적·사회적·개인적 구원의 특별한 기회를 제공한다.

내게 가장 큰 충격을 준 학생은 아기 얼굴처럼 해맑은 열세 살의 루시아라는 여학생이었다. 그녀는 내 질문에 주저 없이 단호한 목소리로 이렇게 대답했다.

저는 이 학교에 들어오기 위해 할 수 있는 모든 노력을 다 했어요. 소작농인 우리 부모님을 돕고 싶기 때문입니다. 저는 도심에서 떨어진 외곽 지역에 살아요. 여기 학교까지 오는 데 3시간이 걸립니다. 버스를 두 번 타고 나머지는 걸어서 와요. 날마다 아침저녁으로 그렇게 다닙니다. 하지만 상관하지 않아요. 여기서 제 가족과 저를 위한 밝은 미래를 만들어나갈 수 있다는 것을 알기 때문이죠. 우리 가족은 소농이고 언제나 땅을 일구며 살았어요. 우리는 지금 가난하지만 제가 요리사가 되면 부모님이 평생 땅을 일구며 이룬 것을 최대로 활용해서 그들도 자부심을 느낄 수 있게 할 수 있다는 것을 압니다. 이

학교는 우리에게 모든 요리사는 주 식재료를 생산하는 사람에게 절대적으로 의존하기 때문에 농부들과 긴밀한 관계를 맺지 않으면 훌륭한 요리사가 될 수 없다고 가르칩니다. 제가 전력으로 다해 열심히 공부하는 것은 바로 이런 이유 때문입니다. 날마다 새벽 4시 반에 집을 나서는 것도 바로 그런 노력의 일부입니다.

루시아는 매일 밤 11시쯤에 귀가하지만, 수업을 마치고 집에 가기 전에 누가 요청한 사람도 없는데 늘 교실 바닥을 모두 청소한다. "저에게 학교는 제2의 집이나 마찬가지입니다"라고 그녀는 내게 말했다. 그녀의 말은 내게 말 못 할 충격을 주었다. 나는 평생 그런 단순하지만 단호한 발언을 들어본 적이 없었다.

이러한 성실한 삶의 태도는 '해방된 미식'의 가장 중요한 성과다. 이것은 마침내 다양성의 해방과 자유로운 네트워크의 탄생으로 이어졌다. 그것은 다시 말해서 인간과 대지가 조화를 이루는 방법이 있음을 아는 사람들, 그리고 아무리 한계적 상황에 처해 있어도 최선을 다해 그것을 실천에 옮기고자 하는 사람들의 결단력을 의미한다.

그것은 폴렌초의 미식과학대학을 졸업한 두 사람, 루시아 란테로Lucia Lantero와 아고스티노 테르치Agostino Terzi가 따른 길이었다. 그들은 당시로서는 지나치게 의욕이 앞선다고 할 정도로 특별한 도전을 감행하기로 결심하고 비영리단체인 아이티마뇨Aytimoun Yo 협회를 설립한 뒤 아이티로 이동했다. 아이티는 2010년 1월에 끔찍한 지진 피해로 가뜩이나 어려운 사회경제적 환경이 더욱 악화된, 세계에서 가장 인간개발지수가 낮은 빈국 가운데 한 곳이었다.

용기와 추진력으로 완전 무장한 아고스티노와 루시아, 협회 회원들, 그리고 그 밖의 지지자들은 단기간에 놀라운 성과를 거두었다. 그들은 30명의 고아와 버려진 아이들(그들 대부분은 온갖 종류의 폭력의 희생자였다)을 위해 도미니크공화국과 인접한 국경 지역에 가정 역할을 하는 시설을 만들어 그 아이들이 노숙생활의 위험에서 벗어나 안전하게 지낼 수 있는 공간을 제공했다. 그다음에는 그 시설에 거주하는 아이들과 최소한의 공교육비도 없어 학교에 못 보내는 인근 지역 가정의 아이들 40명을 위해 학교를 세웠다. 끝으로 마을 여성들을 위한 농사 프로그램을 시작했다. 마을 여성들에게 약 200평방미터의 땅을 주고 거기서 농사를 지어 자식들을 부양하기에 충분한 소득을 올릴 수 있게 했다.

2012년 말, 아이티마뇨 협회는 정치적으로 복잡하고 때로는 적대적인 환경 때문에 어려운 시기를 겪었다. 협회의 모든 자원이 바닥날 것처럼 보였다. 하지만 그때 협회는 판돈을 올리고 '카드 패 뒤섞기'를 감행하기로 했다. 유기폐기물과 분뇨로 퇴비를 만드는 소규모 사업을 벌이고 국경선 바로 건너편 도미니크공화국에 있는 페데르날레스Pedernales주에 요리학교와 음식점을 여는 것을 포함해서 프로젝트 규모를 확대하기로 한 것이다. 루시아와 아고스티노는 그들 스스로 고백하고 그들의 자격증이 말해주는 것처럼, 천생 미식가다. 그들이 프로젝트를 역동적으로 이끌어가게 만드는 것은 바로 미식이다. 아이티는 극도로 가난한 나라다. 아마도 오늘날 세계에서 가장 가난한 나라 가운데 하나일 것이다. 따라서 그런 환경에서 미식이 해방의 도구가 될 수 있다는 사실은 음식이 인간을 자유롭게 하고 해방시킬 수 있는 힘이 있음을 암시한다.

　페루 벤타니야의 루시아와 아이티의 아이티마뇨 사례는 서로 전혀 다른 역사적·사회적·문화적 맥락 속에서 나온 완전히 다른 이야기다. 그러나 그 둘은 내가 이 책에서 들려준 다른 많은 일화와 똑같은 이야기를 한다. 그 모든 사례는 소농과 재래 농작물 보호, 양질의 교육, '좋고 깨끗하고 공정한' 먹거리에 대한 요구, 그리고 먹거리체계의 사회적 정의를 찾기 위한 투쟁의 의미가 무엇인지를 보여준다. 오래전 피에몬테 랑가의 저장고에서 와인을 시음하고 그 진정한 맛을 알아볼 줄 아는 미각을 일깨우던 것에서 시작된 음식에 대한 그 모든 생각이 바로 여기에 담겨 있다. 마침내 우리는 '현실을 맛봄'으로써 훨씬 더 많은 것들에 대한 진실을 알게 되었다. 앞으로도 우리는 현실 세계로 더 깊이 들어가 그 맛을 음미하고 참맛을 찾고자 애쓸 것이다. 음식이 모든 측면에서 가능한 모든 방법으로 저마다 자기 문화와 기호에 맞는 '우리' 음식으로 복원된다면, 미식을 통해서 음식이 우리를 자유롭게 할 것이라고 나는 확신한다. 왜냐하면 음식은 자유이기 때문이다.

음식이 너희를
자유롭게 하리라

방송 프로그램에서 단연 인기 있는 소재 가운데 하나가 여전히 음식이다. 예로부터 인간에게 가장 중요한 것이 먹는 것이었기에 사람들이 음식에 관심을 갖는 것은 당연한 일이고 그것이 주요 방송 소재라는 사실 또한 놀랄 만한 일이 아니지만, 오늘날 특히 인터넷이라는 새로운 매체의 유튜브 동영상을 통해 세계적으로 널리 확산되고 있는 먹는 방송, 이른바 '먹방'은 음식을 생존하기 위한 소중한 식량으로 생각하는 것이 아니라, 시청자의 자극적 식탐 유발 및 대리만족을 통한 경제적 돈벌이 수단으로 활용한다는 점에서 기이하고 심지어 야만적이기까지 한 현상이 아니라 할 수 없다. 이제는 일반 공영방송에서도 인기 연예인이나 유명 요리사가 출연하는 음식 관련 예능 프로를 제작, 방영하는 상황에까지 이르렀다. 음식이 시청자의 단순한 재미와 상상 속의 욕구 충족을 위한 소재가 된 것이다. 대중매체를 통해 그런 관점에서 음식과 관련된 콘텐츠를 생산하고 소비하는 사람들이 지금도 세계 도처에서 굶주림과 영양실조로 고통받고 있는 사람들의 절망과 간절함에 공감하리라고 기대하기는 어렵다.

2019년 유엔 산하 식량농업기구를 비롯한 5개 국제기구가 공동으로 발표한 〈세계 식량 보장과 영양 실태 보고서〉에 따르면, 2018년 전 세계에서 기아로 고통받는 사람은 8억 2,000만 명을 넘어섰다. 이는 전 세계 인구의 11퍼센트에 해당하는 수치다. 이 책의 개정판에 해당하는 영역본이 발간된 해인 2015년 보고서에서는 전 세계 기아 인구가 8억 500만 명(2014년 기준)에 이른다고 밝힌 것을 볼 때, 현재까지 큰 차이가 없고 오히려 약간 증가한 상황이다. 유엔 같은 국제기구가 기아 퇴치를 위해 지속적으로 노력을 기울였음에도 상황이 크게 달라지지 않았다는 것은 세계 경제체제, 자유시장 경제의 구조적 문제점 때문이라고 볼 수 있을 것이다. 그 안에 먹거리체계도 포함되어 있음은 명약관화한 사실이다.

이 책의 저자이자 슬로푸드 운동 주창자인 카를로 페트리니는 바로 이 지점에서 출발한다. 전 세계에서 생산되는 식량이 인류를 먹여 살릴 수 있을 만큼 충분함에도 여전히 기아와 영양실조에 신음하는 인구가 상당하다는 사실, 이 문제를 해결하지 않고는 인간 해방이 요원할뿐더러 인류의 수치라는 페트리니의 신념에서 비롯된 것이 슬로푸드와 로컬푸드가 연계된 테라마드레 운동임을 이 책은 고스란히 보여준다. 다시 말해서 이 책은 슬로푸드 운동이 일정한 수준에서 완성된 모습과 앞으로 전개될 운동의 지향성을 보여주는 출발점인 셈이다. 카를로 페트리니는 음식이 인간을 해방시키고 자유롭게 할 수 있다고 믿는다. 하지만 음식이 해방을 위한 도구가 되기 위해서는 미식의 다양성을 인정하는 것이 우선이며, 끊임없이 움직이고 변화하는 "유동하는" 네트워크 조직이 필요함을 주장한다. 지역의 생물다양성과 기후, 토양 등 자연 환경의 상이함에 따른 농작물, 식습관, 조리법의 차이를 적극적으로 수용하고 로컬푸드를 활성화하는 것이 인위적인 시장 조작과 경제 논리에 예속된 세계 먹거리체계로부터 벗어나는 길이다. 또한 그러한 일을 주도할 조직의 필요성을 강조하면서 전통 농법과 토종 종자를 보전해온 소농과 여성 중심의 지역별 조직 결성을 주요 사업으로 주목한다. 그것이 바로 테라마드레 네트워크다. 페트리니의 미식 철학은 여기서 끝나지 않는다. 그는 이른바 자유시장 논리를 뒷받침하는 시장주의자들의 기본 철학으로 여기는 세계화를 이러한 해방을 위한 미식의 도구로 활용할 수 있다고 주장한다. 전 세계에 1만 개 네트워크 조직을 만들어 테라마드레 네트워크를 완성한다는 것이다. 지역별 교류를 통해 저마다의 전통 조리법과 식습관을 널리 알리고 그것을 지역에 맞게 창조적으로 발전시킴으로써 새로운 미식을 창안해낼 수 있으며, 식품의 유통 채널을 기존의 다국적기업 중심의 자유시장 체제에 의존하지 않고 자체 조직망을 통해 해결함으로써 전통이나 지역, 기업 논리에 얽매이지 않은 자유로운 미식, 해방된 미식을 완성한다는 의미다. 그는 이 밖에도 지역의 전통음식과 종자, 조리법을 보호하기 위해 '맛의 방주'라는 프로젝트를 통해 전 세계 1만 가지 음식을 정해서 보호하는 작업을 전 세계적으로 펼치고, 특히 아프리카 지역의 자급농업을 활성화하기 위해 1만 개의 아프리카 농장을 만드는 일에 착수했다. 이것이 바로 그가 목표로 삼는 '세 가지 1만'이라는 구상이다.

그의 사고는 매우 자유롭고 유연한 까닭에 창의적이다. 무엇 하나 고정된 것은 없으며 모든 것은 끊임없이 변화한다고 믿는 그는 슬로푸드 운동과 테라마드레 네트워크도 어떤 틀에 고정된 것이 아니라 계속해서 변화하기 때문에 그 끝이 어떻게 될 것인지에 대해서도 확정짓지 않는다. "현실을 맛본다"는 말에서 알수 있듯이 그가 구상하는 계획은 매우 현실적이고 구체적이다. 각 지역의 특성에 따라 거기에 맞는 계획을 세우고 지역 주민들의 자발성과 창의성을 적극적으로 수용하며 그 장점을 다른 지역에도 널리 전파하는 능력은 어떤 사회 운동보다도 뛰어나다고 볼수 있다. 특히 모든 인간에게 보편적이고 필수적인 음식을 인류해방의 궁극적 요소로 보고 슬로푸드 운동을 전 세계적으로 확산시킨 그의 혜안은 누구도 부인하지 못할 것이다. 우리나라에서도 한때 한살림이나 생활협동조합 같은 유기농 운동이 꽤 활발했고 지금은 어느 정도 자리 잡은 상태다. 하지만 최근 들어 출생률 저하와 기대수명 연장, 1인 가구 증가 같은 요인으로 인구 구성이 바뀜에 따라 생활 패턴과 식습관이 변화하면서 기존의 소비 조직과 생산, 유통 방식에 획기적인 변화가 필요한 상황에 맞닥뜨렸고, 이런 맥락 속에서 세계적인 슬로푸드와 테라마드레 네트워크와의 보다 적극적이고 창의적인 연계를 고민할 때가 되지 않았나 생각한다.

이 책의 원본은 2013년에 이탈리아어로 발간된 《음식과 자유 Cibo e Libertà》이지만, 번역 저본으로 삼은 것은 이 이탈리아어 원서가 아니라 2015년 리졸리엑스리브리스 출판사에서 발간된 영역본이다. 이 판본에서는 이탈리아어 판본의 통계자료 등을 갱신했기 때문에 구체적인 수치가 약간 다를 수 있다. '테라마드레'와 관련된 책은 이미 국내에 몇 권 번역됐지만, 이 책은 해방의 도구로서 음식을 바라보는 저자의 관점과 철학이 현실에서 구현되는 과정 중에 저자가 겪은 이야기들을 통해 흥미롭게 전달된다는 점에서 다른 책들과 구별된다. 자유는 억눌림에서 풀려나는 것이고 그 풀림은 새로운 에너지의 방출을 의미한다. 음식이 구속에서 해방된다는 것은 기아와 영양실조에서 해방된 세상을 만드는 것이다. "진리가 너희를 자유롭게 하리라"라는 예수의 말을 "음식이 너희를 자유롭게 하리라"라는 페트리니의 말로 세속화해도 무난할 것이다.

2020년 6월

김병순